Hermann Joseph Klein

Allgemeine Witterungskunde

Hermann Joseph Klein

Allgemeine Witterungskunde

ISBN/EAN: 9783741184536

Hergestellt in Europa, USA, Kanada, Australien, Japan

Cover: Foto ©Thomas Meinert / pixelio.de

Manufactured and distributed by brebook publishing software (www.brebook.com)

Hermann Joseph Klein

Allgemeine Witterungskunde

Allgemeine

Witterungskunde

nach dem

gegenwärtigen Standpunkte der meteorologischen Wissenschaft

Für das Verständnis weiterer Kreise

bearbeitet von

Dr. Hermann J. Klein.

Mit 6 Karten, 2 Vollbildern und 31 Abbildungen in Holzschnitt.

Leipzig, 1882.
Verlag von G. Freytag.

Inhalt.

Einleitung.

Keine andere Wissenschaft behandelt einen Gegenstand, der so unmittelbar und allgemein in alle Verhältnisse des menschlichen Lebens eingreift wie die Witterungskunde oder Meteorologie. Heute noch wie zu alten Zeiten giebt es zahlreiche Menschen, welche stumpfsinnig oder gedankenlos an den Wundern des Himmels die in jeder klaren Nacht sichtbar sind, vorüber gehen; die Forschungen über den Bau der Erdoberfläche und des Erdinnern sind für Viele so gut wie nicht vorhanden; die bewundernswürdigen Entdeckungen der Physiologie können nur verhältnismäßig kleineren Kreisen zugänglich oder verständlich sein und ähnlich ist es mit vielen anderen Gebieten, auf denen des Menschen Geist forschend thätig ist. Aber eine Klasse von Naturerscheinungen giebt es, welche alle Menschen ohne Ausnahme mehr oder weniger interessiert, nämlich die Witterungserscheinungen. Sei es auch nur, um sich über das Wetter bei einem in Aussicht genommenen Spaziergange, einem Ausfluge oder dergleichen zu orientieren, schauen täglich Tausende von Menschen nach dem Himmel oder nach dem Barometer; und obgleich die meisten dieser Haus- und Zimmer-Barometer mittelmäßige, oder ganz fehlerhafte Instrumente sind, die ebensowenig zuverlässig den Luftdruck angeben, wie die dabei angebrachten Aufschriften das Wetter, so werden diese Apparate doch immer wieder zu Rate gezogen, weil eben das Interesse an dem kommenden Wetter ein allgemeines und stets wiederkehrendes ist. Wie wichtig endlich die Beurteilung der nächsten Witterungsverhältnisse für den Seefahrer ist, braucht nicht hervorgehoben zu werden, und ebenso ist die Landwirtschaft in ganz bedeutendem Maße dabei interessiert, über die Witterungsverhältnisse zu bestimmten Zeiten des Jahres möglichst genaue Aufschlüsse zu erhalten. Die meteorologischen Erscheinungen sind überhaupt wohl diejenigen, auf welche die Menschen zuerst aufmerksam wurden. Mögen wir nun annehmen, sagte schon Käntz, daß die Mythologie der Griechen aus einer untergegangenen Naturweisheit entstanden sei, oder denken wir uns, daß dieselbe aus den Vorstellungen eines rohen Naturvolkes hervorging, so viel ist gewiß, daß ein Theil von Griechenlands Göttern, von dem donnernden Zeus bis zur Eos mit den rosigen Wangen, als Urheber von Erscheinungen in der Atmosphäre angesehen wurde. Ähnliche Anschauungen, welche die Naturkräfte die in der Atmosphäre wirksam auftreten, persönlichem Wirken übermenschlicher, göttlicher oder dämonenhafter Wesen zuschreiben, treffen wir fast bei allen Völkern älterer und jüngerer Zeit. So haben die gewaltigen Gewitter Indiens Veranlassung gegeben, einen Gott Indra als Blitzschleuderer einzusetzen und der Thor oder Donar der Germanen, der Jupiter tonans der Römer, was ist er anderes als eine Personifizierung der Macht des Gewitters? Selbst der Geistes- und Gemütszustand der Völker wird in hohem Grade von den Witterungsverhältnissen der von ihnen bewohnten Länder beeinflußt. Und ganz das nämliche giebt sich auch im Gebiete des Gedankenausdrucks, der Litteratur der Völker kund. Heiter und üppig sind die Bilder, welche südliche Phantasie geschaffen, aber meist ernst und trübe steigen die Mythen und Sagen nordischer Litteratur hervor; fast allenthalben zeigen sich hier düstere Bilder und selbst die Freude tritt nur hervor im Gegensatze zu gegenüberstehendem Schmerze. So steht selbst die Litteratur eines Volkes in geheimnißvollem Zusammenhange mit den meteorologischen Elementen des von ihm bewohnten Teils des Erdballes.

Wenn nun neben dem allgemeinen in neuester Zeit auch ein großes spezielles Interesse an den Witterungserscheinungen oder vielmehr an der Erforschung derselben sich kundgiebt, so ist der Grund hierfür in den Fortschritten zu suchen, welche die Meteorologie in Bezug auf die Vorausbestimmung des Wetters gemacht hat. Das ist ein Fortschritt, der in erster Linie die Augen des Publikums auf die heutige Witterungskunde gelenkt hat, der anderseits freilich auch zu ganz übertriebenen Erwartungen Veranlassung gab. Die gegenwärtige Schrift soll nun in allgemein verständlicher Weise die Grundzüge der Witterungskunde, besonders auch unter Berücksichtigung der gegenwärtig von verschiedenen Centralstellen ausgehenden Wettervoraussagen darlegen. Der aufmerksame Leser wird dann zunächst sich ein selbständiges Urteil über den Wert dieser Prognosen und die Aussichten zu deren ferneren Vervollkommnung bilden; anderseits aber auch selbst an der Hand der Erfahrung, über das kommende Wetter urteilen lernen. Aus Büchern allein ist aber dieses letztere — wie hier gleich betont werden soll — nicht möglich; vielmehr muß gerade auf dem Gebiete der Witterungskunde jeder selbst sehen, beobachten und erfahren!

—

Die Lufthülle oder Atmosphäre.

Der Erdball wird allseitig von einer gasförmigen Hülle umgeben, dem Luftmeere, an dessen Boden wir leben. Jahrtausende hindurch glaubte man, diese Atmosphäre sei ein einfacher Körper, ein Element, einer jener vier Grundstoffe, aus denen das ganze Weltall bestehe. Dabei meinte man aber gleichzeitig, daß die Luft teils himmlischer, teils irdischer Natur sei. Die unteren Schichten, welche von den feuchten Dünsten des Erdballes verunreinigt worden und in denen Regen, Hagel, Blitz und Donner entstehen, hielt man für mehr erdhaft im Gegensatz zu den hohen, ruhigen und klaren Regionen, die sich über den höchsten Spitzen der Berge ausbreiten. Diese, wie die meisten übrigen naturwissenschaftlichen Anschauungen der Alten sind irrig. Die atmosphärische Luft ist kein einfacher Körper, sondern, wie man seit dem vorigen Jahrhundert weiß, ein Gemenge von hauptsächlich zwei Gasen, Sauerstoff und Stickstoff. Außerdem befindet sich überall in der Atmosphäre, wenngleich in sehr verschiedener und stets wechselnder Menge, Wasserdampf; doch bildet derselbe keinen eigentlichen Bestandteil der Atmosphäre, sondern ist in derselben nur suspendiert. Aus zahlreichen Versuchen hat sich ferner ergeben, daß jene beiden Gase überall in fast gleichem Raumverhältnisse zu einander vorhanden sind und zwar trifft man in der Atmosphäre sehr nahe 21 Raumteile Sauerstoff und 79 Raumteile Stickstoff an. Neben diesen beiden Gasen findet sich dort stets auch noch Kohlensäure, doch ist deren Menge etwas veränderlich und schwankt zwischen 3 und 80 Zehntausendteilen. Außerdem trifft man in der Atmosphäre Spuren von Ammoniak und Salpetersäure. Der Gehalt der Lufthülle an Kohlensäure ist, wie bemerkt, ziemlich veränderlich und zwar zeitlich und örtlich. Schon Saussure fand, daß die Luft über dem Genfer See weniger Kohlensäure enthielt als die über dem Lande aufgefangene, ebenso ergab sich der Gehalt bei Tage in der Stadt größer als bei Nacht. Neuere Untersuchungen über die atmosphärische Kohlensäure sind in den Jahren 1874 und 1875 von Jarsky zu Tabor in Böhmen angestellt worden. Es fand sich, daß dort durchschnittlich in je 10,000 Volumteilen Luft 3.43 Raumteile Kohlensäure vorhanden sind. In den einzelnen Monaten war der Kohlensäuregehalt schwankend. Die gleichzeitigen Wetterbeobachtungen lassen dabei erkennen, daß, je veränderlicher das Wetter war und je schroffere Uebergänge stattfanden, um so größere Schwankungen im Kohlensäuregehalt der Luft eintraten. Aus den Beobachtungen scheint ferner hervorzugehen, daß die in der Gegend von Tabor gefürchteten starken Nordwest= und Südwestwinde eine Abnahme des Kohlensäuregehalts bewirken, während die kalten Nord= und Nordostwinde, die stets als Vorboten eines heitern Himmels gelten, Zunahme der Luft an Kohlensäure zur Folge haben. Auch wurde eine Vermehrung der letztern bei starkem, fallendem Nebel und anhaltendem Staubregen konstatiert. Auf dem berühmten meteorologischen Observatorium zu Montsouris bei Paris hat Lövy den Kohlensäuregehalt der Luft während eines Zeitraumes von vier Jahren untersucht. Es ergab sich, daß dieser Gehalt im allgemeinen bei heiterm Wetter am niedrigsten, bei trübem am größten war.

Zu den genauesten und neuesten Untersuchungen über die Zusammensetzung der atmosphärischen Luft gehören diejenigen, welche Macagno auf dem Observatorium zu Palermo im Jahre 1879 angestellt hat. Er fand, daß in den Monaten Februar, März, April und Mai, während deren 173 Millimeter Regen fielen, in 100 Liter Luft enthalten waren:

20,171 Liter Sauerstoff,
0,033 „ Kohlensäure,
keine Salpetersäure,
0,008 Gramm Ammoniak,
0,102 „ organische Substanzen.

In den regenlosen Monaten Juni, Juli und August fand sich durchschnittlich folgende Zusammensetzung von 100 Liter Luft:

20,920 Liter Sauerstoff,
0,039 „ Kohlensäure,
Spuren von Salpetersäure,
0,009 Gramm Ammoniak,
0,160 „ organische Substanzen.

Aus diesen Angaben ersieht man, daß in der trocknen Zeit der Gehalt der Atmosphäre an Kohlensäure und organischen Bestandteilen beträchtlich höher, ist als bei Regenwetter, daß also der Regen die Atmosphäre gewissermaßen wäscht. Macagno fand ferner, daß zur Zeit, wenn in Palermo der heiße Siroccowind weht, der Gehalt der Luft an Sauerstoff außergewöhnlich gering zu sein pflegt. Das gleiche hat auch Jolly in München gefunden, indem er den größten Sauerstoffgehalt bei nördlichen, den geringsten bei südlichen Winden konstatierte. Man darf daher streng genommen nicht von einer Unveränderlichkeit in der Zu

fammenſetzung unſerer Atmoſphäre ſprechen und das oben ange=
gebene Verhältnis des Sauerſtoffs zum Stickſtoff iſt nur ein
näherungsweiſes.

Ob die Luft in früheren Epochen eine weſentlich andere
Zuſammenſetzung gehabt habe als heute, läßt ſich durch Beobachtungen nicht beſtimmen, doch ſpricht keine Thatſache dafür, daß
in hiſtoriſcher Zeit eine Änderung in der Zuſammenſetzung der
Luft eingetreten iſt.

Die Lufttemperatur und das Thermometer.

Es giebt kein zu wiſſenſchaftlichen Zwecken dienendes In=
ſtrument, das ſo allgemein bekannt iſt und ſo viel benutzt wird,
als das Thermometer. Mancher könnte daher glauben, daß man
ſchwerlich jemand etwas neues ſagen werde, wenn man ſich
über das Thermometer näher verbreitet. In Wirklichkeit liegt
die Sache indes ganz anders, denn die Meteorologen ſind bis
heute mit dem Thermometer noch lange nicht fertig geworden,
und von den übrigen Menſchen weiß die weitaus größte Mehr=
zahl überhaupt nicht mit dieſem einfachen Inſtrument umzugehen.
Als Illuſtration zu der letztern Behauptung kann man auf die
Angaben verweiſen, die zur Zeit großer Hitze und Kälte im Pub=
likum über die Temperatur umlaufen; Abweichungen von 5 Grad
und noch mehr ſind nichts ſeltenes und jeder beruft ſich dabei
auf ſein Thermometer.

Unterſuchen wir zunächſt, was unter der Bezeichnung Luft=
temperatur zu verſtehen iſt und wo man ſie meſſen kann. Jeder
weiß, daß es im Schatten kühler iſt als in der Sonne und daß
im Bereich eines kalten Windes niedrigere Temperatur herrſcht
als auf einer geſchützten Stelle. Dieſe Wärmeunterſchiede, die
durch rein örtliche Umſtände bedingt werden, treten beſonders
im hohen Norden ſehr bedeutend hervor. Als Middendorf auf

seiner berühmten sibirischen Reise im Taimyrlande verweilte, fand er, daß das Thermometer anfangs August in der Sonne auf + 16° C., dicht am Boden sogar auf + 24° C. stieg; aber selbst im Pelzanzuge fühlte er den Frost, sobald er an denselben Tagen sich aus dem Gebiete des schützenden Bergabhanges in den Bereich des Nordostwindes wagte. So beträchtliche Wärme= unterschiede an einem und demselben Orte und zu gleicher Zeit kommen bei uns freilich nicht vor, aber immerhin zeigt auch in unseren Gegenden ein im Sonnenschein hängendes Thermometer eine weit höhere Temperatur an als das im Schatten befind= liche. Als Ursache hiervon wird jeder sogleich den Umstand be= zeichnen, daß infolge der direkten Bestrahlung durch die Sonne die Luft um das im Sonnenlichte hängende Thermometer be= deutend mehr erwärmt worden sei als um das Instrument, das im Schatten hängt. Dieser Schluß ist indes völlig unrichtig. Die Luft wird von der Sonne gar nicht erwärmt; wie das Sonnenlicht durch eine Glasscheibe, so geht die Sonnenwärme durch die Luft, ohne irgend eine wahrnehmbare Wirkung auszu= üben. Nur allein der Erdboden wird von den Sonnenstrahlen erwärmt, und seine Wärme ist es, welche die Temperatur der Luft bedingt! Es ist eine merkwürdige Thatsache, daß die direkten Sonnenstrahlen nicht im stande sind, die Luft zu erwärmen, son= dern diese Fähigkeit erst erlangen, nachdem sie vom Boden auf= genommen wurden und wieder zurückstrahlen. Wir wollen uns nicht dabei aufhalten, wie sich die Physiker diese Veränderung, die der Charakter der Wärme bei der Berührung mit dem Boden offenbar erleidet, erklären, sondern nur auf eine Erscheinung ver= weisen, die damit zusammenhängt. Die leuchtenden Wärmestrahlen der Sonne sind fähig, durch die Glasscheiben eines Fensters hindurchzugehen und gelangen auf diese Weise in das Innere eines Zimmers oder Treibhauses. Dann sind sie aber recht eigentlich in einer Falle gefangen, denn infolge der Veränderung, die sie erleiden, können sie als dunkle Wärmestrahlen nicht mehr durch die Glasscheiben hinaus und tragen dazu bei, die Tem=

peratur des Raumes, in den sie eingesperrt sind, beträchtlich zu
erhöhen. Wenn nach einer Periode großer Hitze ein rascher
Witterungswechsel eintritt, so findet man draußen schon eine
geraume Zeit hindurch angenehme Kühle, während es im Innern
der Häuser und Zimmer noch warm und schwül ist. Die Wärme
ist dann hier eingesperrt und es bleibt nichts übrig, als sie durch
Öffnen aller Thüren und Fenster zum Austritt zu bewegen. Ein
hübscher Versuch dieses Verhalten der Wärme zu zeigen, ist fol=
gender: Man nehme einen viereckigen Holzkasten, der an der
einen Seite mit einer doppelten oder dreifachen Platte von sehr
reinem Glase bedeckt ist, und umgebe ihn an den übrigen Seiten
mit einem die Wärme schlecht leitenden Körper, z. B. dunklem
Wollenstoffe. Stellt man in diesen Kasten ein kleines Gefäß mit
Wasser und setzt das Ganze an einem heitern Sommertage der
Sonne aus, so wird die Temperatur im Innern des Kastens so
hoch steigen, daß das Wasser zu kochen beginnt.

Aus dem vorhergehenden ergiebt sich, daß die Temperatur
der Luft das Ergebnis der Wärmestrahlung des Bodens ist,
über dem sie sich befindet und daß die Lufttemperatur in der
Sonne und im Schatten nicht wesentlich von einander verschieden
sein kann. Um die Wärme der Luft mittels des Thermometers
zu messen, muß man dieses Instrument jedoch im Schatten auf=
hängen, weil es anderenfalls von den direkten Sonnenstrahlen
getroffen würde und deren Wärme, nicht aber diejenige der Luft
anzeigte. Daß wirklich die Luft, die direkt von der Sonne be=
schienen wird, nicht wärmer ist als die Luft im Schatten, kann
man übrigens durch einen direkten Versuch nachweisen, und zwar
mittels Anwendung des sogenannten Schleuder=Thermometers.
Zu diesem Zwecke befestigt man ein kleines Thermometer an einer
hinreichend starken Schnur und schwingt es eine Zeit lang rasch
im Kreise herum. Macht man den Versuch zuerst im Schatten
und unmittelbar darauf im vollen Sonnenscheine, so findet man,
daß das Thermometer in beiden Fällen sehr nahe die gleiche
Temperatur anzeigt, die eben diejenige der Luft ist. Das

Herumschleudern eines Thermometers ist nicht ganz gefahrlos und dies mag wohl der Grund sein, weshalb die Manipulation nur ausnahmsweise behufs Bestimmung der Lufttemperatur ausgeführt wird. Die gewöhnlichen Thermometer, die man meist unter den Fenstern hängen sieht und die dort zur Ermittelung der Lufttemperatur dienen sollen, geben, man darf wohl sagen, in keinem einzigen Falle die wirkliche Luftwärme an. Was man an ihnen abliest, ist das Ergebniß der Wärmestrahlung ihrer Umgebung, die meist sehr verschieden von der Lufttemperatur ist. Soll ein Thermometer diese letztere zeigen, so muß es zunächst der unmittelbaren Bestrahlung durch die Sonne, dann aber auch der Wärmestrahlung des Bodens sowohl als derjenigen der umgebenden Gebäude oder sonstigen Gegenstände entzogen sein. Es ist äußerst schwierig, ja fast unmöglich, diesen Bedingungen vollkommen zu genügen. Zwar kann man mit leichter Mühe ein Thermometer so aufhängen, daß es stets im Schatten bleibt, aber der Wärmestrahlung der Umgebung ist kaum zu entgehen. Am besten bewährt sich die Einrichtung, bei welcher das Thermometer von einem blechernen oder hölzernen Gehäuse umgeben wird, das der Luft freien Durchzug gewährt und gegen Norden aufgehängt ist. Durch eine Zugstange kann es zum Fenster hingezogen werden und öffnet sich hierbei, schließt sich aber wieder, sobald es durch die Stange zurückgeschoben wird. Die Stange selbst ist durch eine Öffnung unter dem Fensterbrette in den Beobachtungsraum geführt. Auf diese Weise wird das Öffnen des Fensters und damit die Beeinflussung des Instrumentes durch die Zimmertemperatur vermieden. Was das Gehäuse selbst anbelangt, so besteht es aus zwei durchbrochenen Blechcylindern, welche auf dieselbe Achse gesteckt sind und von denen der innere fest ist, während der äußere sich um ihn bewegen kann. Das Ganze ist mit der Axe zwischen zwei Armen aufgehängt, die beweglich sind. Zieht man mittels einer Stange das Gehäuse zum Fenster des Beobachtungslokals heran, so schiebt sich der äußere Cylindermantel zurück, und das im Innern befindliche Thermometer tritt frei zur Ablesung vor das Fenster, hinter welchem der Beobachter steht.

Auch die Höhe, in der das Thermometer über dem Erd= boden angebracht ist, hat auf seine Angaben einen beträchtlichen Einfluß. Schon im vorigen Jahrhundert hat man gefunden, daß der Unterschied zwischen den höchsten und niedrigsten An= gaben des Thermometers in der Höhe geringer ist, als unmittelbar am Erdboden. Nahe am Boden ist die Temperatur bei Tage oft mehrere Grade höher als in den Luftschichten, die einige Meter darüber liegen, während in stillen heitern Nächten das umgekehrte stattfindet. Sehr genaue und zahlreiche Beobach= tungen über den Einfluß, den die Höhe, in der ein Thermometer hängt, auf dessen Angaben ausübt, hat in neuester Zeit Wildt in der Nähe von Petersburg angestellt. Es ergab sich aus denselben, daß Thermometer, die zur Bestimmung der wahren Lufttemperatur dienen sollen, keinesfalls niedriger als zwei Meter über dem Boden aufgehängt werden dürfen.

Man erkennt aus allem vorhergehenden, welche Schwierig= keiten es bietet, mittels des Thermometers die wirkliche Luft= wärme einigermaßen genau zu bestimmen, und wie unsicher die Angaben der gewöhnlichen Hausthermometer sind, bei denen außer den Mängeln der Aufstellung auch noch fehlerhafte Konstruktion des Instrumentes selbst ungünstig einwirkt. Im gewöhnlichen Leben machen sich diese Unvollkommenheiten meist nur dann bemerklich, wenn es sich um Fälle ungewöhnlicher Wärme oder Kälte han= delt, wobei dann Unterschiede von vielen Graden zu Tage treten und doch Jeder sich auf die Angaben seines Thermometers beruft.

Werfen wir schließlich noch einen Blick auf das Instrument selbst und seine Geschichte. Die Wärme der Luft ist in so hohem Grade veränderlich, daß ihr Wechsel von allen Völkern und zu allen Zeiten wahrgenommen wurde. Schon die Alten erkannten hieraus entspringende Verschiedenheiten einzelner Teile der Erd= oberfläche; sie wußten, daß es im Süden heiße Regionen giebt, und Herodot berichtet, daß nördlich vom Lande der Skythen das

Meer fest und der Boden mit Federn (d. h. Schnee) bedeckt sei, daß auch solche Federn dort in der Luft schwebten. Inzwischen konnte man über eine allgemeine und unbestimmte Angabe von heiß, warm, kalt oder kälter nicht eher hinaus kommen, bis ein Instrument erfunden war, das gestattete, das Mehr oder Weniger der Wärme genau zu messen. Den ersten Anstoß hierzu gab zu Anfang des 17. Jahrhunderts Cornelius Drebbel in Altmar. Er nahm einen Glasballon, der in eine lange Röhre ausgezogen war, erhitzte ihn und tauchte das offene Ende der Röhre in ein Gefäß mit Weingeist. Als die Glaswände erkalteten und die eingeschlossene Luft sich infolge dessen verdichtete, stieg die Flüssigkeit in der Röhre empor. Dieser Versuch Drebbels rührt aus dem Jahre 1603 her. Sein Apparat verbreitete sich besonders nach Italien, allein man konnte den Instrumenten nur willkürliche Skalen geben, indem keine festen, stets wieder auffindbaren Punkte bekannt waren, zwischen denen sich eine bestimmte Anzahl Unterabteilungen oder Grade einschalten ließ. Wenigstens einen solchen Punkt fanden jedoch bald die spekulativen Mitglieder der florentinischen Academia del Cimento, und es ist wahrscheinlich, daß Galilei einen großen Anteil an dieser Entdeckung hat. Man füllte nämlich kleine Ballons, die an eine enge Glasröhre angeblasen waren, teilweise mit Weingeist und verschloß dann die Öffnung der Röhre. Hierauf brachte man die Kugel in ein Gefäß mit Schnee oder Eis und merkte sich den Punkt, bis zu welchem die Weingeistsäule sank. Damit war ein Punkt festgesetzt, den man bei jedem Thermometer bestimmen konnte, aber noch fehlte ein zweiter gemeinsamer Punkt, wodurch die Möglichkeit vergleichbarer Beobachtungen gegeben war. Diesen Punkt entdeckte Halley im Jahre 1693, indem er fand, daß sowohl Quecksilber als Weingeist in der Thermometerröhre stets die gleiche Höhe erreichen, wenn man den Apparat in siedendes Wasser taucht. Damit war die Möglichkeit gegeben, daß alle Thermometer die gleiche Sprache redeten, aber es dauerte noch fast 40 Jahre, ehe der thermometrischen Sprachverwirrung ein

Ende gemacht war. Fahrenheit in Danzig benutzte Quecksilber zur Füllung der Röhren, bezeichnete den Schmelzpunkt des Eises als 32. Grad und teilte den Zwischenraum von diesem bis zum Siedepunkt des Wassers in 180 Grade. Der Nullpunkt seines Thermometers entsprach der größten Kälte zu Danzig im Winter 1709. Dem gegenüber schlug Réaumur vor, den Abstand zwischen Schmelzpunkt und Siedepunkt in 80 gleiche Teile zu teilen; Celsius endlich hielt sich an die Decimalteilung und führte die nach ihm benannte hundertteilige Skala ein. Leider sind noch heute diese drei Skalen nebeneinander im Gebrauch. Engländer und Amerikaner halten sich meist an die bei dem gegenwärtigen Zustande der Wissenschaft ganz sinnlose Fahrenheitsche Thermometereinteilung; in Frankreich bedient man sich ausschließlich der Celsiusschen Skala, in Deutschland herrscht vielfach Réaumur vor. Es ist wirklich ein toller Wirrwarr, daß die Engländer den Deutschen, die Franzosen den Schweden und die Deutschen den Franzosen mit seiner Thermometerskala anerkannt haben und daß deshalb der Meteorologe in diesen Kulturstaaten gezwungen ist, sehr langweilige Umrechnungen der Thermometerbeobachtungen im Nachbarstaate vorzunehmen, ehe er diese für seine Arbeiten benutzen kann. Daß man ausführliche Tabellen berechnet hat, aus denen man die Verwandlung der Réaumurschen in Celsius-Grade oder umgekehrt sofort entnehmen kann, thut nichts zur Sache. Die einzig annehmbare Skala ist die mit der dezimalen Rechnung im Einklang stehende 100teilige von Celsius, die Réaumursche ist unpraktisch und diejenige von Fahrenheit ist unter den heutigen Verhältnissen lächerlich. Das Publikum sollte sich daran gewöhnen, nur Thermometer, die nach der Celsiusschen Skala geteilt sind, zu kaufen, um so mehr, als die meteorologischen Institute des Festlandes von Europa wie die Wissenschaft überhaupt, mehr und mehr nur diese anwenden und es selbst für England nur eine Frage der Zeit ist, daß es seiner Fahrenheitschen Skala den Abschied giebt.

Die nachstehende Tabelle dient zur einfachen Umrechnung

der verschiedenen Skalen. Sie ist ihrer Einrichtung nach so einfach und verständlich, daß sich jeder derselben ohne besondere Anleitung bedienen kann.

Tafel zur Verwandlung der Thermometer-Skalen.

Grad Celsius	Grad Réaumur	Grad Fahrenheit	Grad Celsius	Grad Réaumur	Grad Fahrenheit
— 30	— 24,0	— 22,0	+ 9	+ 7,2	+ 48,2
— 29	— 23,2	— 20,2	+ 10	+ 8,0	+ 50,0
— 28	— 22,4	— 18,4	+ 11	+ 8,8	+ 51,8
— 27	— 21,6	— 16,6	+ 12	+ 9,6	+ 53,6
— 26	— 20,8	— 14,8	+ 13	+ 10,4	+ 55,4
— 25	— 20,0	— 13,0	+ 14	+ 11,2	+ 57,2
— 24	— 19,2	— 11,2	+ 15	+ 12,0	+ 59,0
— 23	— 18,4	— 9,4	+ 16	+ 12,8	+ 60,8
— 22	— 17,6	— 7,6	+ 17	+ 13,6	+ 62,6
— 21	— 16,8	— 5,8	+ 18	+ 14,4	+ 64,4
— 20	— 16,0	— 4,0	+ 19	+ 15,2	+ 66,2
— 19	— 15,2	— 2,2	+ 20	+ 16,0	+ 68,0
— 18	— 14,4	— 0,4	+ 21	+ 16,8	+ 69,8
— 17	— 13,6	+ 1,4	+ 22	+ 17,6	+ 71,6
— 16	— 12,8	+ 3,2	+ 23	+ 18,4	+ 73,4
— 15	— 12,0	+ 5,0	+ 24	+ 19,2	+ 75,2
— 14	— 11,2	+ 6,8	+ 25	+ 20,0	+ 77,0
— 13	— 10,4	+ 8,6	+ 26	+ 20,8	+ 78,8
— 12	— 9,6	+ 10,4	+ 27	+ 21,6	+ 80,6
— 11	— 8,8	+ 12,2	+ 28	+ 22,4	+ 82,4
— 10	— 8,0	+ 14,0	+ 29	+ 23,2	+ 84,2
— 9	— 7,2	+ 15,8	+ 30	+ 24,0	+ 86,0
— 8	— 6,4	+ 17,6	+ 31	+ 24,8	+ 87,8
— 7	— 5,6	+ 19,4	+ 32	+ 25,6	+ 89,6
— 6	— 4,8	+ 21,2	+ 33	+ 26,4	+ 91,4
— 5	— 4,0	+ 23,0	+ 34	+ 27,2	+ 93,2
— 4	— 3,2	+ 24,8	+ 35	+ 28,0	+ 95,0
— 3	— 2,4	+ 26,6	+ 36	+ 28,8	+ 96,8
— 2	— 1,6	+ 28,4	+ 37	+ 29,6	+ 98,6
— 1	— 0,8	+ 30,2	+ 38	+ 30,4	+ 100,4
— 0	— 0,0	+ 32,0	+ 39	+ 31,2	+ 102,2
+ 1	+ 0,8	+ 33,8	+ 40	+ 32,0	— 104,0
+ 2	+ 1,6	+ 35,6	+ 50	+ 40,0	+ 112,0
+ 3	+ 2,4	+ 37,4	+ 60	+ 48,0	+ 140,0
+ 4	+ 3,2	+ 39,2	+ 70	+ 56,0	+ 158,0
+ 5	+ 4,0	+ 41,0	+ 80	+ 64,0	+ 176,0
+ 6	+ 4,8	+ 42,8	+ 90	+ 72,0	+ 194,0
+ 7	+ 5,6	+ 44,6	+ 100	+ 80,0	+ 212,0
+ 8	+ 6,4	+ 46,4			

Auf welche Skala sich eine Thermometerangabe bezieht, be
zeichnet man stets durch einen der Buchstaben C, R, F und
zwar bedeutet: C, Celsius, R, Réaumur und F, Fahrenheits Skala.

Bis jetzt wurde bloß von dem gewöhnlichen Thermometer
gesprochen, das man dann, wenn seine Skala mindestens vom
Eispunkte bis zum Siedepunkte reicht und wenn es rücksichtlich
der Richtigkeit seiner Angaben untersucht und korrigiert ist, als
Normal=Thermometer bezeichnet. Ein solches Thermometer, in ¹⁄₁₀

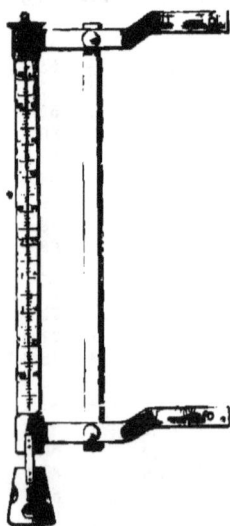

Fig. 1.

Normal Thermometer von Fues.

Grad eingeteilt mit Messingstativ, wie
Fig. 1 zeigt, kostet bei Fues in Berlin 45
Mark. Es giebt aber eine besondere Art
von Thermometern, an denen man die
höchste und tiefste Temperatur, die während eines gewissen Zeitraumes stattfand,
auch nachträglich noch ablesen kann. Man
nennt sie Maximum und Minimum Thermometer. Solche Thermometer sind sehr
wertvoll, wenn es sich um Ermittelung
der Temperatur-Extreme handelt. Sollte
z. B. die niedrigste Temperatur ermittelt
werden, die an einem Orte im Laufe eines
Winters eintritt, so würde dies sehr schwierig, vielleicht unmöglich sein, wenn nicht
das Minimum Thermometer die geringste
Temperatur, bis zu der es sinkt, fixierte
und der Beobachter dieselbe zu jeder Zeit
ablesen könnte. Ebenso ist es mit der höchsten Temperatur, die
das Maximum Thermometer anzeigt. Leider haben indes alle bis
jetzt konstruierten Maximum-Thermometer gewisse Mängel und
man muß ihre Angaben möglichst häufig durch Vergleich mit
einem Normal=Thermometer kontrollieren.

Sehr verbreitet ist Ruderfords Thermometrograph. (Fig. 2.)
Derselbe besteht aus zwei Thermometern, die horizontal auf
einem und demselben Brette befestigt sind, deren Kugeln aber nach

entgegengesetzten Richtungen liegen. Das eine Thermometer ist mit Quecksilber, das andere mit Weingeist gefüllt. Jenes fixiert die höchste Temperatur, indem bei steigender Wärme von dem Quecksilber ein kleiner Stahlstift vorwärts geschoben wird, der, wenn das Quecksilber sich bei sinkender Temperatur zusammen= zieht, liegen bleibt. Seine Lage zeigt dann den Punkt an, bis zu welchem das Quecksilber gestiegen war. In dem Weingeist= thermometer liegt ein Glasstiftchen, das beim Zusammenziehen der Flüssigkeit, also bei Abnahme der Temperatur, mitgenommen wird, aber liegen bleibt, wenn die Flüssigkeit sich wieder ausdehnt. Wenn man an dem Thermometrographen die Ablesung der Tem-

peratur gemacht hat, so muß man durch Drehung des Brettes die bei= den Zeiger wieder in ihre normale Lage bringen. Ein Thermometro= graph wie der in Fig. 2 dargestellte kostet bei Fues in Berlin 30 Mark.

Fig. 2.

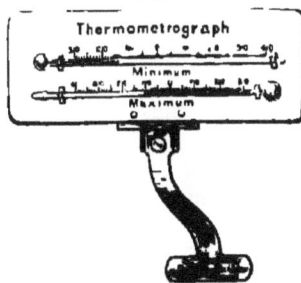

Thermometrograph nach Rutherford.

Ein anderes Thermometer, wel= ches die höchste und niedrigste Tem= peratur anzeigt, ist das nach dem System von Six durch Casella kon= struierte Maximum = Minimum=

Thermometer. Dasselbe beginnt sich in neuerer Zeit mehr und mehr einzubürgern, obgleich es etwas umständlicher für die Beobachtung her= zurichten ist als das beschriebene. Es besteht aus einer geschlossenen heberförmig umgebogenen Glasröhre, die an ihren beiden oberen Enden Erweiterungen trägt. Der untere Teil der Röhre ist mit Quecksilber gefüllt, allein man darf deshalb nicht glauben, das Instrument sei ein Quecksilberthermometer, denn die Flüssigkeit, welche durch ihre Volumänderungen die Temperatur mißt, ist Weingeist. Man bemerkt ihn oben in den Erweiterungen der Glasröhre, und das Quecksilber hat lediglich den Zweck, zwei kleine Stifte zu bewegen, welche durch ihre Lage die höchste und niedrigste Temperatur bezeichnen. Jeden dieser Stifte bringt man zunächst mittels eines kleinen Hufeisenmagneten, den man langsam und sanft außen über die Glasröhre führt, bis auf die Queck= silberkuppe derselben herab, dann ist das Instrument zum Funk= tionieren fertig und man hat, nachdem man später die Stellung der Stifte abgelesen hat, diese wiederum herab zu bewegen. Man hat darauf zu achten, daß an der Röhre des Minimum Thermometers die Grade von oben nach unten zunehmen, also in derselben Richtung wie beim gewöhnlichen Thermometer die Kältegrade. Das Herabziehen der beiden Stifte mittels des Magneten ist bisweilen eine rechte Geduldsprobe, es bleibt aber nichts anderes übrig, als vorsichtig und langsam mit dem Mag= neten zu manipulieren, bis der widerhaarige Stift endlich Folge geleistet hat.

Veränderungen und Verteilung der Luftwärme über der Erdoberfläche.

Die hauptsächlichste Wärmequelle für die Erde ist die Sonne. Zwar strahlt auch der Mond eine gewisse Wärme aus, allein diese ist nur an sehr feinen Instrumenten wahrnehmbar und noch mehr gilt dies von der Wärme der Fixsterne. Auch die innere Erdwärme spielt in meteorologischer Beziehung keine Rolle. Sonach erscheint die Temperatur der Erdoberfläche und der Luft ausschließlich bedingt durch die Wärme, welche die Sonne dem Erdballe spendet und muß sich mit dieser ändern. Man hat häufig die Frage aufgeworfen, ob die Sonne in früheren Zeiten mehr Wärme (und Licht) ausgesandt habe als gegenwärtig und ob nicht dadurch gewisse Thatsachen zu erklären seien, welche die Geologen aufgefunden haben; indessen läßt sich diese Frage mit Sicherheit nicht beantworten, jedenfalls hat sie für die heutige Meteorologie keine Bedeutung. Anderseits ist es jedoch nicht unwahrscheinlich), daß die Vorgänge auf der Sonne, welche sich uns in einer Zu- und Abnahme der dunklen Sonnenflecke innerhalb einer elfjährigen Periode offenbaren, einen nicht unwesentlichen Einfluß auf die Gesamtheit der Witterungserscheinungen der Erde haben und haben neuere Forschungen hierüber einiges Licht verbreitet.

John Herschel und Pouillet haben versucht, die gesamte Wärme zu bestimmen, welche die Erde von der Sonne erhält. Der Erstgenannte kam zu dem Resultate, daß die Sonne, wenn sie im Scheitelpunkte steht, so viele Wärme herniedersendet, um in jeder Sekunde eine Eisschicht von 0,0075 Zoll Dicke zu schmelzen. Pouillet fand dafür den fast gleichen Wert von 0,0070 Zoll. Im Durchschnitt kann man also annehmen, daß die Wärme der scheitelrechten Sonne genügt, um in jeder Minute eine Eisschicht von 5,3 Linien Dicke zu schmelzen. Indessen wird ein Teil der von der Sonne kommenden Wärme in der dampferfüllten Atmosphäre zurückbehalten und gelangt nicht bis auf den Erdboden, nach Pouillet beträgt dieser absorbierte Teil sogar 0,4 des Ganzen. Wäre also die Atmosphäre und ihr Wasserdampf nicht vorhanden, so würde die erleuchtete Erdhälfte beinahe die doppelte Wärme von der Sonne empfangen wie jetzt. Würde die ganze Wärme, welche die Erde im Laufe des Jahres von der Sonne empfängt, auf alle Punkte der Erdoberfläche gleichförmig verteilt und daselbst ohne sonstigen Verlust, ausschließlich zum Schmelzen von Eis verwandt, so wäre sie, nach Pouillet, ausreichend, eine die ganze Erde bedeckende Eisschicht von 31 Meter Dicke zu schmelzen.

Man könnte glauben, daß, weil in meteorologischer Beziehung die Sonne die einzige Wärmequelle bildet, die Temperatur eines jeden Punktes der Erdoberfläche einfach von seiner geographischen Breite abhinge, also Orte, die unter gleichen Breitengraden liegen, die gleiche Temperatur besitzen müßten. Daß dies indessen nicht der Fall ist, wissen auch solche, die sich sonst wenig mit wissenschaftlichen Dingen beschäftigen. Um einige extreme Beispiele anzuführen, braucht man nur die Temperaturverhältnisse von Bergen in Norwegen mit denjenigen eines Ortes an der Küste von Labrador in Nordamerika zu vergleichen. Dort Betriebsamkeit, Handel und Wohlstand, hier ein ödes, von Eis und Wildnissen starrendes Land, in dem, wie die ersten Entdecker sich ausdrückten, Nichts zu holen ist. Canada liegt fast unter denselben Breitengraden wie ein Teil von Italien und doch kann man sich kaum größere Gegensätze in klimatischer und landschaftlicher Beziehung denken, als zwischen beiden Ländern bestehen. Man erkennt hieraus, daß es durchaus nicht die geographische Breite allein ist, welche den klimatischen Charakter eines Landes bedingt; ja sie spielt in dieser Beziehung oft nur eine sehr untergeordnete Rolle. In wie hohem Grade dies der Fall ist, lehrt auch die Erinnerung an die Witterungsgegensätze, die sich oft in wenigen Tagen für einen und denselben Ort sehr prägnant zeigen. Im Sommer — und dies war 1880 für einen Teil von Deutschland der Fall — steigt bei uns bisweilen unter dem Einflusse südöstlicher und südlicher Winde die Temperatur auf eine Höhe, welche derjenigen der heißen Zone entspricht, sobald aber infolge gewisser Veränderungen in der Verteilung des Luftdruckes der Wind nach Nordwesten und Norden herumgeht, tritt eine empfindliche Abkühlung ein. Unter den ersteren Verhältnissen könnte man glauben, 20 Breitengrade nach Süden versetzt zu sein; die letzteren erinnern dagegen an ein weit nördlicheres Klima. Wasser und Wind sind die beiden wichtigsten Faktoren, welche die klimatischen Verhältnisse einer Gegend bestimmen, und besonders die Oceane und ihre Strömungen spielen dabei die größte Rolle. Das angenehme Klima, dessen sich England und Skandinavien im Gegensatze zur Ostküste Nordamerikas erfreuen, verdanken sie dem Umstande, daß sie vom atlantischen Golfstrom wie von einer ungeheuren Warmwasserleitung umgeben sind. Ja, wenn im Winter Mitteleuropa bisweilen eine Kälte von 25° C. zu ertragen hat und Eis und Schnee hier alles erstarren macht, werden in Norwegen unter dem Polarkreise große Ernten in den Fluten des warmen Golfstromes abgehalten. Dort erscheint vom 10. December bis in die ersten Tage des Januar der Hering und es versammeln sich stets an 10,000 Menschen, um etwa 200,000 Tonnen Heringe im Werte von ungefähr 5 Millionen Mark zu fangen. Die Tiere des hohen Nordens, die gewaltigen Wale und den Tiger des Eismeeres, den weißen Bären, hält der Golfstrom dagegen von den europäischen Küsten ab. An der Küste von Neufundland landen mit dem Treibeise Walrosse und Eisbären und auf letztere werden drüben bisweilen Jagden veranstaltet in der geographischen Breite von Mitteldeutschland. Auch Spitzbergen und Nowaja Semlja sind von Eisbären bewohnt, allein die britischen Inseln und selbst Skandinavien bleiben von den Besuchen dieser Unholde völlig verschont, weil diese die warmen Fluten des Golfstromes scheuen. Und eben so schrecken, wie Maury bemerkt, die gewaltigen Bartenwale vor dem Golfstrome wie vor einem Feuermeere zurück. „Der Golfstrom", bemerkt Laughton, „ist so häufig und so viel besprochen worden, daß man ihn in dieser Beziehung wohl als eine Plage bezeichnen kann. Ohne diese Plage würden wir indessen sehr schlecht bestehen können. Wenn man seine klimatische Wirkung in Wärmemaß ausdrückt, so gelangt man zu wirklich erstaunlichen Ziffern. Man hat mit guten Gründen die Wärme, welche er dem nordatlantischen Oceane zuführt, auf nicht weniger als ein fünftel der gesamten Wärme geschätzt, die dieses Meer überhaupt besitzt."

Veränderungen der Lufttemperatur. Auch ohne Thermometerbeobachtung weiß jeder, daß die Temperatur im Laufe des Tages Schwankungen unterworfen ist. Kurze Zeit vor Sonnenaufgang ist es durchschnittlich am kühlsten und ein oder zwei Stunden nach Mittag ist es gewöhnlich am wärmsten. Diese tägliche Schwankung der Lufttemperatur ist an heitern Tagen bedeutender wie an bewölkten und in der heißen Zone beträchtlicher als gegen die Pole hin. Die niedrigste Temperatur tritt im Winter früher vor Sonnenaufgang ein als im Sommer und die höchste Temperatur nach Mittag tritt im Sommer später ein als im Winter. Wenigstens gilt dies, nach der Untersuchung von Hellmann, für Norddeutschland. Nach den Untersuchungen von Wild hängt m

2*

den mittlern Breiten die Größe der täglichen Temperaturschwankung in hohem Grade von der Natur der Bodenunterlage ab.
Bei ganz wässriger Unterlage ist sie am kleinsten, bei trockner, fester,
am größten. Ebenso nimmt sie ab mit zunehmender Höhe.

Analog der täglichen, zeigt die Lufttemperatur auch eine
periodische jährliche Schwankung; die Wärme ist am geringsten
in den Wintermonaten, wenn die Sonne nur eine geringe Höhe
über dem Horizont erreicht und die Tage kurz sind, am größten
zur Sommerzeit bei hohem Sonnenstande und langen Tagen. Am
beträchtlichsten sind die jährlichen Temperaturschwankungen in
den Polargegenden, am geringsten in den äquatorialen Regionen,
ferner sind sie bedeutender im Innern großer Festländer als in
der Nähe des Meeres. Die tiefste Jahrestemperatur tritt einige
Zeit nach dem tiefsten Stande der Sonne ein, nämlich auf der
nördlichen Halbkugel im Januar, auf der südlichen im Juli. Die
höchste Wärme wird einige Zeit nach dem höchsten Sonnenstande
beobachtet, bei uns im Juli, auf der Südhemisphäre im Januar.
In den Gegenden am Äquator, über denen die Sonne im Laufe
des Jahres zweimal senkrecht steht und sich abwechselnd nordwärts und südwärts vom Scheitelpunkte entfernt, tritt die höchste
Wärme im April und Oktober, die geringste im Juli und Januar
ein. Dort ist jedoch die jährliche Wärmeschwankung im allgemeinen geringer als die tägliche und man hat deshalb die Nacht
den Winter der heißen Zone genannt.

Kontinentalklima und Seeklima. Von größtem Einflusse
auf die Ausdehnung der jährlichen Temperaturschwankung ist die
kontinentale oder maritime Lage eines Ortes. Schon Buffon war
darauf aufmerksam geworden, daß die Sommer- und Wintertemperaturen im Innern der Festländer weit mehr von einander verschieden sind als dies an der Meeresküste und auf Inseln der Fall
ist. Das Meer mildert die Extreme, es verringert die Hitze des
Sommers und mildert die Kälte des Winters. So giebt es im
nordwestlichen Irland selten Winterfrost, aber dafür genügt auch
die Wärme des Sommers nicht, um die Weintraube zu reifen. An

der Küste von Devonshire zieht man Orangen am Spalier und die Myrthe überdauert dort den Winter. In Astrachan dagegen, das weit südlicher aber tief im Innern des europäischen Kontinents liegt, hat der kälteste Monat, Januar, — 6,4° C., während die Wärme des Juli auf 24,5° C. steigt. In diesen Gegensätzen spricht sich das kontinentale und Seeklima aus. Ersteres ist bezeichnet durch warme Sommer und kalte Winter, letzteres durch milde Winter und kühle Sommer. Warum die Nachbarschaft des Meeres die Temperaturschwankungen mildert, ist leicht einzusehen. Das Wasser erwärmt sich nämlich weit langsamer als das Festland, es erkaltet aber auch langsamer. Im Winter bildet es für das Festland geradezu einen Wärmeherd, im Sommer dagegen wirkt es abkühlend auf dieses.

Mittelwerte. Um die wirkliche Wärmeverteilung auf der Erdoberfläche kennen zu lernen, muß man sich ausschließlich an die Beobachtungen halten, da kein allgemeines Gesetz und keine Regel existiert, nach welcher man die Temperaturverhältnisse irgend eines Ortes etwa ebenso berechnen könnte, wie man die Dauer des längsten und kürzesten Tages berechnen kann. Bei der gewaltigen Größe der Erdoberfläche und weil ausgedehnte Regionen derselben für wissenschaftliche Beobachter mehr oder weniger unzugänglich sind, ist es bis heute noch nicht gelungen, die Temperaturverhältnisse überall so genau zu erforschen, als dies wissenschaftlich wünschenswert wäre. Dazu kommt der Umstand, daß für jeden Ort die Wärmeverhältnisse von Stunde zu Stunde, von Tag zu Tag und von Monat zu Monat gewisse Schwankungen zeigen und daß auch die Wärme der einzelnen Jahre nicht ganz gleich ist. Man muß also suchen, Durchschnitts oder Mittelwerte zu erhalten und spricht daher von der mittleren Jahreswärme, der mittleren Monatswärme und der mittleren Tageswärme. Wie werden aber solche Mittelwerte erhalten? Nehmen wir an, es solle die mittlere Wärme eines bestimmten Tages festgestellt werden. Zu diesem Zwecke kann man ein Thermometer während jenes Tages etwa von 10 zu 10 Minuten beobachten, schließlich die sämtlichen Ablesungen des Thermometers addieren und durch die Zahl der Beobachtungen dividieren. Auf solche Weise würde man einen Durchschnittswert erhalten, der in der That der mittleren Wärme des betreffenden Tages sehr nahe gleich ist. Allein ein solches Verfahren ist ungemein mühevoll und es dürfte sich nicht leicht jemand bereit finden, derartige Beobachtungen längere Zeit hindurch anzustellen. Man kann freilich selbstregistrierende Thermometer anwenden, aber auch diese sind nicht überall zur Hand. Unter solchen Verhältnissen hat man schon vor langer Zeit gesucht, durch weniger Beobachtungen zum Ziele zu gelangen indem man solche Tagesstunden wählte, welche bei 2 oder 3, höchstens 4 Beobachtungen doch nahezu die Durchschnittswärme ergeben. Als die besten Kombinationen zeigten sich in dieser Hinsicht: 6 Uhr morgens, 2 Uhr nachmittags, 10 Uhr abends. Auch die Beobachtungen um 8 Uhr morgens und 8 Uhr abends geben einen nahezu richtigen Wert der durchschnittlichen Tageswärme. In England benutzt man zu diesem Zweck die Beobachtungen um 9 Uhr vormittags und 9 Uhr abends. Übrigens hat sich ergeben, daß keineswegs für alle Länder die gleiche Stundenkombination die richtigsten Mittelwerte giebt. In Centraleuropa dürfte man die Stunden 6 Uhr, 2 Uhr, 10 Uhr als die geeignetsten bezeichnen.

Normalwerte. Pentadenmittel. Hat man nun auf solche Weise die Durchschnittstemperatur eines bestimmten Tages gefunden, so erhält man diejenige eines bestimmten Monats, wenn man die Mitteltemperaturen seiner einzelnen Tage addiert und die Summe durch 30 (oder 31) dividiert, und ebenso findet sich die Mitteltemperatur eines bestimmten Jahres durch Addition der Monatsmittel und Division der erhaltenen Summe durch 12. Hiermit sind jedoch nur individuelle Werte gefunden, die für einen ganz bestimmten Tag, für einen bestimmten Monat, für ein bestimmtes Jahr gelten, keineswegs aber Normalwerte. Und solche zu erhalten, muß man Jahre lang beobachten. Man kann annehmen, daß eine Beobachtungsreihe von 20 Jahren genügt, um für einen Ort die

Normaltemperatur des Jahres und der einzelnen Monate festzu=
stellen, wollte man aber auch die Normaltemperatur jedes einzelnen
Tages durch Beobachtungen ermitteln, so müßte man über eine
Beobachtungsreihe von 50 oder noch mehr Jahren verfügen.
Solche sind nur für äußerst wenige Orte vorhanden, um daher
den mittlern Verlauf der Temperatur im Jahre für kleinere Ab=
schnitte als die Monate sind, darzustellen, nimmt man nach dem
Vorgange von Dove den Durchschnittswert von fünf aufeinander
folgenden Tagen und bezeichnet ihn als Pentadenmittel.
Solcher Pentaden hat das Jahr 73 und es ist klar, daß auf
solche Weise der durchschnittliche Gang der Wärme im Laufe
des Jahres sich hinreichend deutlich erkennen läßt.

Isothermen und Isanomalen. Um die Verteilung der
durchschnittlichen Wärme, sei dies nun des Jahres oder der ein
zelnen Monate, auf größern Teilen der Erdoberfläche genauer zu
studieren, genügt es nicht, die Beobachtungsresultate einer mög
lichst großen Zahl von Orten zu besitzen, sondern man muß auch
diese Resultate in übersichtlicher Weise darstellen können. Es ist
das große Verdienst A. von Humboldts, zuerst einen Weg hierzu
gezeigt zu haben und zwar dadurch), daß er die Orte von gleicher
Temperatur auf der Karte durch Linien mit einander verband.
Diese Linien nannte er Isothermen d. h. Linien gleicher Wärme.
Später haben Dove und in neuester Zeit Buchan den Lauf der
Isothermen möglichst genau zu erforschen gesucht. Die diesem
Werke beigegebenen Karten sind nach den Ergebnissen der genannten
Meteorologen entworfen. Die erste stellt die Isothermen des
Jahres dar, die zweite zeigt den Lauf der Isothermen im Januar,
die dritte im Juli. Die Temperaturen sind den betreffenden
Linien beigeschrieben. Man erkennt sofort, daß der Verlauf der
Isothermen keine wesentliche Beziehung zu dem Verlauf der Pa
rallelkreise auf der Erde hat. An der Westküste Europas ziehen
sich die Isothermen besonders hoch nach Norden hinauf und in
der That ist Europa bezüglich seiner Temperaturverhältnisse
unter allen Erdteilen am meisten begünstigt, besonders gilt dies

von Westeuropa. Betrachtet man z. B. die Januar-Isotherme von 0° C. so findet man, daß sie an der skandinavischen Küste fast bis zum 70. Grade nördlicher Breite hinaufreicht, während sie in Nordamerika bis zu 40° nördlicher Breite herabsteigt. Überhaupt zeigt der Verlauf der Jahresisothermen, daß unter höheren Breiten die Festländer kälter sind als die Oceane, daß dagegen in niedrigen Breiten die Landflächen wärmer sind als die Meere. Daher finden wir auch, was Dove schon ahnte und neuerdings Hann erwiesen hat, daß die südliche Halbkugel unserer Erde unter höheren Breiten etwas wärmer ist als die nördliche.

Dove hat die Isothermen benutzt, um die mittlere Wärme der Punkte in 10°, 20° u. s. w. der Länge auf einem und demselben Breitengrade zu berechnen. Auf diese Weise erhielt er für jeden Parallelkreis der Erdoberfläche an 36 gleichviel von einander entfernten Punkten die entsprechenden Temperaturen. Wurden diese addiert und ihre Summe durch 36 dividiert, so ergab sich die mittlere Temperatur des betreffenden Breitenkreises und diese wurde als die normale Temperatur desselben betrachtet. Auf diese Weise bestimmte Dove die Normal-Temperaturen der einzelnen Breitengrade, wie folgende Tabelle zeigt:

Nördliche Halbkugel.		Südliche Halbkugel.	
Breite.	mittl. Jahrestemperatur.	Breite.	mittl. Jahrestemperatur.
90°	- 16,5° C.	10	25,5° C.
80	14,0	20	23,4
70	8,9	30	19,4
60	1,0	40	12,5
50	5,4		
40	13,6		
30	21,6		
20	25,2		
10	26,6		
0	26,5		

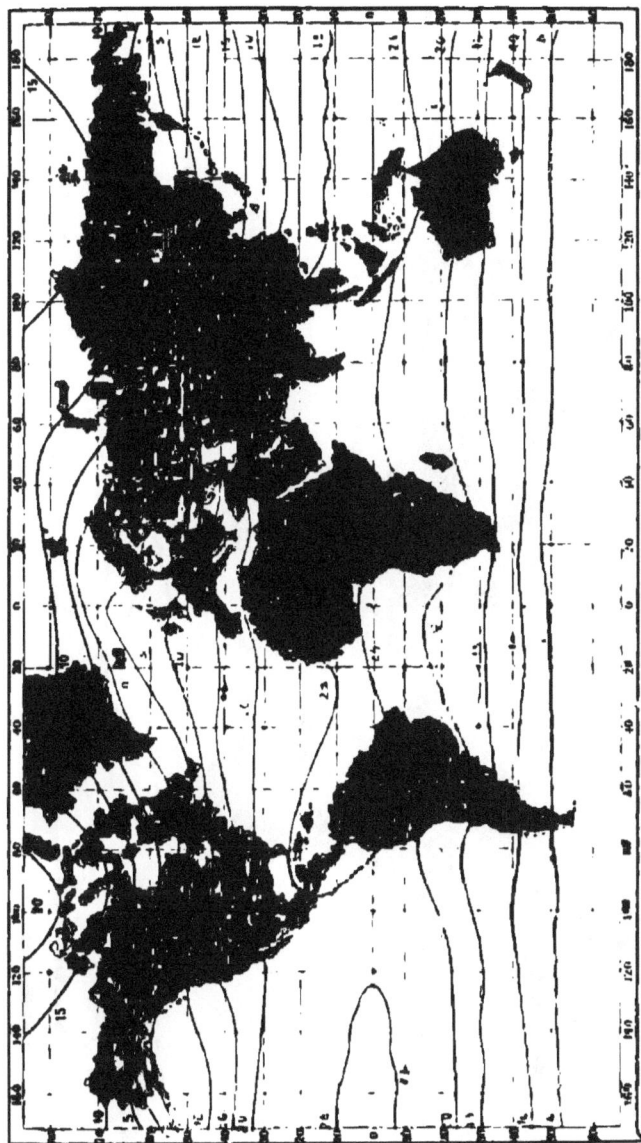

Klein, Witterungskunde

Atlas Ozeanographie

Isothermen nach Dove und Buchan.

Januar-Isothermen

Klem. Witterungskunde

Januar-Isothermen

Klem. Witterungskunde

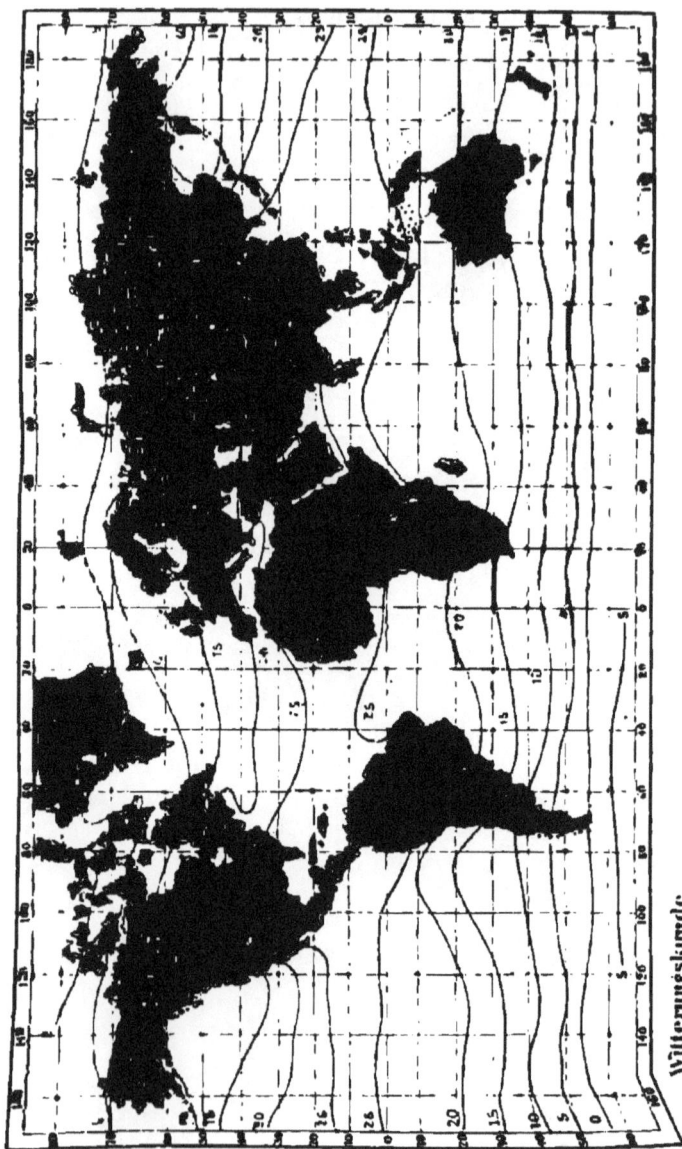

Klein. Witterungskunde.

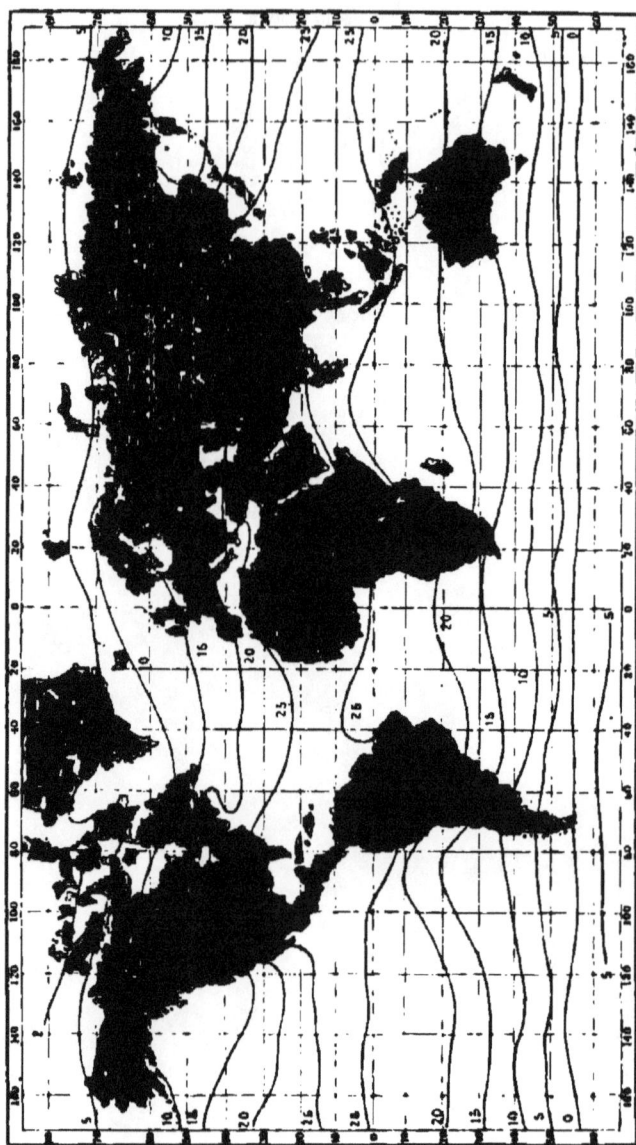

Juli - Isothermen

Klein, Witterungskunde

Die einzelnen Orte weichen im allgemeinen von der Normal-Temperatur des Breitenkreises unter dem sie liegen, mehr oder weniger ab und diese Abweichung nennt man thermische Anomalie. Hat man diese für eine große Anzahl von Orten bestimmt, so kann man nun wieder alle Punkte, welche gleiche thermische Anomalie haben, durch Linien mit einander verbinden. Solche Linien heißen thermische Isanomalen d. h. Linien gleicher Wärmeabweichung. Der Lauf dieser Linien ist höchst belehrend, um die Gunst oder Ungunst der Lage eines Landes mit Rücksicht auf seine Erwärmung zu erkennen. Mit einem Blick sieht man z. B. aus dem Verlauf der Isanomalen, in wie hohem Grade Europa gegenüber Nordamerika begünstigt ist. Unser Erdteil hat eine Jahrestemperatur, die durchschnittlich 5⁰ C. höher ist, als ihm lediglich seiner geographischen Breite nach zukommt, Nordamerika dagegen hat im Jahresmittel fast 6⁰ C. Wärme zu wenig.

Wärmeabnahme mit der Höhe. Wenn man sich von der Erdoberfläche entfernt, so sinkt die Lufttemperatur. Die Ursache hiervon ist leicht einzusehen, wenn man sich erinnert, daß es nicht die direkten Sonnenstrahlen sind, welche die Luft erwärmen, sondern die dunklen Strahlen, die der Erdboden zurücksendet. Hieraus erklärt sich auch, weshalb Luftschiffer in beträchtlichen Höhen die Sonnenwärme sehr bedeutend finden, während doch die Temperatur der Atmosphäre niedrig bleibt. Man könnte glauben, daß durch die ununterbrochen vom Boden aufsteigenden warmen Luftteilchen die höheren Schichten der Atmosphäre allmählich beträchtlich erwärmt werden müßten, allein die empor steigenden Luftmassen können eben nur auf Kosten ihrer Wärme emporsteigen, sie dehnen sich aus und erkalten dadurch. Wenn die Luft vollkommen trocken wäre, so müßte ihre Temperatur für je 100 Meter Höhe um 1⁰ C. abnehmen. Infolge der in der Atmosphäre vorhandenen Wasserdämpfe ist diese Wärmeabnahme etwas langsamer und zwar um so mehr je größer die relative Feuchtigkeit ist. Die Wärmeabnahme mit der Höhe ist im Sommer viel rascher als im Winter und in einer Höhe von etwa 1½ deutschen Meilen hat die Luft das ganze Jahr hindurch sicherlich dieselbe Wärme, die aber so gering ist, daß sie der geringsten Wärme gleichkommt, ja noch unter sie hinabgeht, die wir jemals an der Erdoberfläche beobachtet haben.

Bisweilen zeigt sich in abgeschlossenen Thalbecken im Winter die eigentümliche Erscheinung, daß die Lufttemperatur bis zu einer gewissen Höhe zunimmt. Man hat dies zuerst in den Kärnter Alpen beobachtet, später auch in Tyrol und in der Schweiz. Ja, es ist wahrscheinlich, daß diese zeitweilige Umkehr der Wärmeabnahme im Spätherbste und Winter sich über das ganze Gebiet der Alpen erstreckt und in jedem Jahre eintritt. Professor Kerner, der diese Erscheinung genauer untersucht hat, bemerkt, daß damit auch ein in die Verhältnisse der Bewohner der Alpen tief eingreifender Umstand zusammenhänge, nämlich der, daß in den Alpen so viele Gehöfte nicht auf dem in vielen Beziehungen doch bequemern ebenen Terrain der Thalsohlen, sondern auf den Gehängen über letzteren, und oft ziemlich weit von den zugehörigen Wiesen und Feldern erbaut sind. „Wer," sagt er, „jemals im Spätherbste in einer Periode umgekehrter Temperaturabnahme bei solchen, an steilem Bergabhange ragenden Gehöften verweilte und zu einer Zeit, wo unten im Thale der gefrorene Boden schon von Reif und das entblätterte Zweigwerk der Bäume von Duftansatz starrte und alle Vegetationsthätigkeit längst erloschen ist, während dort oben milde Lüfte wehen, die grünen Grasplätze noch mit herbstlichen Blüten geschmückt sind und die Schafe im Freien weiden, der wird es begreiflich finden, daß die ersten Erbauer der Gehöfte sich eben am liebsten in jenen Höhen ansiedelten, welche sich durch ihre günstigen Temperaturverhältnisse im Spätherbste und Winter erfahrungsgemäß auszeichneten." Wenn dieser Grund wirklich der maßgebende war, so hätten wir hier wiederum eine meteorologische Thatsache, die dem Volke längst bekannt war, während sie von den Meteorologen erst kürzlich mit Hülfe ihrer Instrumente entdeckt wurde. Nach Professor Kerner ist diese relativ höhere Lufttemperatur in der Mittelhöhe der Alpenthäler nicht, wie die Volksanschauung will, durch die Annahme eines in der Höhe fließenden warmen Südwindes zu erklären, sondern aus einer eigentümlichen Luft= cirkulation. Die im Thalgrunde erkaltete und verdichtete Luft kann nicht abfließen und stagnirt daher über dem Boden des Thales. Die über den Gipfeln erkaltete Luft sinkt dagegen längs der Abhänge der Berge gegen den Thalgrund hinab, wird dabei immer größerem Drucke ausgesetzt und muß sich dadurch erwärmen. Sie breitet sich dann über den im Thalgrunde stagnirenden, kalten Luftsee aus und so erklärt es sich, daß man gleichzeitig im Thalgrunde und auf den Spitzen der umgebenden Berge kältere Luft antrifft als in der Mittelhöhe des Thalbeckens. Eine Zunahme der Luftwärme mit der Höhe zeigt sich auch im Winter, zu Zeiten ausgedehnter ungewöhnlich großer Kälte und ruhiger Luft. So herrschte im Dezember 1879 in Centraleuropa eine lange Periode abnorm kalten, aber ruhigen Wetters, und wäh= rend dessen beobachtete man allenthalben in den Alpen und auf den Höhen des Schwarzwaldes weit höhere Temperaturen als im Flachlande. Dabei war der Wärmeüberschuß der Höhen vor Sonnenaufgang am größten.

Extreme der Temperatur. Kältepole. Neben der Kenntnis der mittleren Temperaturen, ist es auch von großem Interesse, die höchsten und niedrigsten Temperaturen zu kennen, welche bis jetzt überhaupt auf der Erdoberfläche beobachtet worden sind. Natürlich finden sich die höchsten absoluten Maxima in der heißen Zone. Zu Maskat beobachtete man im Juni 1821 über + 50° C., zu Abbu Arich in Arabien + 52,5°, in der Nähe von Sues + 52,5°, zu Mursuk sogar + 56,2°. Diese letztere Angabe ist von Ritchie und die bezeichnete Temperatur soll dort nicht selten im Schatten beobachtet werden können. Nach Robert soll sogar in Abessinien die Lufttemperatur im Schatten bisweilen auf + 60° C., ja an der Küste des roten Meeres bei bedecktem Himmel auf + 65° C. steigen. Solche hohe Temperaturen kommen allerdings nicht häufig vor, allein selbst in unseren mittleren

Breiten steigt das Thermometer zur Zeit der größten Hitze bisweilen auf eine Höhe, welche sich der Wärme in den Tropen
nähert. So stieg in London die Wärme am 12. Juli 1852 bis
auf 41° C. und in Mitteleuropa sind Temperaturen von 35°
bis 37° C. keineswegs unerhört. Was Kälte anbelangt so giebt
es zwei von einander getrennte Gebiete, welche im Januar stets
niedrigste Temperaturen aufweisen. Man bezeichnet sie als
Kältepole. Der eine liegt in Sibirien nordwärts von Jakutsk,
der andere im arktischen Amerika nordwestlich von den Parry-
Inseln. Der sibirische Kältepol weist in den Monaten Dezember
und Januar die niedrigsten Temperaturen auf, welche man an
der Erdoberfläche kennt. Dort liegt der Ort Werchojansk in
67½° n. Br. und daselbst wurde im Dezember 1871 eine Mini
maltemperatur von — 63.2° C. beobachtet und die mittlere
Temperatur der Monate Dezember, Januar und Februar ist
noch 47.3° C. Damit man nicht vermute, daß Irrtümer
der Instrumente auf solche grausenvolle Kältegrade führten, ist
zu bemerken, daß in Jakutsk (62° n. Br.) die Minimaltempera-
tur des Januar 62° C. beträgt und das Mittel der vorhin
genannten drei Wintermonate sich nicht über — 40° C. erhebt.
Im Verlaufe von zehn Jahren ist in Jakutsk im Januar niemals eine höhere Temperatur als 17.7° C. beobachtet worden.
Nicht umsonst werden die Jakuten von den Russen eiserne Menschen genannt. In den Regionen des asiatischen Kältepoles
herrscht im Winter bei ununterbrochen heiterem Himmel fast
stets Windstille, dadurch wird die Erkaltung durch Ausstrahlung
mächtig gefördert und wahrscheinlich herrscht in der Höhe etwas
geringere Kälte. Im Gebiete des amerikanischen Kältepoles
kommen so niedrige Temperaturen wie in Sibirien nicht vor.
Die tiefste ist diejenige, welche auf der Expedition des „Alert"
in 82° 27' n. Br. und 61° 22' w. L. v. Gr. beobachtet wurde,
nämlich — 58.8° C. Auf Boothia Felix erreicht die größte
Kälte — 49.2°, in Fort Hope (66½° n. Br. und 87° ö. L.)
sinkt das Minimum auf — 45.6°. Der amerikanische Kältepol

oder vielmehr die Gegenden, in welche er fällt, haben ein deut
liches Seeklima, während in Sibirien das kontinentale Klima
so entschieden vorherrscht, daß z. B. in Jakutsk die Wärme des
Juli auf + 38,8° C., in Ustjansk auf + 37,5° steigt, also im
Hochsommer dort kurze Zeit hindurch tropische Glut herrscht.

In unsern Breiten sinkt das Thermometer selbst bei der
größten Kälte niemals so tief, daß man auch nur annähernd
Vergleiche mit jenen sibirischen oder nordamerikanischen Temperaturen anstellen dürfte. Indessen berichten die alten Schrift
steller gelegentlich über Winter, die sich durch außergewöhnliche
Erscheinungen auszeichneten. So soll im Jahre 400 unsrer
Zeitrechnung ein großer Teil des schwarzen Meeres ganz zugefroren sein. Im Jahre 763 war die Straße der Dardanellen
gefroren und man konnte von der asiatischen zur europäischen
Küste zu Fuße gehen. In demselben Jahre fror die Rhone zu.
Vom Winter 355 wird erzählt, er sei so streng gewesen, daß
eine Menge Menschen in Gallien vor Kälte umkam; 22 Jahre
später zogen die Barbaren über den festgefrorenen Rhein. Im
Winter des Jahres 566 blieb im südlichen Frankreich der
Schnee volle fünf Monate liegen und im Jahre 821 waren die
meisten Flüsse zugefroren. Dasselbe fand in den Jahren 1305
und 1364 in Frankreich statt und die Eisdecke der Rhone soll
damals 15 Fuß Dicke erreicht haben. Im Jahre 1589 gingen der
Marschall von Montmorency und der Oberst Alfons mit
Fußvolk und Geschütz über die gefrorene Rhone. Zonaras und
Kantemir berichten, daß 1620 das schwarze Meer zugefroren
sei. Im Anfange des Jahres 1622 war ein großer Teil des
adriatischen Meeres zugefroren; im Jahre 1709 war der Ocean
an der Küste der Normandie, und selbst das Mittelmeer vor
Marseille weithin gefroren. Im Winter 1740 baute man in
Petersburg aus dem Eise der Newa den berühmten Eispallast
und gleichzeitig bei London auf der gefrorenen Themse eine Küche
aus Eis, in der man einen ganzen Ochsen am Spieß briet. Die
Winter von 1766 und 1784 waren in Paris und dem mittlern

Frankreich so streng, daß man auf den Straßen Feuer anzündete. Im Winter von 1788—1789 waren wiederum die meisten Flüsse Frankreichs gefroren und an der Küste der Normandie reichte das Eis eine Meile weit in's Meer. In den Jahren 1333, 1399, 1408, 1423 und 1459 soll der größte Teil der Ostsee zugefroren sein. Für Paris enthält die nachstehende Tafel die niedrigsten Temperaturen zwischen 1709 und 1840.

1709	— 23,1° C.	1776	— 19,1° C.
1716	— 18,7	1783	— 19,0
1729	— 15,3	1788	— 22,3
1742	— 17,0	1795	— 21,5
1747	— 13,6	1798	— 17,6
1748	15,3	1820	— 14,3
1754	- 14,1	1825	— 14,6
1755	15,6	1830	— 16,3
1767	15,3	1836	— 18,0
1768	- 17,1	1838	— 19,0
1771	- 13,6	1840	— 17,0

Bis jetzt haben die umfassendsten Untersuchungen keine regelmäßige periodische Wiederkehr strenger Winter (oder heißer Sommer) erkennen lassen. Auf eine einseitige Betrachtung thermometrischer Aufzeichnungen gestützt, hat zwar Renou geglaubt, eine Periode von 41 Jahren zu erkennen, nach Ablauf deren kalte Winter wiederkehrten; jedoch hat diese Ansicht bei den Meteorologen mit Recht keinen Beifall gefunden.

Fragt man nach der Ursache, weshalb in unseren Gegenden einzelne Winter abnorm kalt sind, so ist sofort der Gedanke zurückzuweisen, dieselbe sei in Einflüssen zu suchen, die aus dem Weltraum her auf unsern Erdkörper wirkten, kurz in kosmischen Ursachen. Schon im Jahre 1838 hat Dove auf die Thatsache hingewiesen, daß strenge Winterkälte in unsern Breiten vorzugsweise durch diejenigen Winde hervorgerufen wird, welche die Aufheiterung der Atmosphäre herbeiführen und daher die Ausstrahlung des Erdbodens gegen den kalten Weltraum begünstigen;

damals stellte er die Thatsache fest und führte sie auf die genannte Ursache zurück, daß kalte Winter viel tiefer unter den aus vielen Jahren abgeleiteten mittlern Wert herabsinken, als warme sich über denselben erheben. Im Winter, sagt er, wo der Erdboden während der längern Nacht mehr durch Ausstrahlung an Wärme verliert, als er am Tage durch Bestrahlung von Seiten der Sonne gewinnt, ist Temperaturerniedrigung im allgemeinen die stete Folge einer Aufklärung des Himmels. Aus ganz denselben Gründen findet daher im Sommer das Umgekehrte statt, es sind im allgemeinen die heitern Tage auch die wärmeren. Beim Mangel von thermometrischen Aufzeichnungen kann man daher schon aus der bloßen Angabe der Zahl der heitern und der bedeckten Tage ersehen, ob ein Winter besonders kalt war oder nicht. Ein Winter, der ungewöhnlich viele heitere Tage und Nächte aufweist, gehört zuverlässig zu den strengen; bringen es dagegen die vorherrschenden Luftströmungen mit sich, daß während des Winters ungemein viel dicht bedeckter Himmel eintritt, besonders bei Nacht, so kann es sich ereignen, daß ein derartiger Winter bezüglich seiner Temperatur dreist mit einem warmen Frühjahre den Vergleich aushält. Das ist sogar die einzige Ursache jener ungewöhnlich warmen Winter, in denen man selbst das Blühen von Bäumen und Blumen beobachtet hat.

Die Temperatur des Erdbodens.

Der Erdboden ist es, der, wie wir wissen, von den Sonnenstrahlen allein erwärmt wird und von dem die Luft erst in zweiter Linie ihre Wärme empfängt. Man muß daher erwarten, daß im allgemeinen die Temperatur des Erdbodens höher ist als diejenige der Luft und dies ist in der That der Fall, ja der Wärmeunterschied ist häufig sehr bedeutend. In Bagdad fand Schläfli die Temperatur der obersten Bodenschicht zu + 78° C., und der Sand der nubischen Wüste erhitzt sich so sehr, daß man darin Eier kochen kann. Humboldt fand in Südamerika die Temperatur eines grobkörnigen Granitsandes an einem Nachmittage zu 60,3° C. während gleichzeitig die Lufttemperatur + 30° C. betrug. Die Erwärmung des Erdbodens ist nach der Beschaffenheit desselben verschieden; Sandboden wird bis zu hohem Grade erhitzt, gewöhnlicher Feldboden weit weniger und im Walde wird man niemals eine so hohe Bodenwärme finden als außerhalb desselben. Becquerel hat in den Monaten August bis Oktober 1871 Beobachtungen der Bodentemperatur in kahlen und bebauten Feldern angestellt. Aus denselben ergab sich, daß im August ein bis zu 10 Centimeter eingesenktes Thermometer nachmittags 3 Uhr die höchste Temperatur zeigte und zwar viel ausgesprochener in kahlem, sandigem Boden als in solchem, der mit niedrigem Pflanzenwuchs bedeckt war. Die niedrigste Temperatur morgens 6 Uhr war in dem kahlen Boden geringer als in dem bewachsenen. Nach Wells ist der Boden unmittelbar unter dem Grase stets um einige Grade wärmer als das Gras selbst. An den täglichen und jährlichen Temperaturschwankungen nimmt der Boden unmittelbar an der Erdoberfläche teil, dringt man jedoch tiefer in die Erde ein, so findet man, daß zuerst die täglichen und in größerer Tiefe auch die jährlichen Schwankungen der Temperatur verschwinden und dort Jahr aus Jahr ein die gleiche, unveränderliche Wärme herrscht. Die täglichen Wärmeschwankungen sind schon in einer Tiefe von 1 Meter unter der Oberfläche fast unmerklich, in 30 Meter Tiefe sind auch die Wärmeunterschiede der Jahreszeiten verschwunden. In einem Keller der Pariser Sternwarte befindet sich, 28 Meter unter dem Erdboden, ein Thermometer, welches 1783 Cassini dort angebracht hat. Es wurde von Lavoisier mit besonderer Sorgfalt angefertigt und mit völlig reinem Quecksilber gefüllt. Die Kugel taucht in ein mit feinem Sande gefülltes Glasgefäß. Seit fast 100 Jahren zeigt dieses Thermometer unverändert die Temperatur von 11,8° C an. Die Erdschichte mit unveränderlicher

Bodenwärme liegt nicht überall in gleicher Tiefe; an Orten mit kontinentalem Klima, wo also die Extreme der Temperatur bedeutend sind, liegt sie tiefer als an Orten mit Seeklima. In den Tropen trifft man diese Schicht nach Boussingault schon ⅓ Meter unter der Oberfläche. Da die Temperatur dieser Schicht sehr nahe gleich der mittleren Jahrestemperatur des betreffenden Ortes ist, so braucht man, wie Boussingault bemerkt, in den tropischen Gegenden das Thermometer an einem schattigen Orte bloß ⅓ Meter tief in den Boden zu senken, um an seinem Stande die mittlere Jahrestemperatur des betreffenden Ortes abzulesen. Wie ist es aber da, wo die mittlere Jahrestemperatur unter dem Gefrierpunkte des Wassers liegt? Dort stößt man in der Tiefe auf gefrorenen Boden! Schon Gmelin berichtete, daß in dem östlichen Sibirien der Boden auch im Sommer in 1 Meter Tiefe schon gefroren sei. Im Jahre 1755 wollte der Kosak Swietogorow einen Brunnen graben, fand aber, daß der Boden bis zu einer Tiefe von 18 Klaftern gefroren sei, weshalb er die Arbeit aufgab. Etwas ähnliches ergab sich 1828 bei Anlegung eines Schachtes, und dies wurde Veranlassung zu genauen Untersuchungen, die zu dem merkwürdigen Resultate führten, daß in der Gegend von Jakutsk in Sibirien der Boden noch in 116 Meter Tiefe eine Temperatur von — 0,6° C. besitzt. Die Region des ewigen unterirdischen Eises ist weit ausgedehnter als man meist glaubt, sie erstreckt sich in Nordasien südlich bis zur Amurmündung und in Nordamerika bis zum Südende der Hudsonsbai.

Fig. 3.

Erdboden Thermometer nach Fues.

Im Sommer sind auf diesem ungeheuren Gebiete infolge der langen, intensiven Sonnenstrahlung die obersten Erdschichten allerdings aufgetaut, und es kann sich über diesen sogar eine Waldvegetation entwickeln, bei der die Wurzeln der Bäume nicht sehr in die Tiefe gehen, aber da, wo sie das gefrorene Erdreich treffen, nach Griesebach seitwärts wachsen als wenn sie auf Gestein träfen.

Geht man über die Schicht mit unveränderlicher Temperatur noch tiefer in den Erdboden hinab, so findet man allenthalben eine Zunahme der Bodenwärme. Diese letztere ist der Erde eigentümlich, aber sie spielt in den meteorologischen Vorgängen keine Rolle.

Zur Bestimmung der Bodentemperatur unmittelbar an der Erdoberfläche oder in einer Tiefe bis zu 15 Centimeter bedient man sich des in Fig. 3 dargestellten Erdbodenthermometers mit Metallstativ. Letzteres wird mit den unteren Endpunkten in den Boden eingegraben.

Die Temperatur des Meeres.

Das Meer, welches drei Viertel der Erdoberfläche bedeckt, übt durch seine Temperaturverhältnisse einen großartigen klimatischen Einfluß aus, ja man kann sagen, daß die Temperaturverhältnisse der Luft über den Festländern mehr durch den Ozean bestimmt werden als durch den Boden, von dem die Luft unmittelbar erwärmt wird. Die höchste Oberflächentemperatur des Meeres findet sich in den tropischen Gegenden, und sie nimmt von hier gegen die Pole hin ab. Die Temperatur der Meeresoberfläche ist aber im einzelnen ebenso unregelmäßig verteilt als die Lufttemperatur. In den äquatorialen Gegenden ist die Temperatur der Meeresoberfläche im allgemeinen etwas höher als diejenige der unmittelbar darüber ruhenden Luft. Durchschnitt-

lich) ist der nordatlantische Ozean am wärmsten; seine Oberflächentemperatur steigt im Busen von Guinea bis zu 29° C. Kleinere
Meeresteile haben allerdings gelegentlich höhere Oberflächentemperatur gezeigt. So beobachtete man im südlichen Teil des roten
Meeres + 34,5° C. und in der Celebes-See + 31,1° C., allein
diese höheren Temperaturen sind lokalen Ursachen zuzuschreiben
und finden sich niemals mitten auf den eigentlichen Ozeanen. Die
täglichen Schwankungen der Meerestemperatur sind nur gering
und erreichen auf hoher See nur Bruchteile eines Grades,
können aber in der Nähe der Küsten sich auf mehrere Grade be-
laufen. Beträchtlicher sind die jährlichen Schwankungen der Temperatur, sie erreichen im atlantischen Ozean bis zu 5°, und
steigen sogar unter dem Einflusse örtlicher Verhältnisse bis zu
15° C. Die höchste Wärme zeigt der nordatlantische Ozean
im August und September, die geringste im Februar und März.
Niemals erreicht jedoch der Spielraum dieser Wärmeschwankung
diejenige Größe, welche die Lufttemperatur im Jahreslaufe zeigt.

Über Untiefen und Klippen ist die Temperatur der See
niedriger als an der Oberfläche der Tiefsee. Jonathan Williams
hat deshalb darauf aufmerksam gemacht, daß das Wasserther-
mometer für den Schiffer ein sicheres Mittel sei, um Klippen zu
entdecken, die nicht von der Oberfläche aus gesehen werden können.

Das Süßwasser hat seine größte Dichtigkeit bei einer Temperatur von + 4° C., das Meerwasser ist um so dichter und
schwerer je kälter es ist, demnach muß sich das kälteste Seewasser
in der Tiefe befinden. Wirklich nimmt, wie die neueren Untersuchungen unzweifelhaft zeigen, die Temperatur des Meerwassers
im allgemeinen von der Oberfläche bis zum Boden hin ab. Nach
den Untersuchungen von Boguslawski ergiebt sich, daß diese Temperaturabnahme zuerst mehr oder weniger rasch ist, dann aber
langsamer wird bis zu einer Tiefe von ungefähr 730—1100 Meter,
wo eine durchschnittliche Temperatur von + 4° C. herrscht, und
von da ab noch langsamer bis zum Meeresboden, wo die Temperatur nicht nur in der gemäßigten Zone, sondern auch in den

3*

tropischen Teilen der Ozeane in größeren Tiefen zwischen 1° und + 2° beträgt, während sie in den Polargebieten bis zu — 2,5° herabsinkt. Die Temperatur jedes Teiles des Meerbodens und der über ihm liegenden mehr oder weniger mächtigen Wasserschicht, die mit einem der beiden Polarmeere in freier Verbindung steht, ist niedriger als diejenige, die ihm nach der mittlern niedrigsten Wintertemperatur an der Oberfläche zukäme, und ist nur wenig höher als die des Meeresbodens in den Polarmeeren. Die allgemeine Erniedrigung der Temperatur des Bodens in den größeren Tiefen des Meeres kann aber nicht von den vergleichweise wenig mächtigen, kalten Oberflächenströmungen herrühren, die aus den Polarmeeren als Ersatz für die durch Driftströme aus niederen Breiten in sie hineingedrängten Wassermassen nach dem Äquator zu fließen, sondern entstammt nach Boguslawski einer mächtigen, aber langsamen Wasserbewegung der gesamten unteren Meeresschichten von den Polen nach dem Äquator zu, deren Mächtigkeit vom Boden aufwärts gegen 3600 Meter beträgt, wobei das kalte Bodenwasser unter niedrigen Breiten und dem Äquator selbst bis nahe an die Oberfläche emporbringt. Je größer und freier die Verbindung mit den Polarmeeren ist, desto niedriger sind an diesen Stellen die Tiefen- und Bodentemperaturen. Letztere sind deshalb in dem stillen und indischen Ozean in den entsprechenden Breiten und Tiefen im ganzen genommen niedriger als im atlantischen Ozean, weil jene mit dem antarktischen Ozean in freierer Kommunikation stehen als dieser, und ebenso sind die südlichen Teile der Ozeane kälter als die nördlichen, weil die Kommunikation mit dem Nord-Polarmeere viel weniger frei als mit dem Süd-Polarmeere, oder, wie bei dem indischen Ozean, gar nicht vorhanden ist. Die Temperatur des Meeresbodens in den Polarmeeren beträgt - 2° bis —3° C., in der Nähe derselben 0° bis 1,5°, in den mittleren und niederen Breiten in einer Tiefe von 3000–5400 Meter + 1° bis + 2°, am Äquator ist sie dagegen geringer, nämlich ein wenig über 0°, an manchen ~~~~ an unter 0°.

Von größter Bedeutung für die Temperaturverhältnisse der Luft auf dem ganzen Erdballe sind die Meeresströmungen. Sie tragen, wie besonders die großartige Warmwasserleitung des Golfstromes zeigt, die Wärme südlicher Regionen den nördlichen Gegenden zu, daneben giebt es aber auch kalte Strömungen, die aus höheren Breiten gegen den Äquator ziehen und abkühlend wirken. Die spezielle Beschreibung der Meeresströme gehört in die physische Erdkunde; hier soll nur daran erinnert werden, daß ohne die Meeresströme die äquatorialen Gegenden wärmer, die polaren kälter wären als sie thatsächlich sind.

Der Luftdruck und das Barometer.

Obgleich die völlig reine Luft dem Auge unsichtbar ist, so besitzt sie doch Körperlichkeit und infolge dessen auch Gewicht. Schon Aristoteles vermutete dies, und um seine Vermutung zu prüfen, wog er einen leeren und einen mit Luft gefüllten Schlauch. Er fand aber keinen Unterschied und sprach deshalb der Luft die Schwere ab. Daß Aristoteles bei seinen beiden Schläuchen keinen Gewichtsunterschied finden konnte, nimmt nicht Wunder, aber merkwürdig ist es, daß man seinen Versuch zweitausend Jahre lang als völlig entscheidend ansah und es niemanden einfiel, denselben in zutreffender Weise zu wiederholen. Wenn man den Versuch wirklich macht, indem man zuerst ein Gefäß voll Luft mit größter Genauigkeit wiegt, hierauf die Luft auspumpt und dann nochmals wiegt, so findet man, daß ein Liter Luft nahezu $1\frac{1}{3}$ Gramm schwer ist. Der Versuch ergiebt etwas mehr oder weniger, je nachdem man ihn am Meeresstrande oder in einer gewissen Höhe über dem Seespiegel anstellt und je nachdem die Luft kälter oder wärmer ist. Wie in Folge der großen Feinheit der Luft zu erwarten war, ist also ihr Gewicht, relativ betrachtet, nicht eben groß, aber die ungeheure Ausdehnung der Atmosphäre bewirkt, daß deren Gesammtgewicht ein ganz enormes ist.

Mariotte's Gesetz. Wie jedes Gas besitzt auch die atmosphärische Luft Elastizität. Sie läßt sich durch Druck auf einen kleineren Raum zusammenpressen, und sie dehnt sich wieder aus, wenn der Druck nachläßt. Das Gesetz, nach welchem die Zusammendrückbarkeit der Luft erfolgt, ist im siebzehnten Jahrhundert von Edwin Mariotte aufgefunden worden und führt meist dessen Namen. Es gilt übrigens für jedes Gas ohne Ausnahme und lautet: das Volumen verhält sich umgekehrt wie der Druck. Wenn also bei einem Drucke von 100 Kilogramm eine Gasmasse einen Raum von 10 Kubikmeter einnimmt, so wird sie bei einem Drucke von 200 Kilogramm nur noch einen Raum von 5 Kubikmeter einnehmen, bei einem Drucke von 400 Kilogramm wird sie nur 2½ Kubikmeter umfassen u. s. w. Wodurch der Druck ausgeübt wird, ist ganz gleichgiltig; eine Gasmasse kann durch ihre eigenen Bestandteile zusammengedrückt werden. So drücken auf die in der Nähe des Bodens befindlichen Luftschichten alle darüber liegenden Teilchen der Atmosphäre und pressen sie zusammen. Der Druck ist daher unmittelbar an der Erdoberfläche am größten und wird immer geringer, je höher man sich von dieser erhebt. Eine notwendige Folge ist, daß die Luft immer weniger dicht wird, je weiter ihre Schichten von der Erdoberfläche entfernt sind, die Luftdichtigkeit nimmt also mit der Höhe ab. In einer Höhe von einer halben Meile hat die Luft nur ungefähr ½ der Dichte, welche sie im Meeresniveau besitzt, in der Höhe von 1 Meile ist ihre Dichte nur ⅓ von dieser, in 2 Meilen Höhe nur ⅒, in 3 Meilen Höhe 0,07, in 4 Meilen Höhe 0,03, in 5 Meilen Höhe 0,01, in 8 Meilen Höhe 0,001, in 10 Meilen Höhe 0,0001. Eine solche Verdünnung ist bereits für uns mit der völligen Abwesenheit der Luft fast identisch. Das organische Leben findet schon in viel geringeren Höhen infolge des Luftmangels seine Grenze.

Höhe der Atmosphäre. Wie hoch die Atmosphäre hinaufreicht, ist unbekannt; da diese Höhe aber jedenfalls 10 Meilen über-
steigt und darüber hinaus die Atmosphäre so außerordentlich verdünnt ist, daß sie kaum noch die geringsten physikalischen Wirkungen
auszuüben vermag, so ist es ziemlich gleichgiltig, ob die Lufthülle
der Erde in 20, 30, 50 oder 100 Meilen ihre äußerste Grenze besitzt.
Sieht man aber hiervon ab, so läßt sich zeigen, daß es eine
gewisse Entfernung giebt, über welche hinaus kein Luftteilchen
mehr mit der Erde in Zusammenhang bleiben kann. Da die
Luft sich nämlich mit der Erde täglich um deren Achse dreht, so
müssen die Teilchen der Atmosphäre einen um so größeren täglichen Kreis beschreiben, je weiter sie von der Erdachse entfernt
sind; die Schwungkraft nimmt daher mit wachsender Entfernung
von der Erde zu, während die Schwere oder Anziehung der letzteren gleichzeitig abnimmt. Es muß daher eine Entfernung
geben, in welcher Schwungkraft und Schwere einander das Gleichgewicht halten, und über diese Entfernung hinaus müssen sich
die Luftteilchen im Weltraume zerstreuen. Diese Entfernung beträgt vom Erdmittelpunkte gerechnet $6\frac{2}{3}$ Erdhalbmesser, und
über diese Distanz hinaus kann also die Erdatmosphäre in keinem
Falle reichen; ob sie sich aber überhaupt so weit erstreckt, ist eine
andere Frage. Unter der Annahme, daß die Atmosphäre in
Wirklichkeit da ihre Grenze finde, wo die spezifische Elastizität
der Luft mit der Schwere im Gleichgewicht steht, fand G. J. Schmidt
dafür etwa $27\frac{1}{3}$ geographische Meilen. Indessen ist diese wie
jede ähnliche Berechnung wenig zuverlässig, weil man nicht weiß,
nach welchem Gesetze sich die Wärmeabnahme bei zunehmender
Höhe richtet. Sicherer sind die Schlüsse, welche man aus den
Beobachtungen der Dämmerung abgeleitet hat. Es findet sich
hiernach, daß noch in Höhen von 8 bis 10 Meilen Luftteilchen
vorhanden sind, welche die Sonnenstrahlen zurückwerfen, ja Liais
schließt aus seinen Wahrnehmungen, daß noch in 40 Meilen Höhe
Teilchen der Atmosphäre sich durch optische Erscheinungen bemerkbar machen. In Übereinstimmung hiermit weiß man bereits

lange, daß die von Zeit zu Zeit am Himmel sichtbar werdenden Meteore, die Feuerkugeln und Sternschnuppen, in Höhen glühend werden, die mehr als 10 Meilen betragen. Dort muß also noch Luft vorhanden sein. Für die heutige Meteorologie sind indessen diese höchsten Regionen unseres Luftozeans so gut wie völlig gleichgiltig. Die Vorgänge unserer Witterungserscheinungen spielen sich ohne Ausnahme in den tieferen Schichten unserer Atmosphäre ab. Was mehr als zwei deutsche Meilen über die Erdoberfläche hinausliegt, befindet sich jenseits des Gebietes, welches die heutige Witterungslehre berücksichtigt.

Druck der Luft. Barometer. Infolge ihres Gewichtes und ihrer Elastizität übt die atmosphärische Luft auf jeden Punkt der Erdoberfläche einen Druck aus, dessen Vorhandensein der Italiener Toricelli im Jahre 1648 zuerst durch das Experiment nachwies. Er hatte eine ungefähr zwei Meter lange, oben geschlossene Glasröhre mit Quecksilber gefüllt, verschloß die andere Öffnung mit dem Finger und tauchte sie in ein Gefäß mit Quecksilber, das mit einer Schicht Wasser bedeckt war. Als er bei senkrechter Haltung der Röhre den Finger von der Öffnung entfernte, begann ein Teil des Quecksilbers auszulaufen, aber es blieb in der Röhre eine Quecksilbersäule von circa 28 Zoll Höhe stehen. Toricelli hob die Röhre etwas auf, sodaß ihre Öffnung aus dem Quecksilber des Gefäßes hervorkam und nur noch in das Wasser tauchte. Augenblicklich floß nun auch der Rest des Quecksilbers aus, und statt seiner füllte sich die Röhre mit Wasser. Scharfsinnig erkannte Toricelli, daß der Druck der Luft es war, welcher die Quecksilbersäule in der angegebenen Höhe erhielt, indem dieser Luftdruck so groß ist als der Druck, den eine 28 Zoll hohe Quecksilbersäule auf ihre Unterlage ausübt. In völliger Übereinstimmung hiermit befand sich die schon früher in Florenz beobachtete Thatsache, daß das Wasser in den Saugrohren der Pumpen niemals höher als bis zu 32 Fuß emporsteigt. Galilei, den einige Pumpenmacher nach der Ursache gefragt, hatte in seiner

Verlegenheit geantwortet: das Wasser steige empor, weil bekannt=
lich die Natur einen Abscheu vor dem leeren Raum habe, solcher
Abscheu reiche aber nur bis zu dieser Höhe. Im Sinne der
Toricellischen Anschauung erklärte sich die Erscheinung unge=
zwungen durch die Annahme, daß der Druck der Luft nur einer
Wassersäule von 32 Fuß Höhe das Gleichgewicht zu halten ver=
mag. In der That wiegt eine Quecksilbersäule von 28 Zoll Höhe
genau so viel, als eine Wassersäule von gleichem Querschnitt
und 32 Fuß Höhe. Indessen blieben die üblichen Einwürfe,
welche jeder wichtigen wissenschaftlichen Entdeckung gemacht wer=
den, auch Toricelli nicht erspart, doch mußten dieselben glück=
licherweise bald verstummen vor den Experimenten, die Pascal
anstellte und veranlaßte. Dieser scharfsinnige Denker wiederholte
die Versuche Toricellis mit großer Aufmerksamkeit und gelangte
zu der richtigen Ansicht, daß lediglich die Luftschichten, welche
über der freien Quecksilberoberfläche lasten, den Druck ausüben,
keineswegs aber die darunter befindlichen. Er schloß hieraus,
daß das Quecksilber in der Toricellischen Röhre auf einem hohen
Berge niedriger als 28 Zoll stehen müsse, weil dort ein gewisser
Teil der Atmosphäre 'unter dem Beobachter sich befindet. Um
diese Folgerung einer entscheidenden Prüfung zu unterwerfen,
bat er seinen Schwager Perrier in Clermont, mit einer Tori=
cellischen Röhre den benachbarten Puy de Dôme zu besteigen
und auf dessen Gipfel die Höhe des Quecksilbers zu messen.
Am 19. September 1648 führte Perrier den Auftrag aus. Am
Morgen dieses Tages versammelte er eine Anzahl der No=
tabeln Clermonts und bestimmte in seinem Hause die Höhe
des Quecksilbers in der Säule. Dann begab man sich zu dem
etwa zwei Meilen entfernten Berge und fand auf dessen Gipfel
die Quecksilbersäule fast 3$\frac{1}{3}$ Zoll kürzer als in der Stadt. Auf
dem Rückwege bestimmte man in Font de l'Arbre ebenfalls den
Stand der Säule und fand dort die Höhe größer als auf dem
Gipfel des Berges, aber geringer als zu Clermont. Die Um=
ständlichkeit, mit welcher der Versuch angestellt worden, und die

skrupulöse Widerlegung aller möglichen Einwürfe gegen die Zu verlässigkeit der Beobachtungen, welche in der Folge daran sich knüpften, kommt uns heute seltsam vor; allein vor 250 Jahren waren alle diese Umständlichkeiten durchaus erforderlich, um eine so neue und überraschende Thatsache, als welche der Luftdruck erschien, gegen jedes Bedenken sicher zu stellen. Pascal selbst in Paris, Perrier in Clermont, sowie Descartes in Stockholm beobachteten nun in den nächsten Jahren die Höhe des Queck silbers in der Toricellischen Säule, und es fand sich schon da mals, daß diese Höhe an einem und demselben Orte sich unregel mäßig verändert, sowie daß sie durchschnittlich im Winter etwas größer ist als im Sommer. Das Instrument wurde in den nächsten Jahren nach und nach vervollkommnet und zur Beobachtung be quemer gemacht; man nannte es damals Baroskop, und erst später bürgerte sich der heute ausschließlich gebräuchliche Name Barometer ein.

Das Barometer ist das wichtigste meteorologische Instrument, da, wie wir noch sehen werden, von der Verteilung des Luft drucks die Witterungsverhältnisse bedingt werden. Wie dasselbe im allgemeinen beschaffen ist, weiß jeder, da die gewöhnlichen Zimmerbarometer mit ihrer Skala von „Schön Wetter" bis „Sturm" außerordentlich zahlreich verbreitet sind. Diese Instru mente sind jedoch durchschnittlich mangelhaft, und ihre Angaben können um ein oder noch mehr Millimeter von denjenigen eines Normal-Instrumentes abweichen. Aber auch ein besser gearbei tetes Barometer muß, ehe es zu wissenschaftlichen Beobachtungen dienen soll, mit einem Normal-Barometer verglichen werden, um eine etwaige konstante Korrektion zu ermitteln. Unter den zu meteorologischen Beobachtungen dienenden Barometern nimmt das Gefäßheberbarometer, Konstruktion Fues und Wild, unstreitig die erste Stelle ein, und man darf es mit Recht als das Stations- und Reisebarometer der Zukunft bezeichnen. Leichtigkeit des Transports, Sicherheit vor zufälligen Beschädigungen, Bequem heit und Schärfe der Ablesung sind bei diesem Barometer in

feltner Weise vereinigt. Ohne hier auf eine genauere Beschrei=
bung dieses Instruments einzugehen, welche dem Zwecke dieses
Buches nicht angemessen ist, genüge die Bemerkung, daß die
Oberfläche des Quecksilbers im Gefäß wie bei dem Fortinschen
Barometer durch eine Schraube auf den Nullpunkt der Skala eingestellt
wird, worauf man oben eine mit No=
nius versehene Messinghülse, die unten
einen scharfen Rand hat, so lange ver=
schiebt, bis die höchste Kuppe des Queck=
silbers in gleicher Höhe mit dem vor=
deren und hinteren Teile des Randes
steht. Nach einiger Übung ist man im
Stande, diese Einstellung bis auf ein
paar Hundertstel Millimeter genau zu
machen. Eine solche Genauigkeit ist
aber freilich für die Praxis gar nicht
erforderlich und häufig auch ganz illu=
sorisch, weil sie größer ist als die
Genauigkeit der Korrektionen. Es ge=
nügt, die Ablesungen bis auf ein Zehn=
tel des Millimeters genau zu machen.
Ein solches Barometer kostet in vor=
züglicher Ausführung bei Fueß in Ber=
lin 170 bis 240 Mark. Ein Reise=
barometer nach Fortin, wie die neben=
stehende Figur 4 zeigt, kostet bei dem=
selben Mechaniker mit Lederetuis
und Trageriemen 200 Mark, ein ein=
facheres, ohne Stativ und Etui, 100
Mark.

Fig. 4.

Reisebarometer nach Fortin.

Statt des Quecksilberbarometers findet man in neuerer Zeit
häufig die sogenannten Aneroidbarometer oder Holosteriques.
Bei ihnen wirkt der Luftdruck auf die elastischen Bodenflächen

eines luftleer gemachten Metallcylinders, und diese Bewegung der
Bodenflächen wird durch Räder und Hebel auf einen Zeiger
übertragen, der über einer Skala sich bewegt. Solche Aneroidbarometer sind für geringe Schwankungen des Luftdrucks äußerst
empfindlich, allein absolute Barometerstände geben sie nicht mit
genügender Sicherheit. Die sogenannte konstante Korrektion ist
nämlich bei den Aneroidbarometern eben nicht konstant, sondern
verändert sich häufig und beträchtlich, so daß die einzelnen Angaben der Sicherheit entbehren. Für Freunde der Meteorologie,
denen an den absoluten Barometerständen weniger gelegen zu
sein braucht und welche diese aus den täglichen Angaben der
Zeitungen ersehen können, sind dagegen Aneroidbarometer ganz
vorzüglich, weil sie gestatten, mit Leichtigkeit die Veränderungen des Luftdrucks zu erkennen.

Temperatur-Korrektion. Die Höhe der Quecksilbersäule,
durch welche man praktisch die Größe des Luftdrucks bestimmt,
wird leider noch immer in verschiedenen Maßen angegeben. Das
eine Barometer ist mit einer Skala in französischen Zollen und
Linien, das andere mit einer solchen in englischen Zollen versehen,
das dritte trägt Millimeterteilung. Letztere hat aber so viele Vor-
züge, daß sie verdient, ausschließlich benutzt zu werden. Die unmittelbare Barometer-Ablesung bedarf aber einer Korrektion wegen der
Temperatur. Je wärmer das Quecksilber ist, einen um so größeren
Raum nimmt es ein, um so höher steigt es also auch in der
Glasröhre, selbst wenn der Luftdruck unverändert bleibt. Um
daher die verschiedenen Barometerstände unter einander vergleichen
zu können, ist es notwendig, sie auf eine gleiche Temperatur des
Quecksilbers zu reduzieren. Man ist übereingekommen, in dieser
Beziehung die Temperatur von 0° C. als Normaltemperatur
anzunehmen. Diese Temperatur-Korrektion erfolgt einfach mit
Hilfe der nachfolgend mitgeteilten Tabelle.

Zur Bestimmung der Temperatur des Quecksilbers dient
ein kleines am Barometer angebrachtes Thermometer. Bei der
Beobachtung liest man stets zuerst dieses Thermometer ab und

Tafel zur Reduktion der Barometerstände auf 0° C.

Temperatur C.	700	710	720	730	740	750	760	770	780
0	0,0	0,0	0,0	0,0	0,0	0,0	0,0	0,0	0,0
1	0,1	0,1	0,1	0,1	0,1	0,1	0,1	0,1	0,1
2	0,2	0,2	0,2	0,2	0,2	0,2	0,3	0,3	0,3
3	0,3	0,3	0,4	0,4	0,4	0,4	0,4	0,4	0,4
4	0,5	0,5	0,5	0,5	0,5	0,5	0,5	0,5	0,5
5	0,6	0,6	0,6	0,6	0,6	0,6	0,6	0,6	0,6
6	0,7	0,7	0,7	0,7	0,7	0,7	0,7	0,8	0,8
7	0,8	0,8	0,8	0,8	0,8	0,9	0,9	0,9	0,9
8	0,9	0,9	0,9	1,0	1,0	1,0	1,0	1,0	1,0
9	1,0	1,0	1,1	1,1	1,1	1,1	1,1	1,1	1,1
10	1,1	1,2	1,2	1,2	1,2	1,2	1,2	1,3	1,3
11	1,3	1,3	1,3	1,3	1,3	1,3	1,4	1,4	1,4
12	1,4	1,4	1,4	1,4	1,5	1,5	1,5	1,5	1,5
13	1,5	1,5	1,5	1,5	1,6	1,6	1,6	1,6	1,7
14	1,6	1,6	1,6	1,7	1,7	1,7	1,7	1,8	1,8
15	1,7	1,7	1,8	1,8	1,8	1,8	1,9	1,9	1,9
16	1,8	1,9	1,9	1,9	1,9	2,0	2,0	2,0	2,0
17	1,9	2,0	2,0	2,0	2,1	2,1	2,1	2,1	2,2
18	2,1	2,1	2,1	2,1	2,2	2,2	2,2	2,3	2,3
19	2,2	2,2	2,2	2,3	2,3	2,3	2,4	2,4	2,4
20	2,3	2,3	2,4	2,4	2,4	2,5	2,5	2,5	2,5
21	2,4	2,4	2,5	2,5	2,5	2,6	2,6	2,6	2,7
22	2,5	2,6	2,6	2,6	2,7	2,7	2,7	2,8	2,8
23	2,6	2,7	2,7	2,7	2,8	2,8	2,9	2,9	2,9
24	2,7	2,8	2,8	2,9	2,9	2,9	3,0	3,0	3,1
25	2,9	2,9	2,9	3,0	3,0	3,1	3,1	3,1	3,2
26	3,0	3,0	3,1	3,1	3,1	3,2	3,2	3,3	3,3
27	3,1	3,1	3,2	3,2	3,3	3,3	3,4	3,4	3,4
28	3,2	3,3	3,3	3,3	3,4	3,4	3,5	3,5	3,6
29	3,3	3,4	3,4	3,5	3,5	3,6	3,6	3,7	3,7
30	3,4	3,5	3,5	3,6	3,6	3,7	3,7	3,8	3,8
31	3,5	3,6	3,7	3,7	3,8	3,8	3,9	3,9	4,0
32	3,7	3,7	3,8	3,8	3,9	3,9	4,0	4,0	4,1
33	3,8	3,8	3,9	3,9	4,0	4,0	4,1	4,2	4,2
34	3,9	3,9	4,0	4,1	4,1	4,2	4,2	4,3	4,3
35	4,0	4,1	4,1	4,2	4,2	4,3	4,4	4,4	4,5

stellt erst dann am Barometer ein. Bei Temperaturen über
0 Grad wird die durch die Tabelle angezeigte Größe von der
unmittelbar abgelesenen Barometerhöhe abgezogen, bei Temperaturen unter Null aber derselben hinzugefügt. Die Benutzung
der Tafel ist äußerst einfach und leicht. Gesetzt, man habe bei
der Temperatur von + 15° als Barometerhöhe 762 Millimeter
abgelesen. Die Tafel enthält die Korrektionen nur für Baro
meterhöhen von je 10 Millimeter Unterschied. Der Barometer
stand von 762 Millimeter liegt aber der Barometerhöhe von
760 Millimeter so nahe, daß man ohne merklichen Fehler die
Korrektion für diese anwenden kann. Sie beträgt — 1,9 Milli
meter, die auf 0° C. reduzierte Höhe ist also: 762 — 1,9 =
760,1 Millimeter.

Reduktion auf den Meeresspiegel. Die Reduktion
der Barometerhöhe auf die Temperatur Null Grad ist nicht
die einzige, welche erforderlich ist, wenn man die Barometerstände mehrerer Orte miteinander vergleichen will. Wir haben
früher gesehen, daß der Luftdruck und mit ihm die Höhe
der Quecksilbersäule im Barometer abnimmt, wenn man sich
in die Atmosphäre erhebt. In Orten von ungleicher Höhe
muß also eben deshalb der Barometerstand ein verschiedener sein,
und man muß vorher diese Ungleichheit beseitigen, ehe man die
Luftdruckverhältnisse dieser Orte wirklich mit einander vergleichen
darf. Man ist deshalb übereingekommen, die Barometerstände
vor Vergleichung unter einander auf den Meeresspiegel zu
reduzieren. Diese Reduktion bietet theoretisch gewisse Schwierig-
keiten, die teilweise unübersteiglich sind, allein wenn es sich nicht
um die größte Genauigkeit handelt — und dieser Fall kommt
glücklicherweise in der Praxis nicht vor — und wenn außerdem die Höhe der Beobachtungsorte nicht sehr beträchtlich ist,
so läßt sich die Reduktion stets nach ganz einfachen Vorschriften
ausführen. Zu diesem Zwecke dient die nachstehende kleine
Tabelle. Sie enthält für die verschiedenen Barometerstände und
Temperaturen die Höhenunterschiede in Metern, welche einem

Barometerunterschiede von einem Millimeter entsprechen. Nehmen wir an, der Beobachtungsort, oder richtiger gesagt, das Barometergefäß befinde sich 150 Meter über dem Meere und man beobachte einen auf 0° C. reduzierten Barometerstand von 750 Millimeter bei einer Temperatur von + 15° C. Man wünscht zu wissen, wie hoch unter diesen Verhältnissen der Barometerstand im Meeresniveau sein würde. Zu diesem Zwecke sucht man in der mit 750 überschriebenen Vertikalspalte die Zahl auf, welche in derselben Horizontalreihe mit der Lufttemperatur + 15° steht und findet 11.3. Diese letztere Zahl sagt nun aus, daß für eine Höhendifferenz von 11.3 Meter die Barometerhöhe sich um 1 Millimeter ändert. Die wirkliche Höhendifferenz zwischen dem Beobachtungsorte und dem Meeresspiegel beträgt aber 150 Meter oder ist nahezu 13⅓ mal größer, daher auch der Barometerunterschied 13⅓ mal größer als 1 Millimeter ist. Diesen Betrag von 13⅓ Millimeter hat man dem beobachteten Luftdrucke hinzuzufügen und erhält als auf den Meeresspiegel reduzierten Barometerstand 763⅓ Millimeter.

Tafel zur Reduktion der Barometerstände auf den Meeresspiegel.

Lufttemperatur C.	Beobachtete und auf 0° C. reduzierte Barometerhöhe.						
	760	750	740	730	720	710	700
	Höhenunterschied in Metern für 1 Millimeter Druckunterschied.						
— 5	10,3	10,4	10,6	10,7	10,9	11,0	11,2
0	10,5	10,7	10,8	10,9	11,1	11,3	11,4
+ 5	10,7	10,9	11,0	11,2	11,3	11,5	11,6
10	10,9	11,1	11,2	11,4	11,5	11,7	11,9
15	11,1	11,3	11,4	11,6	11,8	11,9	12,1
20	11,4	11,5	11,7	11,8	12,0	12,2	12,3
25	11,6	11,7	11,9	12,0	12,2	12,4	12,5
30	11,8	11,9	12,1	12,2	12,4	12,6	12,8
+ 35	11,9	12,1	12,3	12,4	12,6	12,8	13,3

Tägliche und jährliche Periode des Luftdrucks.

Schon gleich nach Erfindung des Barometers beobachtete
man, daß der Luftdruck gewissen Schwankungen unterworfen ist,
indem das Quecksilber bald etwas steigt, bald etwas fällt. Im
Jahre 1666 fand bereits Beale, daß der Luftdruck durchschnittlich morgens und abends etwas größer ist als um Mittag.
Man bezeichnet diese Veränderungen als die tägliche Periode
des Luftdrucks. Um sie zu erkennen, muß man jedoch längere
Zeit hindurch beobachten, da der Luftdruck in unseren Breiten
zahlreiche nicht periodische Schwankungen zeigt, welche die
geringen periodischen Veränderungen verdecken. Am deutlichsten
treten letztere in den Tropen auf, und Humboldt fand sie dort
so regelmäßig und prägnant, daß er aus dem Stande des Quecksilbers näherungsweise die Zeit des Tages bestimmen konnte.
Im allgemeinen hat das Barometer gegen 4 Uhr morgens seinen niedrigsten Stand, steigt dann bis gegen 10 Uhr vormittags,
fällt bis 4 Uhr nachmittags und steigt abermals bis gegen
10 Uhr abends, um während der Nacht wieder zu fallen. Man
nennt die angegebenen Stunden Wendestunden und den Unterschied zwischen dem niedrigsten und höchsten Stande die Amplitude der täglichen Barometerschwankung. Dieselbe erreicht in
den äquatorialen Gegenden 3 Millimeter, in unseren Breiten
dagegen nur Bruchteile eines Millimeters. Um aus den täglichen Schwankungen die Wendestunden zu erkennen, bedarf es
natürlich zahlreicher Beobachtungen, die nur durch kurze Zwischen-
zeiten getrennt sind. Am besten eignen sich in dieser Beziehung
selbstregistrierende Apparate, welche von Viertelstunde zu Viertelstunde den Stand des Barometers durch eine Kurve ver-
zeichnen.

Neben der täglichen besteht auch eine jährliche Periode des
Barometerdrucks. Vergleicht man nämlich die mittleren monatlichen Stände des Barometers unter einander, so findet man,
daß bei uns durchschnittlich in den Wintermonaten das Thermo-

meter höher steht, als im Frühjahr und Sommer. Überhaupt herrscht über den Kontinenten im Winter hoher, im Sommer niedriger Luftdruck, während über den Ozeanen der Druck in den verschiedenen Jahreszeiten gleichmäßiger ist.

In jüngster Zeit hat Buchan sehr umfassende Untersuchungen über die täglichen periodischen Schwankungen des Luftdrucks angestellt, Untersuchungen, die zwar die Frage keineswegs zum Abschlusse gebracht haben, welche aber wichtige Fingerzeige für weitere Forschungen ergaben. Für diese wertvolle Arbeit wurden die Beobachtungen von 335 Stationen benutzt, und die Ergebnisse sind kurz folgende. Im Januar tritt das Vormittag-Maximum ein zwischen 9 und 10 Uhr in den tropischen und gemäßigten Breiten bis 50° n. Br., in höheren Breiten variiert die Zeit zwischen 7 Uhr zu Bogoslowsk, 11 Uhr zu Helder und Mittag in Valentia. Im Juli fällt nur bis zu 40° n. Br. die Eintrittszeit zwischen 8 Uhr bis 9 Uhr morgens, in höheren Breiten ist dieselbe 8 Uhr oder selbst 7 Uhr an kontinentalen Plätzen und 11 Uhr bis 12 Uhr an einigen Küstenorten.

Das Nachmittag-Minimum tritt im Januar ziemlich allgemein ein zwischen 3 Uhr und 4 Uhr, doch giebt es einige Ausnahmen nördlich von 40° n. Br., wo es um 2 Uhr und noch früher eintritt. Sehr verschieden verhält sich der Juli, um welche Zeit die Epoche 3 Uhr bis 4 Uhr nur bis 35° n. Br. Geltung hat, in höheren Breiten verschiebt sich dieselbe bis 5 Uhr oder 6 Uhr, die letztere Stunde gilt vornehmlich für ganz kontinentale Orte.

Was die Abweichungen des Maximums und Minimums vom Mittelwert betrifft, so entfernt sich in den Wintermonaten in beiden Hemisphären das Vormittag-Maximum mehr von dem selben, als das Nachmittag-Minimum, in den Sommermonaten verhält es sich umgekehrt: das Nachmittag-Minimum sinkt tiefer unter den mittleren Stand, als das Vormittag-Maximum sich über denselben erhebt.

Um die geographische Verteilung der Größe (Amplitude) dieser Oscillation auf der Erdoberfläche darzustellen, hat Buchan Linien gleicher Amplituden gezogen, von 0.10, 0.08, 0.04, 0.02 und 0.01 englische Zoll für die einzelnen Monate und das Jahr.

Die allgemeinsten Resultate sind folgende: die Oscillation ist am größten in den Tropen und vermindert sich allmählich in höheren Breiten; sie ist größer über dem Lande als über der See und nahezu stets größer in einer trocknen als in einer feuchten Atmosphäre; sie ist ferner in den meisten Fällen, doch nicht stets in jenem Monate am größten, welcher die höchste Temperatur und größte Trockenheit hat.

Man würde aber fehlgehen, wenn man die großen Oscillationen ohne Weiteres als bedingt ansehen würde von trockner, warmer Luft, die geringen von feuchter, kühler Luft. Damit steht die Thatsache der kleinen Sommer=Oscillationen an den Küsten des Mittelmeeres und des Atlantischen Ozeans im Widerspruch. Über diesen Gegenden ist die Witterung am wärmsten und trockensten im Sommer, so, daß fast kein Regen fällt um diese Zeit, und doch erreicht dann die Größe der Oscillationen ihr Jahres=Minimum. An den westlichen Küsten des atlantischen Ozeans hingegen, von den Bahama=Inseln nordwärts bis Neufundland erreicht die Temperatur um dieselbe Zeit ihr Maximum, aber die Luft ist nicht trocken und der Regenfall reichlich, und dennoch tritt wie in Süd=Europa eine Verminderung der Oscillation während der Sommer=Monate ein.

„Welches auch", sagt Buchan, „die Ursachen sein mögen, von denen die täglichen Schwankungen des Barometers abhängen, der Einfluß der relativen Verteilung von Land und Wasser auf die Bestimmung des absoluten Wertes der Schwankung in besonderen Lokalitäten wie über großen Gebieten ist sehr bedeutend."

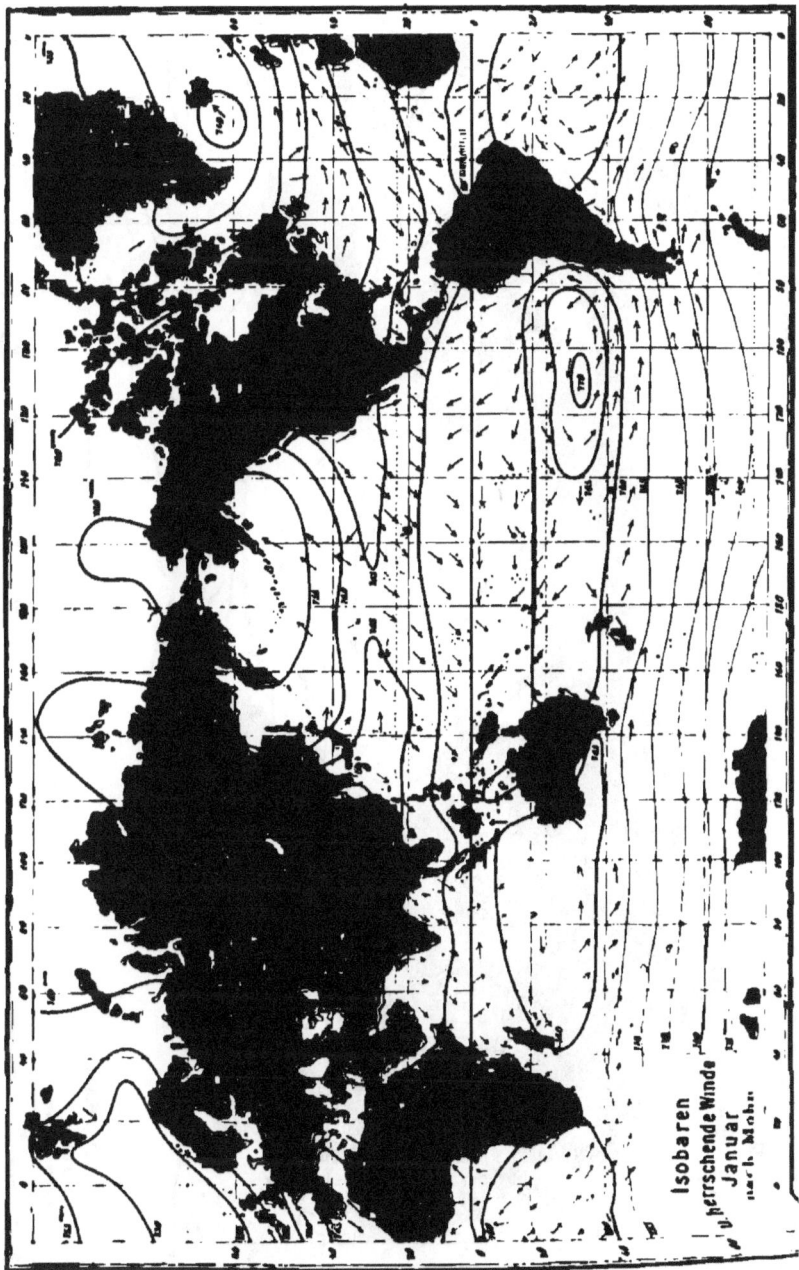

Isobaren
u. herrschende Winde
Januar
nach Mohn.

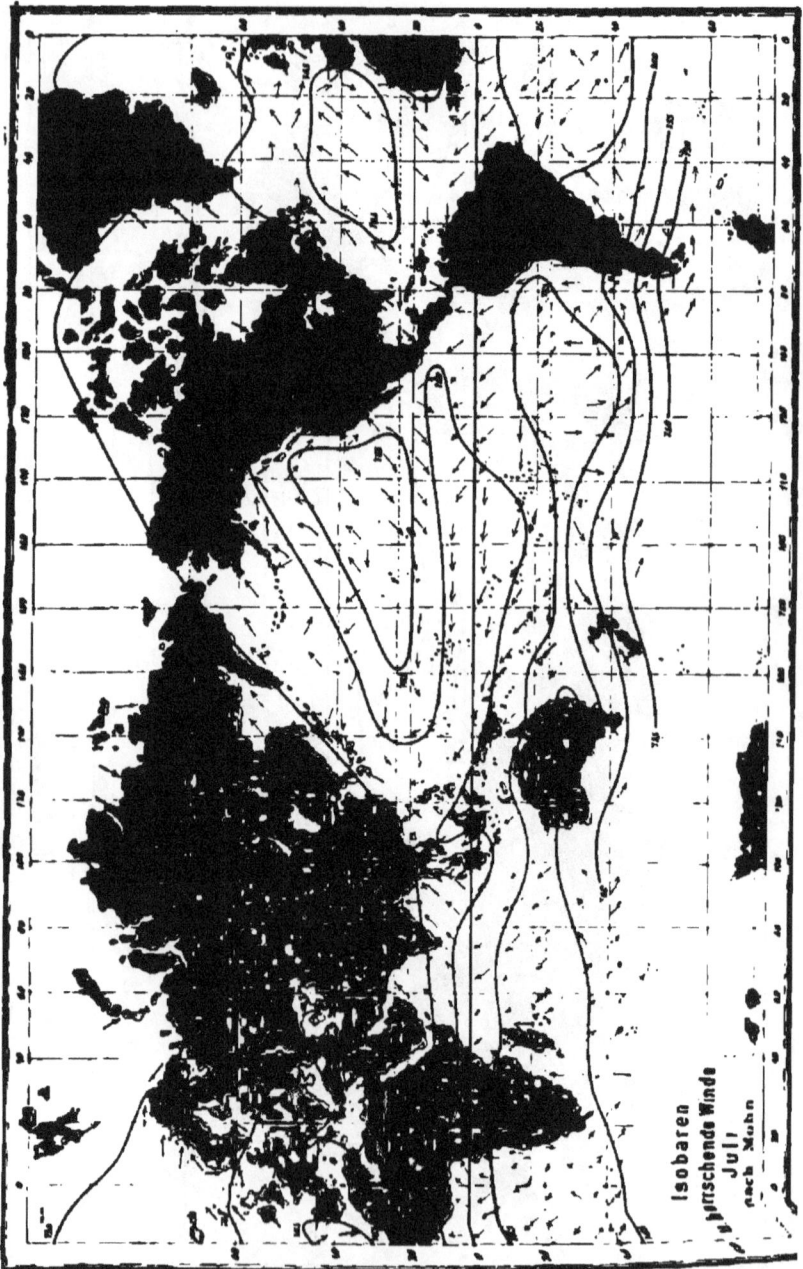

Isobaren
u. herrschende Winde
Juli
nach Mohn

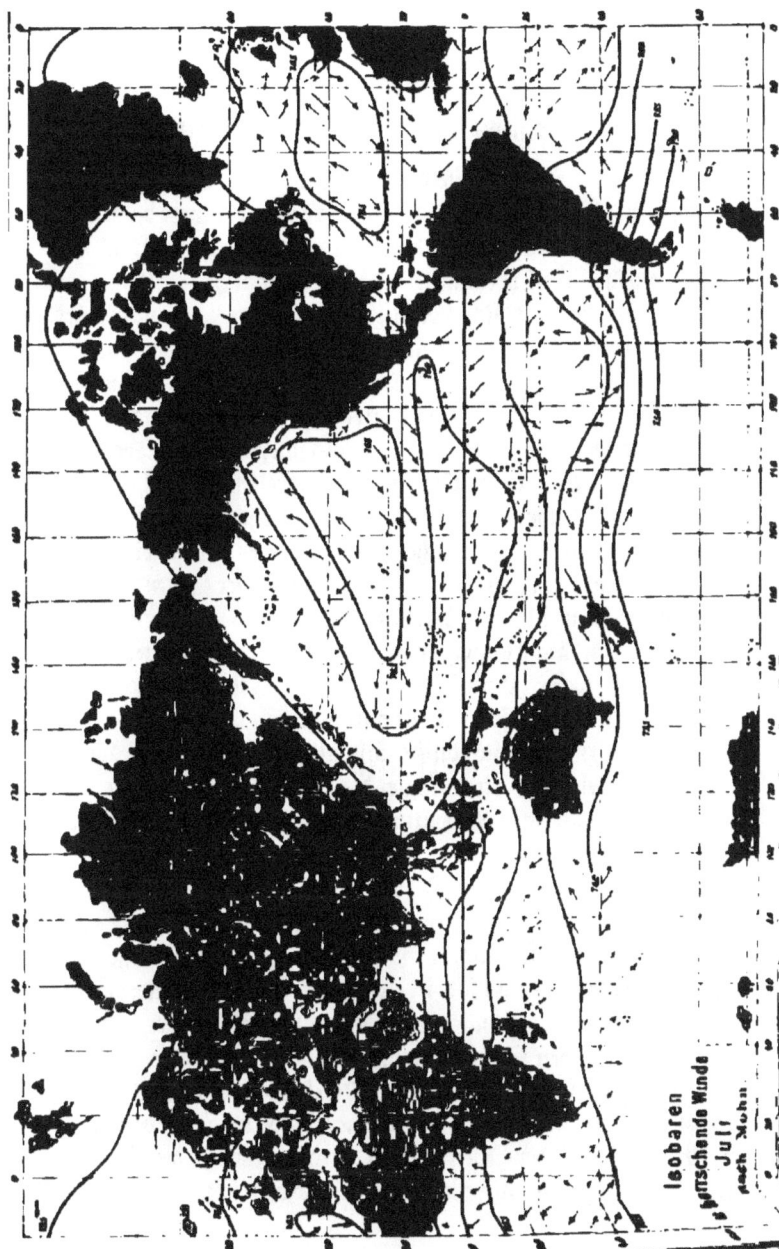

Isobaren
herrschende Winde
Juli
nach Mohn.

Die geographische Verteilung des Luftdrucks.

Isobaren. Ähnlich wie die Verteilung der Lufttemperatur kann man auch die Verteilung des Luftdrucks über der Erde darstellen, indem man alle Orte von gleichem mittlerem Barometerstand mit einander durch Linien verbindet. Diese Linien werden Isobaren genannt. Es versteht sich von selbst, daß wegen der ungleichen Höhen, in welchen die einzelnen Beobachtungsorte liegen, vorher alle Barometerstände auf das Meeresniveau reduziert werden müssen. Unsere Kenntnis der Verteilung des Luftdrucks über der Erde ist weit jüngeren Datums als diejenige der Temperaturverteilung. Wir verdanken sie den Arbeiten des schottischen Meteorologen Buchan, der aus allen überhaupt zugänglichen Quellen die mittleren monatlichen und jährlichen Barometerstände von 400 Orten berechnet hat. Auf Grund dieser Daten wurden isobarische Karten für alle Monate des Jahres entworfen, von denen diejenigen des Januar und des Juli hier mitgeteilt sind. Der Verlauf dieser Linien umschließt eine ungeheure Menge meteorologischer und speziell klimatologischer Daten; sie bieten den Schlüssel zum Verständnisse fast aller Erscheinungen, welche in der allgemeinen Meteorologie des Erdballes auftreten, und man kann deshalb ihre Bedeutung nicht hoch genug anschlagen.

Eine Beschreibung der Luftdruckverteilung im Einzelnen würde neben den Karten selbst überflüssig sein, um so mehr, als wir bei den Windverhältnissen auf den Gegenstand näher ein gehen müssen; es sollen daher hier nur einige Hauptzüge heraus gegriffen werden. Zunächst ist während unserer Wintermonate der Luftdruck auf der nördlichen Erdhalbkugel größer als auf der südlichen, in den Sommermonaten dagegen geringer. Gleichzeitig liegt im Winter der höchste Druck über den Kontinenten, im Sommer der geringste; im Sommer begegnet man dem höheren Luftdruck auf dem Ocean, dem geringern über den Festländern. Vom Äquator an nimmt der Luftdruck bis zum 30. oder

40. Grade nördlicher und südlicher Breite in allen Jahreszeiten etwas zu und sinkt dann wieder gegen die Pole hin. Diese bleibenden Regionen höheren Luftdrucks zwischen dem 30. und 40. Grade nördlicher Breite sind sehr merkwürdig.

Die Ursache des niedrigen Luftdrucks in den äquatorialen Gegenden ist in der Ausdehnung der Luft durch die Wärme zu suchen. Diese findet zwar überall statt, ist aber natürlich in der Tropenzone am bedeutendsten. Die einschlägigen Verhältnisse sind in ihrer Allgemeinheit zuerst von Hann klar und richtig erkannt worden, und das Folgende ist nur eine Wiedergabe seiner Darstellung. „In der Tropenzone", sagt dieser berühmte Meteorologe, „ist die Luft durch Wärme (und Feuchtigkeit) am stärksten ausgedehnt, daher in den höheren Schichten der Luftdruck hier größer ist, als in gleichem Abstand von der Erdoberfläche unter allen Breiten bis gegen die Pole hin. Denken wir uns alle Punkte gleichen Luftdrucks als einer Fläche angehörend, so wird der Vertikalschnitt einer solchen Fläche längs eines Erdmeridians schematisch ungefähr durch die Figur 5 dargestellt werden.

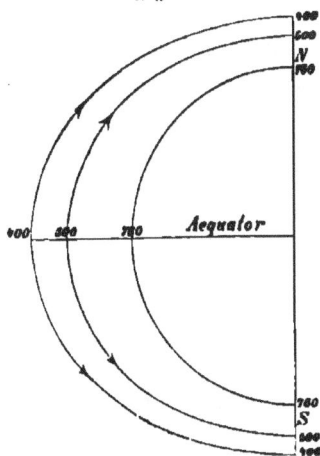

Fig. 5.

Schematischer Durchschnitt durch die Atmosphäre.

Das Gleichgewicht der Atmosphäre würde erfordern, daß alle Schichten gleichen Druckes mit der Erdoberfläche konzentrisch wären, mit anderen Worten, daß in gleichem Abstande von der Erdoberfläche der Luftdruck überall der gleiche wäre. Das ist nun in Wirklichkeit, wie die Figur zeigt, nicht mehr der Fall, sondern alle Flächen gleichen Druckes steigen gegen den Äquator hin an, und in derselben Höhe nimmt also der Luftdruck gegen die Pole hin ab. Dadurch bekommt die Luft in jeder dieser Schichten ein Gefälle

gegen die Pole hin, und sie muß in dieser Richtung hin abfließen,
um den gleichen Luftdruck in demselben Niveau (demselben Abstand
von der Erdoberfläche) wieder herzustellen. Die Wärme
setzt also zuerst die oberen Luftschichten in Bewegung, bevor
noch der Luftdruck an der Erdoberfläche selbst sich geändert
hat. Die nächste Folge des Abfließens der Luft über dem
Äquatorealgebiet muß aber sein, daß der Luftdruck hier sinkt,
denn das Gewicht der drückenden Luftsäule hat sich um die
abgeflossene Luftmenge vermindert. Umgekehrt muß gegen die
Pole hin der Luftdruck an der Erdoberfläche steigen, weil in
der Höhe ein Zufluß von Luft stattfindet, der das Gewicht der
Luftsäule vergrößert. Daß dies in der That stattfindet, am
hervorragendsten im Winter, wo der Temperatur-Unterschied
zwischen niederen und höheren Breiten am größten ist, zeigen
folgende Resultate der Luftdruck-Beobachtungen (Mittel für
Dezember bis Februar).

	S.-Amerika, Äquator.	N.-Amerika 39° N.
Luftdruck an der Erdoberfläche	759 Mm.	767 Mm.
„ im Niveau von 4060 Meter*)	471 „	458 „

Wir sehen, daß an der Erdoberfläche der Luftdruck vom
Äquator gegen die höhern Breiten zunimmt, in der Höhe von
4060 m. derselbe aber umgekehrt unter dem Äquator höher
ist als in 39° n. Br. Dadurch müssen zwei Strömungen in
der Atmosphäre entstehen, eine obere (die schon erwähnte primäre)
vom Äquator gegen die Pole hin, und eine untere von den höheren
Breiten gegen den Äquator, weil die Luft in jeder Horizontal-
schichte nach jener Richtung strömen muß, nach welcher hin der
Luftdruck am meisten abnimmt. Wäre die Erde von gleichför-
miger Oberfläche und cylindrisch statt kugelförmig, so würde die

---

*) Nach den Beobachtungen auf dem Antisana in Süd-Amerika und
auf Pike's Peak in Nordamerika.

Luftzirkulation bei fortdauernder ungleicher Erwärmung zwischen der Mitte und den Enden des Cylinders regelmäßig in der Weise stattfinden, daß am Äquator die Luft durch Wärme ausgedehnt beständig in die Höhe gehoben, an den Polar=Enden aber herabsinken würde und dazwischen zwei Strömungen herrschen würden, eine untere von den Polargegenden zum Äquator und eine obere in entgegengesetzter Richtung. Da aber die Erde kugelförmig ist und ihr Umfang mit zunehmender geographischer Breite abnimmt, so muß der Kreislauf schon früher ein Ende finden; denn die von einem Umkreis von 5400 Meilen in der

Fig. 6.

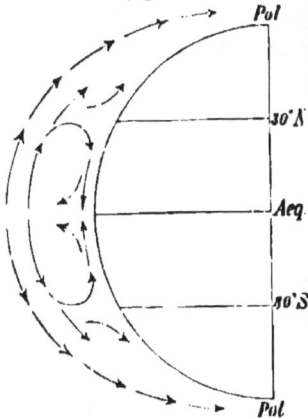

Höhe abfließende Luft findet bald keinen Raum mehr, um gleichmäßig bis gegen die Pole hinzufließen. Die Beobachtungen zeigen, daß die obere Strömung, wenigstens zum größten Teile, schon in der Gegend des 30. Breitengrades aus der Höhe herab=sinkt und gleich wieder in den unteren Teil des Kreislaufes aufgenommen wird. Jenseits des 30. Breitengrades geben die Beobachtungen die Existenz zweier regelmäßig über einander in entgegengesetzter Richtung ziehender Strömungen nicht mehr zu erkennen.

Schematische Darstellung der allgemeinen Cirkulation der Atmosphäre.

Die Atmosphäre ist hier zumeist von niedrigeren gegen höhere Breiten in Bewegung, und es scheint diese Bewegung mit zunehmender Höhe immer mehr vorzuherrschen, wie dies auch nach Figur 5 infolge der allgemeinen Luftdruck=Verteilung in der Höhe der Fall sein muß. In den unteren Schichten zeigen sich aber die Luftströmungen hauptsächlich durch den Temperaturgegensatz der kontinentalen und ozeanischen Flächen und die dadurch hervorgerufenen Luftdruckverschiedenheiten bedingt, und die Regelmäßigkeit und Stabilität der Luftcirkulation der Tropen geht zugleich mit der Gleichmäßigkeit der Wärmeverteilung verloren. Das Schema der allgemeinen Cirkulation der Atmosphäre wird ungefähr durch die Figur 6 dargestellt.

Zwischen dem Äquator und 30.⁰ (circa) findet sich ein vollständig geschlossener Kreislauf. Der Luftdruck ist am Äquatoreal-Gürtel am niedrigsten und nimmt gegen den 30.⁰ bis 40.⁰ hin zu, wo er ein Maximum erreicht. Jenseits dieser Breiten und dieses Gürtels hohen Luftdruckes scheint in großen Höhen gleichfalls noch eine fast konstante polwärts gerichtete Strömung zu bestehen. An der Erdoberfläche aber herrscht nur auf der fast ganz wasserbedeckten und gleichförmigen Südhemisphäre auch unten diese Strömung ziemlich gleichmäßig vor, auf der nördlichen Hemisphäre ist es der Gegensatz von Kontinenten und Ozeanen, welcher die vorherrschenden Winde der unteren Schichten bedingt."

Der Wind.

Die Luft strömt stets von den Orten höhern zu denjenigen niedrigern Barometerstandes, und diese Bewegung in der Atmosphäre nennen wir Wind. Man unterscheidet die einzelnen Winde nach der Weltgegend, aus der sie wehen, und nach ihrer Stärke. Meist benennt man die Winde nur nach den acht Himmelsrichtungen Nord, Nordost, Ost, Südost, Süd, Südwest, West, Nordwest; seltener werden die dazwischen liegenden Richtungen Nordnordost, Ostnordost, Ostsüdost, Südsüdost, Südsüdwest, Westsüdwest, Westnordwest, Nordnordwest, bezeichnet. Stets aber genügen diese sechzehn Richtungen vollkommen allen praktischen und wissenschaftlichen Anforderungen, und da der Wind fast niemals seine Richtung so unverändert beibehält, daß nicht kleine örtliche Schwankungen eintreten, so sollte man überhaupt höchstens nur sechzehn Richtungen berücksichtigen. In vielen Fällen ist nicht einmal diese Genauigkeit erreichbar, denn wo der Beobachter nur nach dem bloßen Augenmaße die Lage der Weltgegenden abschätzen muß, kann er unmöglich den Nordnordwestwind vom Nordwestwinde unterscheiden oder sagen, ob der Wind südsüdöstlich oder rein südöstlich ist. Überhaupt kann man nicht häufig genug betonen, daß jeder Beobachter sich zur strengsten Regel machen muß, nur dasjenige aufzuzeichnen, was er wirklich unzweifelhaft wahrgenommen hat.

Windfahne. Zur Beobachtung der Windrichtung dient meist die Windfahne. Leider sind viele Windbeobachtungen unbrauchbar, weil sie an Windfahnen erhalten wurden, die von benachbarten Gebäuden oder Bodenerhebungen überragt werden. Dadurch entstehen nämlich vielfach lokale Windrichtungen, die bisweilen merkwürdige Konfusion anrichten, wenn sie in allgemeinen Zusammenstellungen, welche den Lauf der Luftströmungen über großen Gebieten darstellen sollen, mit aufgeführt sind. Man kann daher ganz allgemein behaupten, daß diejenige Windfahne unter übrigens gleichen Verhältnissen am besten ist, welche sich am höchsten über dem Boden befindet. Sehr gut ist es, wenn sich an der Stange der Windfahne ein Kreuz befindet, dessen Arme nach den vier Hauptweltgegenden orientiert sind, doch ist zu beachten, daß man sich in diesem Falle leicht über die wahre Richtung der Windfahne täuschen kann, sobald man aus größerer Entfernung dieselbe zu beobachten gezwungen ist. Die beste Einrichtung ist unstreitig diejenige, bei welcher eine leichte Stange von der Windfahne bis ins Beobachtungszimmer führt und hier einen Zeiger bewegt, der über einer Windrose spielt. Man kann dann sehr genau und bequem die Windrichtung ablesen und ist auch Abends oder Nachts nicht behindert. Man hat jedoch darauf zu achten, daß die Stange sich leicht dreht und die Windrose gut nach den Weltgegenden orientiert ist. Bisweilen wird man freilich auch bei einer sehr leicht gehenden Transmission finden, daß der Zeiger der Windfahne völlig ruhig steht, während vielleicht aus benachbarten Kaminen der Dampf sich in einer anderen Richtung bewegt. Dies darf jedoch nur bei sehr schwacher, dem Gefühle kaum merklichen Luftbewegung der Fall sein, andernfalls sind die Reibungswiderstände der Windfahne zu groß.

Wolkenspiegel. Von Wichtigkeit ist auch die Bestimmung des Zuges der Wolken, indem diese die Windrichtung in den höheren Regionen der Luft anzeigen. Häufig gelingt es leicht, die Richtung, aus der die Wolken ziehen, zu bestimmen, oft ist dies aber sehr schwierig, besonders wenn in der Nähe des Scheitelpunktes keine Wolken vorhanden sind oder die Bewegung der Wolken überhaupt sehr langsam ist. Man hat verschiedene mehr oder weniger sinnreiche Instrumente erdacht, um die Richtung des Wolkenzuges möglichst scharf zu bestimmen; ich finde jedoch, daß alle dem einfachen Wolkenspiegel nachstehen. Derselbe besteht aus einem etwa 30 Centimeter langen und 20 Centimeter breiten Glasspiegel mit geschwärzter Spiegelseite. Auf dieser Tafel sind in Abständen von etwa 2 Centimeter parallele Linien eingerissen, die von anderen Parallelen senkrecht durchschnitten werden, so daß Quadrate von 2 Centimetern Breite entstehen. Auf dem schwarzen Grunde der Tafel zeigen sich die eingerissenen Linien hell und deutlich. Man legt nun die Tafel horizontal oder nach Bedürfniß etwas geneigt, so, daß die Linien teils die Richtung Nord-Süd, teils Ost-West bezeichnen, und erblickt dann die Wolken in gedämpftem Lichte, sehr scharf über die Linien hinwegziehen. Man kann nun ihre Richtung recht sicher bestimmen. Notwendig ist es, den Kopf während der Beobachtung unverrückt zu halten, da sich sonst die Lage der Wolken gegen die Linien der Tafel ändert.

Neben der Windrichtung ist die Stärke oder, was dasselbe ist, die Geschwindigkeit des Windes ein wichtiges Element, dessen Bestimmung aber leider in den meisten Fällen großer Unsicherheit unterworfen bleibt. Gewöhnlich schätzt der Beobachter die Windstärke, doch wird dabei nach sehr verschiedenen Stufenleitern verfahren. Scott hat eine Skala angegeben, die hier nebst den zugehörigen Geschwindigkeiten und den Wirkungen des Windes, aus denen man auf seine Stärke schließt, folgt.

Windskala von Scott.

Stufe.	Geschwindigkeit in Metern pro Sekunde.	Wirkungen des Windes.
0	1	Still. Der Rauch steigt senkrecht auf.
1	3	Die Blätter der Bäume werden bewegt.
2	5	Leichte schwache Zweige der Bäume werden bewegt.
3	8	Stärkere Baumzweige werden bewegt.
4	11	} Der Wind bewegt stärkere Äste.
5	15	
6	19	Starker Wind, der die Bäume schüttelt.
7	24	} Sehr starker Wind, der stärkere Bäume bewegt und Zweige abbricht.
8	29	Stürmischer Wind, der Äste abbricht und das Gehen im Freien behindert.
9	34	Sturm, Bäume werden entwurzelt und Dächer beschädigt.
10	40	Orkan, entwurzelt die stärksten Bäume, deckt Häuser ab ꝛc.

In England ist eine Landskala mit 6 Stufen und die 12 stufige Beaufort-Skala für Seebeobachtungen meist gebräuchlich; in Deutschland notiert man noch häufig die Windstärke nach der sogenannten Mannheimer Skala, die folgende Stufen hat:

$$0 = \text{Windstille,} \quad 2 = \text{stark,}$$
$$1 = \text{mäßig,} \quad 3 = \text{sehr stark,}$$
$$4 = \text{Sturm.}$$

Für gewöhnliche Beobachtungen auf dem Lande ist diese Skala völlig ausreichend, denn da die Stärke des Windes gewöhnlich innerhalb weiter Grenzen schwankt, so kann eine größere Stufenzahl für bloße Schätzungen wenig nutzen.

Anemometer. In neuerer Zeit hat man Apparate konstruiert, um die Geschwindigkeit des Windes direkt zu messen. Unter ihnen ist das Robinson'sche Anemometer oder Schalenkreuz am bekanntesten. Die nebenstehende Figur 7 giebt eine Darstellung desselben. Die vier Halbkugeln sind aus dünnem Kupferblech gefertigt und wenden ihre erhabenen Seiten alle nach der Richtung, nach welcher das Kreuz sich drehen soll. Mag nun der Wind aus beliebiger Richtung wehen, so wird er stets einer hohlen und einer gewölbten Seite sich gegenüber finden. An letzterer gleitet er mehr oder weniger ab, in erstere aber drückt er hinein und dreht dadurch das ganze Schalenkreuz um seine senkrechte Achse. An dieser ist ein Zeigerwerk angebracht, welches die Zahl der Umdrehungen registriert. Es ist sofort einleuchtend, daß die Geschwin-

Fig. 7.

Das Robinsonsche Anemometer.

digkeit, mit welcher sich das Schalenkreuz dreht, geringer sein muß als die Geschwindigkeit des Windes, schon weil bei der Drehung nur ein Druckunterschied auf die hohle und gewölbte Seite zur Geltung kommt. Nach den Untersuchungen von Robinson würde der vom Winde zurückgelegte Weg sogar dreimal so groß sein, als der Weg, den die Mittelpunkte der Kugelschalen durchlaufen, andere Untersuchungen haben einen etwas abweichenden Wert erge

ben; am wahrscheinlichsten ist es, daß für jedes Anemometer das Ver=
hältnis ein etwas anderes ist. Bei den von Fues konstruierten
Anemometern geben zwei Zeiger näherungsweise die Windbewegung
in Kilometern an. Wenn man daher zu zwei verschiedenen Zeiten
den Stand dieser Zeiger notiert, so ergiebt sich sogleich die Windbewegung während der Zwischenzeit. Wie eben bemerkt ist, haben
stürmische Winde eine Geschwindkeit von etwa 30 Meter pro
Sekunde, dies macht pro Stunde 108 Kilometer. Beobachtet
man aber zur Zeit eines heftigen Sturmes von Stunde zu
Stunde den Stand des Anemometers, so wird man finden, daß
es niemals auch nur annähernd die Bewegung von 100 Kilometern anzeigt. Den Anfänger überrascht dies nicht wenig, aber
die Erklärung ergiebt sich sofort, wenn man bedenkt, daß auch
der schlimmste Sturm nicht ununterbrochen wütet, sondern kürzere
oder längere Pausen zwischen den Hauptwindstößen eintreten.
In unseren Gegenden zeigt der Anemometer an einem recht win-
digen Tage meist keine größere Gesamtbewegung während 24
Stunden als 350 bis 400 Kilometer.

Die Windstärke ist auf dem Festlande im allgemeinen geringer als auf dem Meere, weil die Unebenheiten des Erdbodens
der strömenden Luft beträchtlichen Widerstand entgegensetzen und
dadurch deren Bewegung verlangsamen. Auf dem Meere ist
dieser Widerstand weit geringer, am geringsten aber in den hohen
Regionen der Atmosphäre.

Das barische Windgesetz. Die strömende Luft, die sich
uns als Wind sichtbar macht, folgt dabei bestimmten Gesetzen,
die sehr einfach sind, aber doch erst in neuester Zeit klar und
nach ihrer ganzen Tragweite erkannt wurden. Man kann
dieselben in folgender kürzesten Form zusammenfassen: der Wind
weht stets vom Orte des höheren zu demjenigen des niedrigern
Luftdrucks, wobei er auf unserer Erdhemisphäre eine Ablenkung
nach rechts, auf der südlichen eine solche nach links erfährt.
Man kann dies auch so ausdrücken: Dreht man dem Winde
den Rücken, so hat man auf unserer Erdhalbkugel den Ort

des niedrigsten Luftdrucks zur Linken und etwas nach vorn, auf der südlichen Erdhälfte dagegen zur Rechten und etwas nach hinten. Dieses sogenannte barische Windgesetz wurde, wie es scheint, zuerst von Galton erkannt, aber von Buijs Ballot bestimmter ausgesprochen und wissenschaftlich verwertet. Es führt daher auch gewöhnlich dessen Namen. Seine mechanische Notwendigkeit hat besonders Ferrel erwiesen.

Wenn aber dieses Gesetz befolgt werden soll, wie es in der That ausnahmlos befolgt wird, so genügt eine geringe Über=legung, um einzusehen, daß alsdann der Wind die Regionen höchsten und niedrigsten Luftdrucks umkreisen wird. Eine Fläche niedrigsten Luftdrucks bezeichnet man als barometrisches Mi=nimum, eine solche höchsten Luftdrucks wird barometrisches

Fig. 8.   Fig. 9.

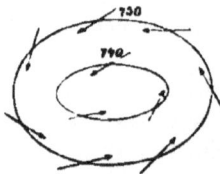

Windbewegung um ein barometrisches Minimum.

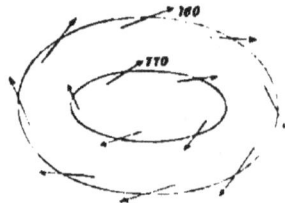

Windbewegung um ein barometrisches Maximum.

Maximum genannt. Die vorstehenden Figuren zeigen, wie die Windbewegung auf unserer Hemisphäre sowohl um ein Luft=druck=Minimum als um ein Luftdruck=Maximum erfolgt. Man erkennt, daß der Wind den Ort des barometrischen Minimums in einer Richtung umweht, welche der Bewegung des Uhrzeigers entgegengesetzt ist, daß er dagegen um den Ort des höchsten Luft=druckes in einer Richtung weht, welche mit derjenigen der Be=wegung des Uhrzeigers übereinstimmt. Auf der südlichen Hemi=sphäre sind die Verhältnisse umgekehrt.

Barometrischer Gradient. Die Stärke oder Schnelligkeit des Windes hängt ab von der Größe des Luftdruckunterschiedes, je

bedeutender dieser ist, um so heftiger weht der Wind. Zieht man die
Isobaren für gleiche Druckunterschiede, etwa von 5 zu 5 Millimeter,
so kann man auch sagen: der Wind weht um so heftiger, je näher die
Isobaren an einander rücken. Zieht man kleine Linien senkrecht zur
Isobare, so bezeichnen diese die Richtung des größten Druckunter=
schiedes. Man ist nun übereingekommen, den in dieser Richtung
gemessenen Unterschied des Luftbruckes auf einer Entfernung von
1 Grad des Erdäquators (15 geogr. Meilen) den barometri=
schen Gradienten zu nennen, und drückt denselben in Milli=
metern aus. Nehmen wir an, zwischen zwei Orten, die $7^1{}_2$
Meile von einander liegen, bestehe in einem gewissen Momente
ein senkrecht zur Richtung der Isobare gemessener Luftdruck=
unterschied von 2 Millimeter. In diesem Falle ist der Gradient
2×2 Millimeter. Je größer der Gradient, um so heftiger weht
der Wind, Gradienten von 5 Millimeter und darüber werden
Sturmgradienten genannt, weil bei solchen Barometerunterschie=
den die Winde mit stürmischer Stärke wehen. Die Regel, daß dem
größern Gradienten auch die heftigeren Winde entsprechen, gilt jedoch
nur durchschnittlich; denn häufig kommen Ausnahmen davon vor,
deren Ursache noch keineswegs völlig ergründet ist. Am stärksten
sind bei gleichen Gradienten meist die Winde, welche vom Meere
her wehen. Die barometrischen Maxima sind dadurch ausge=
zeichnet, daß in ihnen die Isobaren stets weit von einander liegen,
während sie sich um die Minima eng zusammenscharen, und
durchschnittlich um so enger, je tiefer ein solches Minimum ist.
In den Gebieten der barometrischen Maxima herrscht also durch=
schnittlich schwache Luftbewegung, in jenen der Minima trifft
man meist auf starke Winde und Stürme.

Der Winkel, welchen die Windrichtung mit der Isobare macht,
wird weder von der Geschwindigkeit noch von der Dichtigkeit der
Luft beeinflußt, sondern hängt nur von der geographischen Breite
und der Beschaffenheit der Erdoberfläche ab.

An den Land= und Küstenstationen ist die Geschwindigkeit
des Windes im Verhältnisse zum Gradienten stets geringer, als

man theoretisch erwarten sollte, besser scheint die Übereinstim=
mung auf dem Meere. Diese geringere Geschwindigkeit beruht
nach den Untersuchungen von Guldberg und Mohn darauf, daß
die Bewegung der Luftteilchen um so mehr gehindert wird, je
näher sie der Oberfläche ist. „Ein ganz analoges Phänomen
sieht man, wenn man von dem Verdecke eines segelnden Schiffes
das Wasser in der Nähe der Schiffsseite betrachtet oder sonst
Wasser in Bewegung längs eines Ufers. Die Wasserpartikel in
Berührung mit dem festen Körper haben relativ zu diesem fast
keine Bewegung; sie werden vom Schiffe mitgeschleppt oder vom
Ufer fast ganz zurückgehalten; aber je weiter sich die Partikel
vom festen Körper befinden, um so größer wird ihre relative
Geschwindigkeit, bis endlich in einem gewissen Abstande scheinbar
keine Mitschleppung oder Verzögerung mehr zu beobachten ist.
Zwischen dem festen reibunggebenden Körper und der ruhigen
See im ersten Falle oder der vollen Geschwindigkeit des Wassers
im letzten hat man eine Übergangszone, in welcher die relative
Geschwindigkeit mit der reibenden Fläche stetig wächst. In der
selben Weise geht auch die Bewegung eines Luftstromes über der
Oberfläche der Erde vor sich. Wo die reibende Fläche am
ebensten ist, wie auf dem Meere, ist die Höhe der Übergangs
zone entweder sehr klein oder der Zuwachs der Geschwindigkeit
innerhalb derselben sehr langsam; wo dagegen die reibende Fläche
sehr uneben ist, durch Bäume, Hügel, Häuser u. s. w., ist ent=
weder die Höhe der Übergangszone bedeutend oder der Zuwachs
der Geschwindigkeit innerhalb derselben sehr rasch. Wie hoch die
Übergangszone ist, ob höher über Land als über See, ob von
verschiedener Höhe bei verschiedenen Windrichtungen und Wind=
stärken oder Gradienten oder andern mitwirkenden Bedingungen,
wie Luftdruck, Temperatur und Feuchtigkeit, darüber müssen
künftige Beobachtungen uns belehren, sowie auch über das Gesetz
des Zuwachses der Windgeschwindigkeit mit der Höhe. Alle
unsere Anemometer befinden sich indessen in dieser
Übergangszone und ihre Angabe der Windgeschwindigkeit

selbst wenn sie diese richtig an ihrem Orte registrieren — wird also nicht die eigentliche Geschwindigkeit des Luftstromes sein."

Die Strömung der Luft von Regionen hohen zu solchen niedrigen Luftdrucks findet lediglich statt zur Herstellung des gestörten Gleichgewichtes. Wenn wir daher finden, daß Flächen hohen Luftdrucks und eben solche niedrigen Drucks trotz der zwischen ihnen an der Erdoberfläche stattfindenden Luftkommunikation sich längere Zeit hindurch erhalten, so müssen wir annehmen, daß Vorgänge sich abspielen, welche trotz der unteren Windströmung den Ausgleich des Luftdrucks verhindern. Von den Regionen der Barometermaxima strömt die Luft allseitig hinweg, die Maxima würden daher rasch eingehen, wenn nicht von oben stets neue Luftzufuhr erfolgte und ein absteigender Luftstrom bestände. Ebenso müßten die Minima rasch ausgefüllt werden, wenn nicht in ihnen die Luft emporstiege oder ein aufsteigender Luftstrom existierte. Die hier aufsteigende Luft muß aber über dem Minimum eine Art Verdichtung erleiden und deshalb muß in einer gewissen Höhe über dem Minimum die Luft allseitig abfließen. Über den Regionen der Maxima findet in der Höhe, eben wegen des niedersteigenden Stromes, eine Art Luftverdünnung statt und hierhin allein kann die Luft von dem Minimum herströmen. Alle diese oberen Luftströme werden natürlich ebenso von der Erdrotation beeinflußt wie die unteren. Die hier auseinander gesetzten Strömungen in den höchsten Luftregionen können nur selten direkt beobachtet werden. In neuerer Zeit hat jedoch Hildebrandsson den Zug der feinen, schleierartigen Cirruswolken zum Studium der oberen Luftströmungen benutzt. Die Ergebnisse seiner Beobachtungen und Untersuchungen sind in vollster Uebereinstimmung mit der Theorie, daß die oberen Luftströmungen sich mehr und mehr von den Orten der Barometer-Minima entfernen und zu dem Orte der Maxima hinstreben. Zu dem gleichen Ergebnisse kam auch Clement Ley.

Die geographische Verteilung der Winde.

Wer in unsern Gegenden auch nur mit geringster Aufmerk
samkeit den Wind beobachtet weiß, daß sich dessen Richtung
häufig ändert, ja daß oft in sehr kurzer Zeit alle Windrichtungen
nach einander auftreten. Bei genauer Aufmerksamkeit findet man
jedoch einzelne Winde häufiger vertreten als andere, man nennt
sie die vorherrschenden Winde. In gewissen Gegenden der
Erde weht das ganze Jahr hindurch der Wind aus der
selben oder sehr nahe derselben Richtung, und solche Gegenden
haben konstante Winde. Anderseits giebt es auch Erdregionen,
in welchen je nach der Jahreszeit die Windrichtung sich ändert,
dort herrschen periodische Winde.

Die beiden Karten, welche den Lauf der Isobaren im Januar
und Juli darstellen, enthalten auch die vorherrschenden Wind
richtungen in diesen beiden Monaten. Dieselben sind durch Pfeile
angegeben, der Art, daß die Pfeile mit dem Winde fliegen.

Calmenzone. Passate. Wenden wir uns jetzt zunächst den
äquatorialen Gegenden zu, so finden wir dort eine Zone rings um
die Erde, in welcher meist Windstille mit Regenwetter herrscht oder in
der nur zu Zeiten unbeständige Winde angetroffen werden. Diese
Zone heißt Region der Calmen. Sie bezeichnet im allgemeinen die
Zone der größten Erwärmung und folgt der Sonne im Laufe
des Jahres gegen Nord und Süd. Zur Zeit unseres Sommers
hat die Calmenregion ihre nördlichste Lage, im atlantischen Ozean
etwa zwischen 3° und 8° n. Br., im Winter liegt sie am südlich
sten, bleibt aber dann doch im atlantischen Ozean noch etwas
nördlich vom Äquator. Im großen Ozean liegt die Calmenregion
viel symmetrischer zum Äquator. Nördlich von diesem Calmen
gürtel trifft man eine Region mit konstanten Nordostwinden, südlich
eine andere, mit südöstlichen Winden. Diese Winde sind die
Passate, und ihre Ursache haben wir bereits früher kennen ge
lernt. Am reinsten stellen sich die Passate auf den freien Oze
anen dar, ja der Nordostpassat war es, der einst die Gefährten

des Columbus mit Schrecken erfüllte, weil sie glaubten, er werde ihnen die Rückkehr zur Heimath unmöglich machen. Später lernte man freilich die Vorteile des Passates würdigen, insbesondere im großen Ozean kam der Passat den Spaniern zu Gute, und sie nannten einzelne Teile dieses Weltmeeres Damengolf, weil dort ein Mädchen das Steuer führen dürfte und die Schiffer während der Überfahrt vom Äquator nach den Philippinen ruhig schlafen könnten.

Im atlantischen Ozeane ist der Südost-Passat von beiden Passaten der stärkere und regelmäßigere. Indessen weht er nach den neueren Untersuchungen von Haltermann innerhalb seiner normalen Grenzen in der ganzen Breite des Südatlantischen Ozeans keineswegs überall gleich beständig. In der That herrscht er nur in einem etwa 1000 Seemeilen breiten Streifen, dessen Mittellinie annähernd vom Kap der Guten Hoffnung über St. Helena zur Linie führt, mit solcher Regelmäßigkeit und Stärke, daß diese Eigenschaften hinreichen, dem ganzen Gebiete des S.=O.=Passates das Übergewicht über den N.=O.=Passat zu verleihen.

Fast das ganze Jahr hindurch weht im Südatlantischen Ozean der Passat nicht allein bis zur Linie, sondern er reicht während des größten Teils des Jahres noch eine gute Strecke über den Äquator in die nördliche Hemisphäre hinüber. Nur im Monat März, weniger im Februar und April, kommt es häufig vor, daß derselbe schon südlich der Linie endet und der sonst nur in Nordbreite liegende Stillengürtel sich bis 2—3° S.=Br. hin erstreckt. Östlich und westlich von der Region des frischen Passates giebt es Teile des südatlantischen Ozeans, in denen teils der S.=O.=Passat gar nicht, teils sehr unregelmäßig weht.

Monsune. Wenn die Erde eine vollständig mit Wasser bedeckte Kugel wäre, so würden die Passate allenthalben mit größter Regelmäßigkeit auftreten und keine Störung derselben vorhanden sein. In Wirklichkeit aber ist die Erdoberfläche unsymmetrisch von

Festlandmassen bedeckt, und diese bewirken nicht nur Störungen sondern selbst eine völlige Umkehr des Passats. Das großartigste Beispiel dieser Art bildet der ungeheure asiatische Kontinent. Im Sommer entsteht dort infolge der starken Erwärmung desselben eine bedeutende Auflockerung der Luft und ein niedriger Barometerstand, der auf der Isobarenkarte des Juli durch die Isobare von 750 Millimeter angezeigt ist. Infolge dessen muß, besonders vom Indischen Ozean her, ein Zuströmen der Luft erfolgen; das ist die Zeit des Regens und der Winde aus S.-W. und S.-O., welche als Regen-Monsun bekannt sind. Die mit Feuchtigkeit gesättigten Luftmassen strömen von Mitte April bis Mitte Oktober als Südwestmonsun dem Lande zu und liefern Indien seine ungeheuren Regenmassen. Die Monate Juni, Juli und August sind die regnerischsten, und in ihnen herrscht der Monsun besonders stark und stürmisch. Sobald die Sonne sich im September dem Äquator nähert, verliert Asien seine Anziehungskraft mehr und mehr, der Südwestwind flaut ab und macht im Oktober, dem gefürchtesten Monat im Meerbusen von Bengalen, stillen, veränderlichen Winden, schweren Gewittern und heftigen Orkanen Platz. Mittlerweile nimmt über dem erkaltenden Festlande der Luftdruck zu, es entsteht ein barometrisches Maximum, und Mitte November beginnt der Nordost-Monsun sich einzustellen, der bis Februar weht und die trockne Jahreszeit bezeichnet. Wie die Isobarenkarte des Januar zeigt, entwickelt sich im Winter Asiens über dem Nordosten desselben ein barometrisches Maximum von 775 Millimeter, von wo aus die Luft nach allen Seiten hin am Erdboden abfließt. Es ist der Winter-Monsun, die trockne Zeit nicht nur auf dem Kontinente, sondern auch in einiger Entfernung davon auf dem Meere. Die unregelmäßigen Veränderungen des Luftdruckes und der Winde sind in Ostasien außerordentlich gering oder, wie Wojeikof sich ausdrückt: „die einmal vorhandene Kälte verharrt ununterbrochen in Ostsibirien und der Gobi, ebenso der Luftdruck. Die Ursache hiervon ist in dem Oberflächenbaue von Asien zu suchen. Das Gebiet des hohen Luftdruckes ist überall durch mehr

oder weniger hohe Gebirgsketten von dem Meere und den äquatorialen Gegenden getrennt. Die kälteste, dichteste Luftschicht der
Gegenden am Kältepol kann also nicht nach dem Meere abfließen.
Der Abfluß geschieht nur in höheren Schichten, von Jakutzk über
den Stanowoi-Chrebet z. B. von etwa 1000 Metern an. Dies
bewirkt, daß die untere Luftschicht ruhig über dem kalten Boden
verharrt. Über die Gebirge und Hochländer, hinter denen der hohe
Luftdruck im Innern Asiens im Sommer bis unter 749 Millimeter
sinkt, strömt von allen Seiten Luft herbei, um die entstandene Lücke
auszufüllen. Von Süd und Ost ist der Zufluß am stärksten,
weil hier das Meer mit seinem höhern Luftdrucke dem Auflocke-
rungsgebiete am nächsten liegt. Aber die Lücke kann doch nicht
ausgefüllt werden, denn wie die Gebirge im Winter den hohen Luftdruck vom Meere trennen, so trennen sie auch im Sommer den niedern Luftdruck davon." Ganz anders verhält es sich mit Nordamerika. Hier findet eine strenge Scheidung in Ost und West
durch hohe Gebirge und Plateaus statt, und gegen Süden ver-
engt sich der Kontinent rasch. Es existiert hier kein alleiniges
Gebiet vorwiegend hohen Luftdrucks, wie in Asien, sondern mehrere, im Osten der Felsengebirge, auf den Plateaus des Innern,
im Norden des mexikanischen Meerbusens und bei den Bermuden.
Das östliche Nordamerika erhält dadurch außer den kalten Polar-
strömen aus N.-W. auch warme Äquatorialströme mit Niederschlägen vom mexikanischen Meerbusen her, die ein Sinken des
Luftdruckes bewirken. In die so gelockerte Luft stürzen dann die
schweren, kalten Polarströme mit furchtbarer Gewalt und erniedrigen oft in wenig Stunden die Temperatur bis auf ebenso
viele Grade unter Null, als sie früher darüber war. Die so
einbrechenden Polarströme dringen als sogenannte „Nortes" bis
in Texas und selbst über den mexikanischen Meerbusen vor, wodurch in der Nähe der Tropen das Thermometer gelegentlich
selbst unter den Gefrierpunkt sinken kann. „Die Gegend des hohen
Luftdruckes in den kältesten Räumen Amerikas," bemerkt Wo-
jeïkof, „ist durch keine Bergkette von dem Mississippi-Thale ge-

trennt, und mithin sind die warmen Luftströme, die dadurch erzeugten Kondensationen und örtlichen Minima des Luftdruckes
die Ursache der heftigen Polarstürme Amerikas. Da jedoch die
kältesten Räume durch keine Bergkette von den wärmern getrennt
sind, so können anderseits auch von dort die kältesten und dichtesten Luftschichten abfließen, was ein bedeutendes Sinken des
Luftdruckes in den Polargegenden bewirkt. Ist dies eingetreten,
so erscheinen wieder Winde vom mexikanischen Meerbusen 2c. Die
Leichtigkeit des Abflusses der Luft ist auch Ursache, daß in den
Gegenden Nordamerikas der Luftdruck im Winter viel niedriger
bleibt als in Asien. Auf dem Polararchipel im Nordosten, wo
die Wintertemperaturen so niedrig sind, sehen wir im Mittel
sogar keinen hohen Luftdruck im Winter, denn da das
Auflockerungsgebiet bei Island so sehr nahe ist, fließt die
Luft des amerikanischen Kältepols fast beständig dorthin.
Auch weiter südlich, in den Vereinigten Staaten, überwiegt
der Zufluß von den kältern Gegenden; N.-W.-Winde erstrecken
sich weit in den atlantischen Ozean hinein, und im Sommer sind
auch die Winde nicht so beständig wie im östlichen Asien. Es
fehlt in Amerika die große Massenentwickelung Asiens, die dürren,
erhitzten Plateauländer sind nicht so groß und abgeschlossen. Daher
ist auch die sommerliche Auflockerung bei weitem nicht so bedeutend, und im Osten, ja sogar im Mississippi-Thale ist keine
Auflockerung zu spüren. Sie wird etwas bedeutender auf den
Plateaus von Neu-Mexiko und in der Region des großen Salz-
sees. Wo sich diese Region dem mexikanischen Meerbusen nähert,
da sehen wir einen ganz charakteristischen Mousun entwickelt,
nämlich in Texas. Die Winde sind dort N.-W. im Winter,
S.-O. im Sommer, die Regenmenge und auch die relative
Feuchtigkeit nehmen im Sommer bedeutend zu, — Alles Erscheinungen, wie sie in Nordasien vorkommen." Wenden wir uns
nun nach Europa, so finden wir für dieses die Luftdruckverhältnisse über dem atlantischen Ozeane besonders einflußreich. Unter
30° nördlicher Breite herrscht über diesem hoher Luftdruck, dem

ein Barometerminimum bei Island entspricht. Die Luft muß also nach dieser letztern Gegend hin abfließen und zwar ursprünglich in der Richtung von Süd nach Nord, aber durch den Einfluß der Erdrotation rechts abgelenkt, wird sie schließlich mehr oder weniger südwestlich. Diese besonders im Winter vorwaltenden südwestlichen Winde verbreiten über Europa Wärme, Trübung und Niederschläge bis hoch nach Norden hinauf.

Das in der Nähe von Island verharrende barometrische Minimum ist von der größten Wichtigkeit für die allgemeine Windrichtung und Klimatologie Europas. Ihm verdankt unser Erdteil die vorwaltende Herrschaft des Südwestwindes, die sich selbst bis über den Ural hinaus tief ins Innere des nördlichen Sibiriens erstreckt. Wenden wir uns dagegen nach Nordamerika, so finden wir dieses auf der Rückseite der genannten Depression, und dort müssen also die vorherrschenden Winde nordwestlich und nördlich sein. Während also Europa im Winter durch die Seewinde (und ebenso durch die Meeresströmungen) Zufuhr von südlicher Wärme empfängt, wird Nordamerika durch die nördlichen Landwinde in arktische Kälte gehüllt. Die Wirkung des barometrischen Minimums im nordatlantischen Ozeane wird bezüglich Europas unterstützt durch ein anderes Minimum, das sich beinahe im Norden Europas, im Eismeere befindet. Beide Depressionen wirken, wie Hoffmeyer nachdrücklich hervorgehoben hat, in dem gleichen Sinne. Diejenige im nordatlantischen Ozean führt die warme und feuchte Luft der südlichen Breiten in die Höhe der britischen Inseln, und hier gerät diese Luft in die Kreise des Minimums im arktischen Eismeere und wird jetzt über die ganze Fläche von Nordeuropa verteilt.

Land- und Seewind. Hier ist der Ort, der Land- und Seewinde zu gedenken, die an den Küsten vielfach eine große Rolle spielen und die im kleineren Maßstabe nach Raum und Zeit eine Wiederholung der Monsune sind. Wenn nämlich die Sonne Meer und Land bescheint, so erwärmt sich das Land rascher, und die Luft über ihm wird mehr aufgelockert als über dem benachbarten Meere.

Es muß daher eine Windströmung von der See zum Lande hin entstehen. Dieser Wind ist anfangs sehr schwach und zeigt sich zuerst an der Küste, erst nach und nach erstreckt er sich weiter ins Meer hinaus. Marsden sah auf Sumatra, daß mehrere Schiffe entfernt auf dem Meere ganz ruhig lagen, während ein frischer Seewind am Ufer wehte, erst nach einigen Stunden empfanden auch jene Schiffe den Wind. Die größte Lebhaftigkeit erreicht der Seewind zwischen 2 und 3 Uhr nachmittags, wenn die Er-wärmung durch die Sonne am stärksten ist. Nach Sonnenunter-gang erkaltet das Land rascher als das Meer, die Luft ver-dichtet sich über ihm und strömt deshalb gegen die See hin, es entsteht der Landwind. Derselbe weht die ganze Nacht hin-durch bis nach Sonnenaufgang. Am deutlichsten zeigt sich der Wechsel von Land- und Seewinden in der heißen Zone, wo die größten Temperaturunterschiede zwischen Tag und Nacht statt-finden; in unserer Breite sind diese Winde wenig merklich, doch soll sich gelegentlich an großen Seen ein ähnlicher, regelmäßiger Windwechsel zeigen. An weit ins Meer hinausragenden Vorge-birgen ist der Seewind stets weit stärker als der Landwind, das umgekehrte findet in Meerbusen statt. Bei Kap Pedro auf Ja-maica gehören Landwinde zu den Seltenheiten, so daß die Schiffer oft dadurch in Verlegenheit geraten. Man schrieb früher das Fehlen dieser Winde der Einwirkung von im Gebirge hausenden Dä-monen zu, und Dampier erzählt, daß mehrfach Expeditionen aus-zogen, um die Dämone zu bekämpfen.

Tägliche Periode des Windes. Die Richtung und Geschwindigkeit des Windes unterliegt auch im Binnenlande einer täglichen periodischen Veränderung, die sich jedoch nicht unmittel-bar deutlich zeigt, sondern erst aus längerer Beobachtung hervor-geht. So hat Professor Hann aus fünfjährigen Anemometer-Auf-zeichnungen zu Wien gefunden, daß die größte Windstärke gegen $1\frac{1}{2}$ Uhr nachmittags durchschnittlich eintritt, dann nimmt der Wind bis $8\frac{1}{2}$ Uhr abends ab, wächst wieder etwa bis 10 Uhr abends und sinkt bis $1\frac{1}{2}$ Uhr morgens zu seiner geringsten

Stärke herab. Was die Richtung anbelangt, so ist der Wind durchschnittlich um 5 Uhr abends am westlichsten und um 9 Uhr morgens am nordöstlichsten; von Mitternacht bis 6 Uhr morgens ändert sich die mittlere Windrichtung im allgemeinen nicht. Überhaupt ergiebt sich, daß die tägliche Periode der Stärke der Luftbewegung in der gemäßigten wie in der heißen Zone und in allen Windgebieten, auf dem Lande wie über dem Meere, denselben Charakter trägt. Überall tritt die stärkste Luftbewegung bald nach Mittag ein, und überall ist die Nacht eine Zeit der Ruhe. An Orten frei von Küsten und Gebirgen, wo man annehmen darf, daß die tägliche Periode ungestört hervortritt, scheint sich der Wind mit der Sonne von Ost, am Vormittage durch Süd nach West, am Nachmittage zu drehen, und zwar so, daß der herrschende Wind die Sonne zu seiner Linken läßt. Doch ist dieses Verhalten noch nicht völlig festgestellt. Sicherer konstatiert ist das Vorwiegen der Ostwinde vormittags, das der Westwinde nachmittags. Auch die Zunahme der Intensität des Ostpassats vom Morgen bis zum Wärmemaximum auf dem Lande, wie sehr wahrscheinlich auch über dem Meere, seine Abschwächung nachmittags und sein Einlullen des Nachts dürfen nach Professor Hann als Beweis für letzteren Satz in Anspruch genommen werden.

Winde von eigentümlichem Charakter.

Man bezeichnet allgemein die Winde nach ihrer Richtung und Stärke, es giebt jedoch gewisse lokale Winde, die infolge bestimmter Eigenschaften durch besondere Namen unterschieden werden. Der bekannteste von ihnen ist wohl der Föhn, der zu Zeiten über den Vierwaldstätter See hinwegbraust und bei dessen Wehen in Glarus alle Feuer gelöscht werden müssen. Der Föhn ist ein warmer, trockner Wind. In den Alpenthälern tritt er zuerst hoch oben auf, stoßweise kommt er herab, stürzt in die Tiefe und wütet mit stürmischer Gewalt. In den Alpenthälern steigt die mittlere Temperatur der Tage, an welchen der Föhn weht, um 10° über das Monatsmittel, selbst im Sommer. Nach den Untersuchungen von Wettstein erreicht der Föhn seine stärkste Entwickelung in den Thälern unmittelbar nördlich von den Zentralalpen, und sein Einfluß erstreckt sich im Westen noch über den Jura hinaus bis Besançon, nordwärts bis zum mittlern Würtemberg, östlich bis Salzburg. Die südliche Grenze wird allenthalben von der Hauptalpenkette gebildet. „Am stärksten", berichtete Wettstein, „tobt er in den Thälern des Rheins bis zum Bodensee, der Linth bis Zürich, der Reuß bis Muri, der Aar bis Bern, der Rhone bis zum Genfer See. Im obern Teile der Thäler des Rheins, der Linth und Reuß und im untern des Rhonethales wird er zum rasenden Orkan; mit der Entfernung von der Hauptalpenkette nimmt er im allgemeinen an Stärke ab und wird in der schweizerischen Hochebene, im Jura und jenseits der schweizerischen Nordgrenze nur noch an der gesteigerten Temperatur und Feuchtigkeit erkannt. Er tritt nicht alle Jahre mit gleicher Heftigkeit auf, so gab es 1846 11, 1865 16, 1866 19, 1867 19, 1868 14, 1869 19, 1870 17 deutlich entwickelte Föhne in der Schweiz. Diese 112 verteilen sich auf die Jahreszeiten also: im Frühling 35, im Sommer 20, im Herbst 25, im Winter 32, also die meisten im Frühling, die wenigsten im Sommer, und im Winter mehr als im Herbst. Auffallend erscheint der Frühling durch die Anzahl der Tage: es fallen von 286 Föhntagen 121 auf den Frühling, nur 34 auf den Sommer, 67 auf den Herbst, 64 auf den Winter. Für das einzelne Jahr treffen auf Frühling 17, Sommer 5, Herbst 9 und Winter 9 Föhntage. Die mittlere Dauer einer Föhnperiode beträgt 2½ Tage. Die Bewegungsrichtung ist im allgemeinen südlich, an gewissen Stationen ziemlich regelmäßig Südost, an andern Südwest, rein südlich fast stets auf dem Rigi, in Marschlins, Altstetten, Zernetz, Thusis, Bex, auch auf dem Splügen, Bernhardin und Gotthard, wenn er sehr heftig ist; südöstlich in Glarus, Altorf, Engelberg, Kloster,

Zargans, südwestlich in Churwalden, Chur, auf Julier, Simplon und Bernhard. Auf diese Richtungen haben die lokalen Verhältnisse bedeutenden Einfluß. Bemerkenswert ist, daß sich die Wolken während des Föhns mit dem Südwest bewegen, also dieser oberhalb des Föhns herrscht. Um die Stationen im Norden der Hauptalpenkette zu erreichen, muß der Föhn sich abwärts bewegen. Die Station Auen ist horizontal 10,000 Meter von dem ihr südlich vorliegenden Kamme des Töbi entfernt, die von diesem herabkommende Luft muß sich unter 9° abwärts gegen die Horizontale bewegen; in Engelberg ist der Horizontalabstand zwischen der Station und dem Titliskamm 5000 Meter, die Höhendifferenz 2000 Meter, der Föhn bewegt sich also unter 12° abwärts."

Die Wärme und Trockenheit, welche den Föhn charakterisiert, hat früher Veranlassung gegeben, ihn als nördliche Fortsetzung des heißen, trocknen Windes zu betrachten, der auf Sicilien und und in Süditalien unter dem Namen Scirrocco bekannt ist und den man für einen, aus der Sahara kommenden ächten Wüstenwind ansah. Indessen ist der Föhn durchaus nicht die Fortsetzung eines trocknen Windes, sondern vielmehr eines feuchten, der in der südwestlichen Schweiz bisweilen die Pässe unter Schnee begräbt und seine Wärme und Trockenheit erst erlangt, nachdem er über den Hauptalpenkamm gestiegen ist und in die Thäler der östlichen Schweiz herabstürzt. Damit ist aber die Ursache seiner Wärme und Trockenheit gefunden. Der größte Teil seiner Feuchtigkeit wird nämlich beim Emporsteigen an den südlichen Abhängen der Alpen in Regen- und Schneefällen niedergeschlagen, die Luft kommt also auf der Höhe ziemlich trocken an; beim Herabstürzen in die östlichen Thäler muß sie sich aber verdichten und erwärmen, wodurch ihre Trockenheit noch mehr zunimmt. Wie bedeutend diese Erwärmung ist und wie sie völlig unabhängig von der sonst herrschenden Luftwärme auftritt, beweist der an der Westküste Grönlands zu Zeiten auftretende warme Wind, der nichts anderes als ein ächter Föhnwind ist. Die Temperatursteigerung tritt dort mit östlichen und südöstlichen Winden auf, also mit solchen, welche direkt aus dem vereisten Innern Grönlands kommen, und so auffallend ist die merkwürdige Erscheinung, daß frühere Beobachter dadurch zu dem Glauben verleitet wurden, das Innere Grönlands erfreue sich eines milden Klimas oder sei mit feuer= speienden Bergen besetzt. Hoffmeyer hat nun jüngst gezeigt, daß in Grönland die Bedingungen für das Auftreten des Föhn that= sächlich vorhanden sind. Nach den Untersuchungen und Messungen, die unlängst in Grönland über die Höhen längs der Küste gemacht worden sind, kann nicht bezweifelt werden, daß die Berge im Innern mindestens zu einer Höhe von 2000 Metern ansteigen. Wenn daher ein Luftstrom, der vom Meere kommt und infolge dessen mit Feuchtigkeit gesättigt ist, diesen Gebirgswall über= schreitet, so wird er beim Hinaufsteigen um zirka 10⁰ C. sich ab= kühlen, beim Herabsinken auf der Westseite aber um 20⁰ C. sich erwärmen, also hier um 10⁰ wärmer sein können, als an der Ostküste. Wenn also der Wind daselbst nur eine Temperatur von etwa 5⁰ hatte, so könnte er auf seinem Wege von 400 Meilen über die Eiswüste des Innern bis Jakobshaven beträchtlich sich abkühlen und dennoch mit einer Temperatur auftreten, wie sie in den Wintermonaten oft beobachtet worden ist, nämlich von + 6⁰ bis + 10⁰ C.

Auf der spanischen Halbinsel sind mehrere heiße Winde be= kannt, über welche neuerdings Hellmann nähere Mitteilungen ge= macht hat. Einer derselben, der den Namen Terral führt, weht aus dem zentralen Hochlande der Halbinsel herab und tritt bei Malaga nicht selten stürmisch auf. Er ist seiner Natur nach ein Föhn. Daneben kommen in Spanien auch echte Wüstenwinde vor, die von Afrika herüber wehen. Ein solcher ist der Leveche, wel= cher von Südost bis Südwest zu wehen pflegt, aber kaum 8 bis 10 Meilen über die Küste hinaus ins Innere des Landes dringt. „Der Leveche", berichtet Hellmann, „tritt gewöhnlich meist plötz= lich auf, man kann sein Herannahen an einem im Südhorizonte allmälig heranrückenden Wolkenstreifen von Ost bis West, dessen Farbe bisweilen ins Gelbliche bis Braunrötliche überspielt, er=

kennen. Gleichzeitig tritt vollständige Windstille ein, das Meer liegt spiegelglatt da; hat er die Küste selbst erreicht, so bricht er nicht in einem einzigen, großen Kraftaufwande, sondern in einzelnen Stößen hervor, giebt sich sogleich als trocken heiß zu erkennen und führt meistens seinen Staub und Sand mit sich Sofort erschlaffen Menschen und Tiere bei der Berührung mit diesem Gluthauch, es stellen sich heftige Kopfschmerzen ein, und selbst dem gesundesten Eingeborenen liegt es wie Blei in den Gliedern. Der mitgeführte Staub bringt in alle, noch so kleine Öffnungen ein und bedeckt die Kleider mit einer Unzahl von Flecken. Die Blätter der Pflanzen und Bäume krümmen sich zusammen, sind vollständig verdorrt und fallen nach einigen Tagen ab." Hellmann hat im August 1876 in der, einem einzigen Weingarten gleichenden Sierra de Contraviesa etwa 10 Kilometer von der Küste und 700 Meter hoch, innerhalb 6 Stunden mehrere Quadratkilometer Weinpflanzungen, gerade einige Wochen vor der Weinlese, vollständig vernichten sehen. Der Leveche war von der Küste bei Abra die Sierrahügel hinaufgestiegen, und es hatten die einzelnen Stöße so eigentümliche Wege in den Weingärten genommen, daß es ihm oft unmöglich war zu erklären, wie gewisse Gebiete verschont, andere getroffen worden waren. Das Weinlaub sah nach dem Passieren des Windes so aus, als ob man es mit siedendem Wasser begossen hätte. „Das ganze Phänomen gehört nur den unteren Luftschichten an, wie man sehr gut von einem erhöhten Standpunkte aus an der scharfen obern Begrenzung des Staubes erkennt; in 300 bis 400 Meter Höhe kommt es nur noch selten vor. Das nur 25 Meilen von Afrika entfernte Almeria wird am häufigsten vom Leveche heimgesucht. Es wäre sehr wohl möglich, von der algerischen Küste aus telegraphisch zu warnen, um die Landleute Schutzmaßregeln treffen zu lassen. Wie geringen Einfluß endlich die Passage übers Meer auf den Charakter des Windes hat, geht daraus hervor, daß er in Oran kaum stärker auftritt als im gegenüberliegenden Almeria."

Ein ähnlicher Wüstenwind, den man Leste zu nennen pflegt, wird in Madeira beobachtet. Er tritt als N.-O. bis S.-O. im Winter, Frühling und Herbst, seltener im Sommer auf und langt noch trocken auf dem ca. 80 Meilen von der afrikanischen Küste entfernten Funchal an. Auch er führt öfter Sand und Staub mit sich.

Unter den echten Wüstenwinden ist seit Alters der Samum, Chamsin oder Harmattan, bekannt, und von ihm sind die übertriebensten Schilderungen gegeben worden. In Egypten zeigt sich der Chamsin meist etwa einen Monat nach der Frühlings- nachtgleiche als südsüdwestlicher Wind. Das Blau des Himmels verdunkelt sich bei seinem Auftreten in Grau, die Sonne erscheint als fahle, lichtlose Scheibe, und die Hitze steigt an der Windseite bisweilen auf 50° C. und darüber. In einigen Augenblicken leckt die glühende Luft alle Wasserlachen auf, und in der Wüste ist die Atmosphäre überall mit dem feinsten Staube erfüllt, der selbst bis in die Uhrgehäuse dringt, Mund, Nase und Augen erfüllt und eine Art von dichtem Nebel bildet, in welchem sich der Ruf der Stimme verliert. Burkhardt beschreibt den heftigsten Samum, den er erlebte, mit folgenden Worten: „Zuerst zeigte sich eine dunkelblaue Wolke, welche sich etwa 25 Grad über den Horizont ausdehnte. Als sie näher hervorkam und an Höhe zunahm, wurde sie aschgrau mit gelblicher Färbung. Jedermann in der Kara- vane, der noch nicht an solche Erscheinungen gewöhnt war, wurde von Erstaunen ergriffen über den prächtigen und furchtbaren An- blick. Als die Wolke noch näher herankam, wurde die gelbe Färbung allgemeiner, während der Horizont das glänzendste Blau zeigte. Zuletzt stürzte die Wolke in ihrem schnellen Laufe auf uns ein und hüllte uns in Dunkel und Verwirrung; nichts ließ sich in der Entfernung von fünf bis sechs Fuß erkennen, und unsere Augen wurden mit Staub gefüllt. Unsere nur für den Augenblick aufgeschlagenen Schuppen wurden bei dem ersten Stoße umgeworfen, und viele der fester gehefteten Zelte folgten. Die größten Zelte widerstanden eine Zeit lang dem Sturme, mußten aber demselben zuletzt ebenfalls weichen, und das ganze Lager wurde auf den Boden gelegt. Mittlerweile erhoben sich die erschreckten Kameele, zerrissen ihre Stricke und bemühten sich der Zerstörung zu entgehen, womit sie bedroht schienen."

Der Harmattan Senegambiens weht ebenfalls aus der Sahara und ist völlig mit dem Chamsin identisch. Seine Trockenheit ist so groß, daß das Holz der Schiffe an der Guineaküste gelegentlich springt, das Gras verwelkt und die Flüsse rasch zu sinken beginnen. Indessen ist der Harmattan ebensowenig giftig oder selbst der Gesundheit schädlich wie irgend ein anderer Wüstenwind. Weit gefährlicher in dieser Beziehung sind die kalten Winde, von denen die Bora in Istrien und Dalmatien am bekanntesten ist, während die stürmischen, kalten Winde der südrussischen Steppen und die Burane die großartigsten Erscheinungen dieser Art bilden.

Verdunstung und Luftfeuchtigkeit.

Verdunstung. Außer den Gasen, welche wesentliche Bestandteile der Lufthülle sind, enthält dieselbe, wie bereits erwähnt wurde, Wasserdampf in einer je nach Ort und Zeit sehr veränderlichen Menge. Derselbe wird der Atmosphäre durch den Prozeß der Verdunstung zugeführt. Um sich hiervon zu überzeugen, kann man eine flache Schale mit Wasser der freien Luft aussetzen. Nach gewisser Zeit wird man bemerken, daß das Wasser abgenommen hat und endlich ganz verschwindet. Dies geschieht dadurch, daß sich kleine Teilchen der obersten Wasserschicht in unsichtbaren Dampf verwandeln und emporsteigen, um sich in der Luft zu verbreiten. Verdunstung findet bei jeder Temperatur statt, auch wenn das Thermometer unter dem Gefrierpunkte steht. Das Eis verdunstet dann ebenso wie sonst das Wasser. Solche Vorgänge finden also ununterbrochen über den Ozeanen, den Landseen, den Flüssen und allen Wasseransammlungen statt, aber die Größe oder

Schnelligkeit der Verdunstung ist verschieden. Sie hängt in erster Linie von der Lufttemperatur ab. Je höher diese ist, um so rascher geht die Verdunstung von Statten. Daneben aber bildet die Feuchtigkeit, welche die Luft schon besitzt, ein wichtiges Moment. Die Atmosphäre vermag nämlich nicht Feuchtigkeit in unbegrenzter Menge aufzunehmen, sondern kann stets nur ein ganz bestimmtes Quantum Wasserdampf beherbergen. Hat sie dieses Quantum in sich aufgenommen, so sagt man, die Luft ist mit Feuchtigkeit gesättigt; sobald dies der Fall ist, hört die Verdunstung auf. Umgekehrt ist die Verdunstung stets sehr lebhaft, wenn die Luft nur wenig Wasserdampf enthält, wenn sie trocken, das heißt weit von ihrem Sättigungspunkte entfernt ist. Auch der Wind übt auf die Schnelligkeit der Verdunstung einen bedeutenden Einfluß und zwar deshalb, weil er stets neue Luftschichten über die verdunstende Fläche führt. Endlich spielt auch der Luftdruck selbst bei dem Verdunstungsprozesse eine Rolle; je geringer dieser Druck ist, um so leichter vermögen sich die obersten Schichten einer Flüssigkeit in Dampfform aufzulösen. In der Meteorologie ist jedoch dieser Umstand von geringer Bedeutung neben dem Einflusse der Temperatur und des bereits in der Luft enthaltenen Wasserdampfes.

Taupunkt. Bei einer bestimmten Temperatur kann die Luft nur eine bestimmte Menge Wasserdampf in sich aufnehmen, aber mit steigender Wärme nimmt diese Menge zu. Nehmen wir an, eine Volumen Luft habe eine Temperatur von 0^0 C., so vermag dieselbe in jedem Kubikmeter einen Wassergehalt in Form von Wasserdampf aufzunehmen, der nahe 5 Gramm wiegt. Ist dies der Fall, so hört in dieser Luft jede weitere Verdunstung auf. Lassen wir jetzt die Lufttemperatur steigen, etwa auf $+ 10^0$ C., so wird sogleich die Verdunstung wieder beginnen, und sie kann so lange fortdauern, bis jeder Kubikmeter Luft $9^1\llap{/}_2$ Gramm Wasserdampf aufgenommen hat. Eine weitere Erwärmung der Luft, etwa auf $+ 15^0$ C., hat abermals Verdunstung zur Folge und zwar so lange bis jeder Kubikmeter Luft 13 Gramm Wasser=

dampf enthält. Was findet aber statt, wenn die Lufttemperatur
sinkt? Nehmen wir unsere Luft von + 15° C. Wärme und
einer Sättigung mit 13 Gramm Wasserdampf pro Kubikmeter.
Wir lassen diese Luft erkalten, sodaß ihre Temperatur nur + 10°
C. beträgt. In diesem Zustande kann die Luft höchstens nur
9½ Gramm Wasserdampf pro Kubikmeter fassen, der Überschuß
muß daher herausfallen, und dies geschieht in der That. Der
Wasserdampf verläßt seine unsichtbare Gestalt und tritt wieder in
den Zustand der sicht= und fühlbaren Feuchtigkeit, es tritt Niederschlag ein. Wenn eine feuchte Luftmasse so weit erkaltet, daß sie
bei der in ihr vorhandenen Dampfmasse gerade gesättigt ist, so
sagt man, die. Luft ist bis auf den Taupunkt abgekühlt. Auf
dem Umstande, daß die Luft bei genügender Erkaltung einen Teil
des in ihr enthaltenen Wasserdampfes wieder abgeben muß, beruht das sogenannte Beschlagen der Gegenstände. Sobald man
einen kalten Gegenstand in einen erwärmten feuchten Raum bringt,
wird die unmittelbar über ihn hinstreichende Luft durch Berührung
erkalten. Dies kann so weit gehen — und besonders im Winter
ist das häufig der Fall —, daß die kühler gewordene Luft einen
Teil ihres Wasserdampfes abgeben muß, der sich dann als feuchter
Niederschlag auf dem kalten Gegenstande fühl= und sichtbar macht.

Verdunstungsmesser. Die Messung der Verdunstung ist
sehr schwierig. Saussure benutzte dazu ein Stück Leinwand, das
zunächst so lange angefeuchtet wurde, bis es eine Gewichtszunahme von 150 Gramm zeigte. Dann wurde es ausgespannt
und von 20 zu 20 Minuten der Gewichtsverlust konstatiert. Ein
derartiges Verfahren ist sehr roh, aber auch die neuern Verdunstungsmesser (Atmometer oder Evaporometer) können kaum genaue
Resultate geben. Sie beruhen im Prinzip darauf, den Wasser-
verlust innerhalb einer gewissen Zeit durch die Gewichtsabnahme
zu messen. Die Größe der Verdunstung ist in den verschiedenen
Teilen der Erde sehr verschieden. Sie beträgt in Cumana
annähernd 3½ Meter jährlich, in den Niederlanden etwa
³/₄ Meter und fast ebenso viel in England.

Absolute und relative Feuchtigkeit. Die Menge von Wasserdampf, welche die Luft zu einer bestimmten Zeit besitzt, nennt man ihre absolute Feuchtigkeit. Man kann dieselbe durch das Gewicht des Wasserdampfes in einem Kubikmeter Luft ausdrücken, allein es ist gebräuchlicher, sie durch den Druck zu bezeichnen, den der Wasserdampf ausübt. Diesen Druck mißt man durch die Höhe der Quecksilbersäule, der er das Gleichgewicht hält. Das Verhältnis der Menge von Wasserdampf, welchen die Luft besitzt, zu derjenigen, welche sie bei der vorhandenen Temperatur aufnehmen könnte, heißt die relative Feuchtigkeit. Man pflegt dieselbe in Prozenten anzugeben. Nehmen wir eine Luftmasse, die eine Temperatur von + 15° C. hat, so kann dieselbe zu ihrer Sättigung Wasserdampf aufnehmen, bis dessen Spannkraft 12,7 Millimeter beträgt. Finden wir nun, daß diese Luft wirklich nur Dampf von 9 Millimeter Spannung enthält, so ist ihre relative Feuchtigkeit = 9 : 12,7 = 0,71 oder 71 Prozent. Die Luft enthält also in diesem Falle 71 Prozent derjenigen Menge von Wasserdampf, die sie bei der vorhandenen Temperatur aufnehmen könnte.

Man hat die größten Spannungen oder den Maximaldruck des Wasserdampfes der Luft für alle Temperaturen der letztern bestimmt und in Tabellen gebracht. Die nachstehende Tabelle umfaßt die Temperaturen von — 10° C. bis + 35° C. und enthält nicht allein die größten Spannkräfte des Wasserdampfes, sondern auch das denselben entsprechende Gewicht des in je einem Kubikmeter Luft enthaltenen Dampfes in Grammen. Wie man sieht, werden die Spannkräfte in Millimetern und die Gewichte in Grammen durch Zahlen bezeichnet, die nur wenig von einander verschieden sind. Ebenso sind zwischen + 8° und + 30° C. die Zahlen, welche die größten Spannkräfte in Millimetern bezeichnen, nicht allzusehr von denjenigen, welche den Temperaturen entsprechen, verschieden. Bei einem rohen Überschlage kann man beide als gleich ansehen.

Temperatur C.	Größte Spannkraft des Wasserdampfes in Millimetern.	Gewicht des Dampfes in 1 Kubikmeter Luft in Gramm.	Temperatur C.	Größte Spannkraft des Wasserdampfes in Millimetern.	Gewicht des Dampfes in 1 Kubikmeter Luft in Gramm.
— 10	2,1	2,3	+ 13	11,2	11,4
9	2,3	2,5	14	11,9	12,1
8	2,5	2,7	15	12,7	12,9
7	2,7	2,9	16	13,5	13,6
6	2,9	3,2	17	14,4	14,5
5	3,1	3,4	18	15,4	15,4
4	3,4	3,7	19	16,3	16,3
3	3,7	4,0	20	17,4	17,3
2	4,0	4,3	21	18,5	18,4
— 1	4,3	4,6	22	19,7	19,4
0	4,6	4,9	23	20,9	20,6
+ 1	5,0	5,3	24	22,2	21,8
2	5,3	5,6	25	23,6	23,1
3	5,7	6,0	26	25,0	24,4
4	6,1	6,4	27	26,5	25,8
5	6,5	6,8	28	28,1	27,2
6	7,0	7,3	29	29,8	28,8
7	7,5	7,8	30	31,5	30,4
8	8,0	8,3	31	33,4	32,1
9	8,6	8,9	32	35,4	33,8
10	9,2	9,4	33	37,4	35,7
11	9,8	10,1	34	69,3	37,6
+ 12	10,5	10,7	+ 35	41,5	39,3

Hygrometer. Um die Feuchtigkeit der Luft zu bestimmen, bedient man sich des Hygrometers. Man hat verschiedene Arten desselben erdacht, wir wollen jedoch hier nur diejenigen hervorheben, die wirklich allgemeiner in Anwendung gekommen sind.

Zunächst ist das Daniell'sche Hygrometer zu erwähnen. Es bezweckt die Ermittlung des jeweiligen Taupunktes. Zu diesem Zwecke dient eine gekrümmte, luftleere Röhre, die an jedem Endpunkte mit einer Kugel versehen ist. Die eine Kugel ist unten versilbert und enthält ein Thermometer, dessen Kugel etwas in

Äther taucht, der den untern Teil der äußern Kugel bedeckt. Die am andern Ende der gebogenen Röhre befindliche Kugel ist außen mit Musselin umwickelt. Tröpfelt man hierauf etwas Äther, der rasch verdunstet, so erkaltet infolge dieser Verdunstung die Kugel. Als Folge dieser Erkaltung wird der im Innern der Röhre befindliche Ätherdampf verdichtet, und nun beginnt sofort eine Verdunstung des in der andern Kugel befindlichen Äthers. Dadurch entsteht auch hier eine Erkaltung, die soweit geht, daß endlich die Glaskugel an ihrer versilberten Seite mit Feuchtigkeit beschlägt. Die Temperatur, bei der dies geschieht, liest man an dem inneren kleinen Thermometer ab, und sie ist nichts anderes als eben die Temperatur des Taupunktes. Vergleicht man sie mit

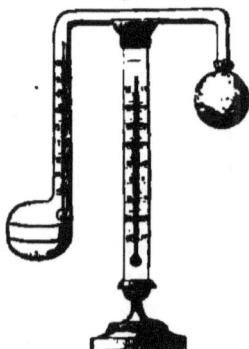

Fig. 10.

Das Daniell'sche Hygrometer.

der Temperatur der äußern Luft, wie sie durch ein gewöhnliches an dem Apparate angebrachtes Thermometer angezeigt wird, so hat man alle Daten, um mittels der oben angegebenen Tabelle die Feuchtigkeit der Luft zu berechnen. Ein Beispiel wird dies klar machen. Nehmen wir an, daß das kleine, innere Thermometer + 10° C. zeigt, wenn der erste Niederschlag sichtbar ist, und gleichzeitig das äußere Thermometer auf + 16° C. steht. Der Taupunkt liegt also bei + 10°, und die Spannung des Wasserdampfes ist 9,2 Millimeter. Bei + 16° C. könnte die Luft aber Dampf von 13,5 Millimeter Spannung aufnehmen. Ihre relative Feuchtigkeit beträgt also 9,2 : 13,5 = 0,68 das heißt 68 Prozent.

Das Daniell'sche Hygrometer, von dem Fig. 10 eine Ansicht giebt, erfordert große Aufmerksamkeit und Vorsicht bei der Beobachtung. Ist die Luft sehr trocken, so muß man oft lange warten, ehe sich ein Niederschlag zeigt, dann ist es notwendig, der größeren Kugel sehr nahe zu kommen, wenn man das innere

6*

Thermometer genau ablesen will, wodurch offenbar eine Beein=
flussung der umgebenden Luft stattfindet, endlich ist auch der fort=
während Verbrauch von Äther nicht gerade angenehm. Diesen
Übelständen ist abgeholfen bei einer andern Methode, die schon
Hutton empfahl, welche aber erst durch August in die Meteoro=
logie wirklich eingeführt worden ist. Nehmen wir an, man habe
zwei gleiche Thermometer, die unmittelbar neben einander hängen
und dieselbe Luftwärme zeigen. Wird die Kugel des einen mit
Musselin überzogen und dieses befeuchtet, so tritt natürlich Ver=

Fig. 11.

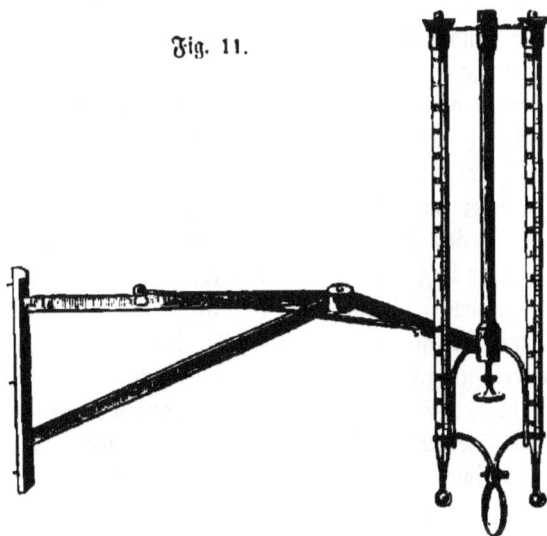

Psychrometer nach August.

dunstung ein, und infolge dessen sinkt das Quecksilber in der
Röhre des befeuchteten Thermometers. Wäre die Luft vollkommen
mit Wasserdampf gesättigt, so könnte keine Verdunstung statt=
finden, es würden also beide Thermometer den gleichen Wärme=
grad anzeigen. Je trockner die Luft ist, um so stärker ist die
Verdunstung, um so größer also auch der Unterschied in der An=
gabe beider Thermometer. Aus diesem Unterschiede läßt sich nun
die Luftfeuchtigkeit und die Temperatur des Taupunktes

berechnen. Man hat die Resultate dieser Berechnung für alle möglichen Fälle in Tabellen gebracht, und der Beobachter findet sofort aus diesen Tabellen alle wünschenswerten Angaben. August nannte sein Instrument Psychrometer, und unter diesem Namen wird es in der Meteorologie heute allgemein gebraucht. Fig. 11 zeigt ein August'sches Psychrometer mit Metallstativ, wie solches von Fues in Berlin verfertigt wird. Die beiden Thermometer sind in $^1/_5$ Grade geteilt und mit Milchglasskala versehen. Der Preis des Instrumentes ist 75 Mark.

Das Psychrometer ist ein Instrument, welches, wenn es einigermaßen genaue Angaben liefern soll, große Aufmerksamkeit und eine durchaus richtige Behandlung erfordert. In dieser Beziehung wird von Seiten der Beobachter noch vielfach gefehlt, und es erscheint daher angezeigt, dasjenige hierhin zu setzen, was Jelinek in seiner Anleitung zur Anstellung meteorologischer Beobachtungen über das feuchte Thermometer sagt.

„Die Hülle aus Musselin oder Leinen soll das Thermometer nur in einfacher Lage umgeben und nicht allzu knapp am Glase anliegen. Um das Aufsteigen der Feuchtigkeit durch Capillarität aus dem mit Wasser gefüllten Gefäße bis zu der Hülle der Thermometerkugel zu ermöglichen, nimmt man ein 13 bis 16 Centimeter langes Bündel von etwa 10 Baumwollfäden, welche oberhalb der Thermometerkugel zusammengeschlungen, im übrigen Verlaufe zusammengeflochten werden und in das mit Wasser gefüllte Gefäß hineinhängen. Man kann auch einen etwa 8 Centimeter langen, 4 Centimeter breiten Mousselinstreifen nehmen und aus dem obern Teile desselben die Thermometerhülle bilden, zu welchem Zwecke der Streifen oberhalb und unterhalb der Thermometerkugel (jedoch nicht zu fest) zusammengezogen wird; von dem untersten Punkte der Thermometerkugel hängt das Ende des Streifens in das Gefäß hinab. Dasselbe muß im Sommer, wenn die Verdunstung stark ist, stets gefüllt sein. Es ist in jedem Falle (so lange keine Eisbildung eingetreten ist) zu empfehlen, nach der Beobachtung das Gefäß mit Wasser in der

Weise zu füllen, daß zugleich die Hülle begossen und allfällige Unreinigkeiten weggespült werden. Gießt man vor der Beobachtung Wasser zu, so muß man längere Zeit warten, bis das feuchte Thermometer seinen tiefsten Stand erreicht hat. In kälteren Gegenden, in denen das Wasser im Winter leicht friert, ist ein Metallgefäß einem solchen von Glas, welches beim Gefrieren des Wassers leicht zersprengt wird, vorzuziehen. Im Winter ist, weil das Wasser friert, das Befeuchten durch Capillarität nicht anwendbar. Es muß daher die Hülle von Zeit zu Zeit mit Wasser begossen oder, was vorzuziehen ist, mit einem nassen Pinsel befeuchtet werden. Es bildet sich dadurch auf der Thermometerkugel eine Eiskruste, die verdunstet und die Temperatur der Thermometerkugel erniedrigt. Man hat vorzüglich darauf zu achten, daß diese Eiskruste stets sehr dünn bleibe. Begießt man zu häufig, so bildet sich eine starke Eiskruste, die das Thermometer unempfindlich macht und den erkältenden Einfluß der Verdunstung der Oberfläche des Eises sich nicht bis zur Kugel fortsetzen läßt. Sowohl die Mousselinhülle, als die die Feuchtigkeit zuleitenden Fäden werden, bevor man dieselben in Gebrauch nimmt, in warmem, weichem Wasser (etwa mit Zusatz von etwas kohlensaurem Natron) ausgewaschen, sie müssen sorgfältig rein gehalten werden und sind daher öfters, im Sommer von Monat zu Monat, durch neue zu ersetzen. Läßt man dieselbe Hülle zu lange am Thermometer, so verliert sie die Fähigkeit, das Wasser einzusaugen, die Verdunstung wird zu schwach, der Unterschied zwischen dem trocknen und feuchten Thermometer zu gering, man erhält zu hohe Feuchtigkeitsgrade. Die Erfahrung lehrt, daß wegen Mangel an Befeuchtung oder überhaupt wegen nicht sorgfältiger Behandlung viele Psychrometer-Beobachtungen ganz unbrauchbar werden. Der Übelstand ist um so größer, als alle Fehler beim Psychrometer, weit entfernt sich gegenseitig zu tilgen, im selben Sinne wirken, nämlich so, daß man zu hohe Zahlen für Dunstdruck *und Feuchtigkeit* erhält. Manchmal zeigt sich die Glaskugel des

feuchten Thermometers, wenn die Hülle längere Zeit nicht ge=
wechselt worden ist, mit einer dünnen Kruste belegt, welche ent
weder vorsichtig mittels eines Messers entfernt oder durch Ein=
tauchen in stark verdünnte Schwefelsäure weggebracht werden
kann. Das Psychrometer soll an einem Orte angebracht werden,
wo ein stetiger Luftwechsel stattfindet, indem durch denselben die
Verdunstung befördert wird. Würde man also das Psychrometer
in einem engen Hofe oder in einem von zwei Mauern gebildeten
Winkel anbringen, so würde man gleichfalls irrige und zwar zu
hohe Zahlen für Dunstdruck und Temperatur erhalten.

Da die Verdunstung Kälte erzeugt, so soll das befeuchtete
Thermometer immer niedriger stehen als das trockene. Bis
weilen, insbesondere im Winter, tritt der entgegenge=
setzte Fall ein, das feuchte Thermometer steht höher als
das trockene. Der Unterschied beider Thermometer beträgt in
diesem Falle, der die Beobachter in der Regel in große Verlegen
heit setzt, sehr wenig, in der Regel 0,1, höchstens 0,2°; ist der
Unterschied größer, so kann man sicher sein, daß entweder die
unzweckmäßige Behandlung des Psychrometers daran Schuld
trägt, oder daß die beiden Thermometer nicht mit einander
stimmen. Die Fälle dagegen, wo das feuchte Thermometer um
einen Bruchteil eines Grades höher steht, als das trockene,
kommen nicht so selten vor und erklären sich durch das verschie=
dene Absorptions=Vermögen der unbedeckten und der mit Mousse=
line überzogenen Kugel, ferner durch den Umstand, daß die beiden
sich unter verschiedenen Verhältnissen befindenden Thermometer
kugeln den Änderungen der Lufttemperatur nicht im gleichen
Maße folgen. Insbesondere während eines Nebels kommt dies
vor; die Luft ist dann mit Wasserdämpfen übersättigt und ent
hält dann neben dem Wasserdampf im Maximum seiner Span
nung sein verteiltes Wasser in tropfbarflüssigem Zustande.
Wenn dieser Fall eintritt, daß die Angabe des feuchten Ther
mometer höher als jene des trocknen ist, so ist die Angabe des
trockenen Thermometers als die richtige anzusehen und bei

Berechnung des Dunſtdruckes anzunehmen, daß das befeucht[e]
Thermometer denſelben Stand gehabt habe, wie das trockene."

Übrigens darf man bei allen Feuchtigkeitsbeſtimmungen nie
außer Acht laſſen, daß das Pſychrometer ein ſehr unvollko[m]
menes Inſtrument iſt und beſten Falles nur die Feuchtigkeit a[n]
giebt, welche unmittelbar in ſeiner Umgebung herrſcht. Wie [es]
in dieſer Beziehung in der Höhe ausſieht, davon kann das Pſ[y]
chrometer nichts wiſſen. Man kann dies nicht nachdrücklich gen[ug]
betonen, weil neuerdings Beſtrebungen kund geworden ſind, b[e]
Pſychrometer zu einer Art Wetterphrophet zu machen, was [es]
gar nicht iſt und überhaupt nicht ſein kann.

Der Waſſerdampf befindet ſich in der trocknen Luft u[nd]
vermiſcht ſich mit ihr nach allen Richtungen. Er bildet jedo[ch]
keineswegs, wie man früher glaubte eine ſelbſtändige Dampfatm[o]
ſphäre in der Atmoſphäre, und man darf daher nicht von de[m]
Barometerdruck den Druck des Waſſerdampfes abziehen, um et[wa]
den Druck der trocknen Luft allein zu erhalten. Man pfleg[t]
dies freilich früher häufig zu thun, allein dieſes Verfahren [iſt]
nicht zuläſſig.

Die abſolute Luftfeuchtigkeit iſt zeitlich und örtlich ve[r]
ſchieden. Im Binnenlande der gemäßigten Zone iſt ſie i[m]
Winter vor Sonnenaufgang am geringſten und nimmt bis zu[m]
Nachmittag zu, dann aber mit ſinkender Temperatur wieder a[b.]
Im Sommer iſt ſie dagegen bei Sonnenaufgang am geringſt[en]
ſteigt bis 8 oder 9 Uhr, nimmt bis 2 Uhr etwas ab und wäc[hſt]
dann wieder bis gegen 9 Uhr abends, um während der Nac[ht]
abermals zurückzugehen. Während des Jahres nimmt die abſ[o]
lute Dampfmenge ziemlich parallel mit der Temperatur zu u[nd]
ab, ſie erreicht ihr Maximum im Juli und ihren geringſt[en]
Wert im Januar. Die relative Feuchtigkeit hat natürlich ein[en]
faſt entgegengeſetzten Gang. Sie iſt in den wärmſten Stund[en]
des Tages und in den wärmſten Monaten des Jahres am g[e]
ringſten, in den kälteſten am größten. Ebenſo nimmt der Dam[pf]
gehalt ab, wenn man ſich von der Meeresküſte entfernt, de[nn]

der Ozean ist das Hauptreservoir welches die Luft mit Feuchtigkeit versorgt. Deshalb ist auch der Einfluß der Winde auf die
Größe der Luftfeuchtigkeit ein sehr bedeutender. Bei uns sind
die südlichen und südwestlichen Winde diejenigen, welche die größte
Luftfeuchtigkeit bringen, während N.-O. und O. die trockensten
sind. Die Ursache hiervon ist klar. Die südlichen und südwestlichen Winde sind feucht, weil sie vom atlantischen Ozean herkommen, während die östlichen und nordöstlichen über das trockne
Festland streichen. Dieser Unterschied ist sehr wichtig für unsere
Witterungsverhältnisse, ja er spielt hierbei eine entscheidende Rolle.
Südliche und südwestliche Winde bringen feuchtes trübes Wetter,
während mit östlichen Winden der Himmel aufklärt und Trockenheit eintritt. Um genauer die den einzelnen Winden zukom-
mende Luftfeuchtigkeit zu bestimmen, hat man für gewisse Orte,
die aus längeren Beobachtungsreihen gezogenen Feuchtigkeitsan-
gaben für jede einzelne Windrichtung zusammengestellt und daraus Mittelwerte gezogen. Man erhält dann eine sogenannte
atmische Windrose. Solche Bestimmungen haben jedoch praktisch wenig Wert.

Am größten ist der Dampfdruck in den tropischen Gegenden,
er erreicht hier 25 Millimeter, von dort nimmt er nördlich und
südlich gegen die Pole hin ab. Auch mit zunehmender Höhe
über dem Meeresspiegel vermindert sich die Menge des Wasserdampfes in der Luft.

Tau und Reif.

Tau ist der feuchte Niederschlag in Form von feinen
Tröpfchen, der sich besonders in heitern und stillen Sommer-
nächten in der Nähe des Bodens hauptsächlich an Pflanzen
bildet. Die Taubildung ist keineswegs, wie man noch vielfach
glaubt, auf die Morgen- und Abendstunden beschränkt, sondern

sie findet statt zu jeder Zeit in der Nacht. An schattigen Orten kann sie schon vor Untergang der Sonne beginnen. Am reich= lichsten ist die Taubildung in den Küstengegenden warmer Kli= mate, besonders in Persien und Arabien, woselbst die Gärten morgens häufig so feucht aussehen, als wenn es während der Nacht geregnet hätte. Die Wüste kennt keine Taubildung, und kaum kommt sie auf dem Meere vor.

So sehr aber auch Jedermann aus Erfahrung den Tau kennt, so rätselhaft war bis zu Anfang dieses Jahrhunderts, die Entstehungsweise desselben. Manche glaubten, wie schon Aristo= teles, der Tau sei ein feiner Regen, der sich in den tiefsten Schichten der Luft, nahe am Erdboden bilde; andere ließen den Tau umgekehrt vom Boden emporsteigen. Diesen und anderen Vermutungen haben die genauen Beobachtungen und scharfsinnigen Schlüsse des brittischen Arztes Charles William Wells ein Ende gemacht. In seiner 1816 erschienenen Abhandlung über den Tau hat er alles hierhin gehörige so vollständig dargestellt, daß seit= dem nichts Wesentliches hinzugefügt werden konnte. Er ging bei seinen Untersuchungen davon aus, die Menge des gefallenen Taues zu bestimmen. Zu diesem Zwecke nahm er kleine Päckchen von Wolle, deren jedes 10 Gran wog und legte sie in seinem Garten während der Nacht unbedeckt hin. Am anderen Tage wog er sie abermals, und die gefundene Gewichtszunahme ent= sprach der aufgenommenen Taumenge. Bei diesen Versuchen legte Wells einst ein Päckchen Wolle auf ein niedriges Brett, ein anderes Päckchen darunter. Als er andern Tages nach ge= wohnter Weise die Gewichtszunahme bestimmte, fand er, daß das obere, frei gegen den Himmel liegende Wollpäckchen mehr als 3 mal so viel Tau aufgenommen hatte, als das darunter liegende. Dies führte ihn zu der Entdeckung, daß alles was die Aussicht gegen den Himmel verdeckt, die Taubildung verhindert. Hierzu genügte schon ein feines, weißes Taschentuch, das einen halben Fuß hoch über dem Wollenpäckchen ausgespannt wurde. Der Tau *steigt also keineswegs* vom Erdboden auf; er ist aber ebenso wenig ein feiner Regen, denn er tritt am reichlichsten in den heitersten Nächten auf. Für weitere Untersuchungen nahm nun Wells das Thermometer zu Hülfe. Er fand, daß dasselbe, auf einem Grasplatze niedergelegt, in heitern Nächten 4, ja 8° C. niedrigere Temperatur zeigte als ein anderes, das einige Fuß hoch über dem Boden hing. Sobald aber Wolken den Himmel bedeckten, stieg das im Grase liegende Thermometer beträchtlich. Aus diesen Thatsachen schloß Wells, daß es die Erkaltung ist, welche die Taubildung hervorruft. In heiteren Nächten findet eine starke Ausstrahlung der Wärme gegen den Himmelsraum statt, ohne daß diese Wärme ersetzt wird. Die betreffenden Gegenstände müssen daher erkalten, und dies kann so weit gehen, daß sie den Wasserdampf der umgebenden Luft zur Kondensation bringen, womit dann die Taubildung eintritt. Alles, was die Ausstrahlung gegen den kalten Himmelsraum verhindert, verhindert natürlich auch die Taubildung. Das Ausstrahlungsvermögen der Körper ist aber verschieden, deshalb muß auch die Größe des Tauniederschlages bei verschiedenen Körpern sehr verschieden sein.

Wells hat auf Grund seiner Tautheorie auch eine Erklärung der von den Landleuten behaupteten Einwirkung des Mondlichtes auf die Pflanzen zu geben vermocht. Es gilt nämlich vielfach, besonders in Frankreich, als Thatsache, daß die Mondstrahlen vorzugsweise im April den jungen Pflanzen verderblich seien. Zum Schutze der letzteren pflegen die Landleute sie Nachts mit Stroh zu bedecken und finden dieses Mittel durchaus zweckentsprechend. Wells ist damit einverstanden, erklärte aber die Mondstrahlen für gänzlich unschuldig an dem Verderben der Pflanzen. Der wahre Grund ist vielmehr die starke nächtliche Ausstrahlung. Wenn der Mond scheint, so ist die Nacht klar, da man ihn sonst nicht sehen würde, es findet also starke Ausstrahlung gegen den Himmel statt und die Pflanzen können dadurch leicht bis zu einem Grade erkalten, der ihrer weiteren Entwicklung verderblich ist. Eine gewöhnliche Stroh-

bedeckung genügt aber, die Ausstrahlung zu verhindern, ja T
dall behauptet, daß ein Schirm von Spinnegeweben dense
Dienst thun würde!

Die Taubildung tritt ein, wenn die Temperatur der be
senden Körper unter den Taupunkt der umgebenden Luft gesu
ist. Liegt nun dieser Taupunkt unter 0° C., so erscheinen
kondensierten Wasserdämpfe in Gestalt von feinen Eiskrysta
und es bildet sich der Reif.

—

Nebel.

Nebel ist verdichteter Wasserdunst in Gestalt kleiner, he
Bläschen, der sich nahe an der Erdoberfläche bildet und
Fernsicht mehr oder weniger beschränkt. Die Entstehungsr
des Nebels ist verschieden. Auf Seen und Flüssen bildet er
im Frühling und Herbst häufig dadurch, daß das Wasser wär
ist als die darüber ruhende Luft. Bei windstillem Wetter erh
sich dann rasch die Dünste der Wasseroberfläche und werden
mittelbar in der kühlen Luft verdichtet. Ganz ähnlich ist
Vorgang über feuchten Wiesen, in Thalgründen u. s. w.
Gebirge bemerkt man bisweilen isolirte Nebelmassen, die an
bestimmten Orten zu haften scheinen und nur einen sehr gerii
Umfang haben. Wie unbedeutend die Umstände sein kön
welche dabei eine Rolle spielen, fand Kämtz, in einem von
beobachteten Falle. Er ging an einem Septembertage
Wiesbaden nach der Platte im Taunus. Kurz ehe er den §
steig nach diesem Lustschlosse nahm, hörte der Regen auf,
Spitzen aller Berge waren mit dichten Nebeln bedeckt, die
bald auflösten, die Wolkendecke zerriß, und die Sonne schien
wechselnd durch das Gewölk. In kurzer Zeit erhoben sich meh
Nebelstreifen in Gestalt von Rauchsäulen an einzelnen Ste
eine derselben zeigte sich in der Entfernung von einigen tau

Schritten von seinem Standpunkte auf einer Wiese, verschwand und erschien nach wenigen Minuten an derselben Stelle. Daselbst angekommen, fand er mehrere nebeneinander liegende Wiesen in einer Höhe von 400 Fuß über Wiesbaden und 1300 Fuß unter der Platte. Nur eine von diesen war kurz abgemäht, alle übrigen hatten noch ein ziemlich langes Gras, aber auch nur auf jener zeigte sich der Nebel und nur dann, wenn die Wiese einige Minuten von der Sonne beschienen war. Höchstens 3 Zoll vom Boden waren die Angaben des Psychrometers auf der geschnittenen Wiese, als die Sonne von einer dichten Wolke verdunkelt war, 13°,1 und 13°,0 R. Nach kurzem erschien die Sonne, es erhob sich der Nebel, und ein Thermometer (beschattet) zeigte am Boden 14°,8 R., in einer Höhe von etwa 4 Fuß 12°,3 R., und dabei stiegen die Nebelbläschen schnell in die Höhe. Einige Zeit später fand er auf dem Boden der gemähten Wiese eine Temperatur von 15° R., auf der nicht gemähten 13°,4 R. Offenbar wurde hier der graslose Boden von den direkten Strahlen der Sonne viel stärker erwärmt, und ganz dem oben Gesagten gemäß zeigte sich in dieser fast gesättigten Luft sogleich Nebel, so wie sich bei Einwirkung der Sonne mehr Dämpfe entwickelten, als die Luft fassen konnte. In anderer Weise entsteht Nebel auch dadurch, daß wärmere feuchte Luft über kältern Boden wegstreicht. Dies ist z. B. in großartigem Maße der Fall in der Nähe von Neufundland, wo der warme Golfstrom und die darüber ruhenden wärmeren Luftschichten des Südens mit den kalten Meeres- und Luftströmungen aus der Davisstraße zusammentreffen. Solche Nebel sind stets besonders dicht, und sie gehen häufig in Regen über. Bei uns kommen die meisten Nebel im Herbste vor, und sie entstehen auf die erstgenannte Art. Besonders häufig sind Nebel in hohen Gebirgen, und sie treten dort zu allen Jahreszeiten ziemlich gleich häufig ein. Solche Nebel stellen sich dem Beobachter in der Ebene als Wolken dar, welche die Gebirgsgipfel umschweben.

Leopold von Buch bemerkt, daß auf den Alpenpässen das

Hervortreten, Bewegen und Wiederverschwinden des Nebels eines der schönsten, lebhaftesten und auffallendsten Schauspiele ist. Nicht selten ziehen die Nebel am Hospiz des Gotthard schnell vorüber; mächtig und dicht drängen sie sich in das plötzlich herabstürzende Thal von Tremola und über die Levante hin. Man müßte glauben, in wenig Minuten sei die ganze Lombardei mit Nebeln bedeckt. Allein die Wolken erreichen nicht einmal den Ausgang des Thales von Tremola, von dem aus der Tiefe aufsteigenden warmen Strome werden sie schnell aufgelöst. Und diese Wirkung warmer Ströme zeigt sich häufig sehr wirksam, besonders dann, wenn die Dämpfe die Gebirgskette überstiegen haben und sich nun in die Tiefe senken. Auf der Silla de Caracas befand sich Humboldt in einem sehr dichten Nebel, plötzlich erhob sich ein heftiger Ostwind, die Temperatur stieg und in weniger als zwei Minuten waren alle Wolken verschwunden. Ebenso bemerkt Scoresby, daß die Gipfel der Faröer oft in ruhig stehende Wolken gehüllt sind, während ein heftiger Sturm weht und das übrige Gewölk mit Schnelligkeit fortführt; auf dem Ben-Lomond bemerkte derselbe einst eine ruhig stehende Wolke, aber die Bläschen wurden so schnell fortgetrieben und der Wind war so heftig, daß er kaum stehen konnte.

Der Nebel ist seiner Natur nach stets feucht. Man hat zwar früher auch von trocknen Nebeln gefabelt, ja dieselben spielten eine Zeit lang bei der Erklärung verschiedener Witterungserscheinungen eine große Rolle; allein was man als trocknen Nebel bezeichnete, ist gar kein Nebel, sondern einfach überaus feiner zerteilter Rauch. Eine gewisse Berühmtheit hat der trockene Nebel des Jahres 1783 erlangt, über den Muncke eine Menge von Angaben gesammelt hat. Hiernach soll er sich am frühesten, nämlich am 24. Mai, zu Kopenhagen gezeigt haben; am 6. und 7. Juni trat er über Rochelle und Umgebung auf, doch verschwand er bald wieder. Am 18. Juni nach voraufgegangenen Gewittern und kalten Winden trat er aber wiederum und *in bedeutender Mächtigkeit* auf. Am 19. Juni sah man ihn

Franeker, am 22. in Spydberga, am 23. auf dem St. Gott-
rd und in Ofen, am 24. in Stockholm, am 25. in Moskau
und gegen Ende des Monats in Syrien. Zwischen der norwegischen und holländischen Küste war das Meer davon bedeckt,
ganz England wurde von dem Nebel überzogen und 100 Stunden
weit traf man ihn über dem atlantischen Ozean an. Selbst tief
in Sibirien, ja in Nordamerika, soll er wahrgenommen worden
sein. Die Mächtigkeit und Intensität des Nebels unterlag beträchtlichen Schwankungen; an mehreren Orten war er zeitweise
fast ganz verschwunden, aber in Wirklichkeit zerging er erst gegen
den 26. September und zwar an den verschiedenen Orten unter
den verschiedenartigsten meteorologischen Zuständen, teils nach
heftigen Winden, teils nach Gewittern. Wo man die Ausbreitung des Nebels genauer zu beobachten Gelegenheit hatte, erkannte man deutlich, daß er aus der Höhe der Atmosphäre herabstieg, so am St. Gotthard, dem Salève, dem Ventoux, wo er
bis zu 6000 Fuß Seehöhe herabstieg, in einigen Gegenden ragten
sogar die Spitzen der Berge über den Nebel hinaus, ein Beweis, daß seine vertikale Ausdehnung in den oberen Regionen
der Atmosphäre nicht beträchtlich war. Das Seltsame der ganzen
Erscheinung, die widersprechenden Beobachtungen über das Verhalten des Nebels — zu Bramley in Kent, soll am 20. Juli
sogar der Blitz den Nebel entzündet haben, der hierauf mit stillem
weißem Lichte geleuchtet habe — und die große Ausbreitung der
Erscheinung, haben die seltsamsten Hypothesen über deren Natur
und Ursprung zu Tage gefördert. Besonders die Annahme einer
Herabkunft des Nebels aus dem Weltenraume war eine Zeit
lang sehr beliebt, obgleich dieser Hypothese schwer wiegende astro-
nomische und physikalische Bedenken entgegenstehen.

Über den Ursprung dieses Moorrauches, den Manche für
ein „zersetztes" Gewitter hielten, waren die Bewohner Frieslands
und des westlichen Hannover freilich niemals im Zweifel. Sie
schrieben ihn einfach dem Moorbrennen in Ostfriesland zu. Diese
Ansicht wurde wissenschaftlich begründet durch die 1835 erschienene

Schrift von Egen über den Haarrauch. Die Moore, auf welchen dieser Rauch erzeugt wird, erstrecken sich in dem ungefähr 15 Meilen breiten Küstensaum von der Zuyderfee bis zur Niederelbe und nehmen dort nach Egens Überschlag einen Raum von 145 Quadratmeilen ein. Die Gesamtfläche, welche jährlich gebrannt wird, umfaßt 3¹/₂ Quadratmeilen, doch ist dieselbe über das gesamte Land zerstreut. Das Brennen dient zur Kultivierung des Bodens und geht der Bestellung mit Buchweizen voraus. Meist wird vor Anfang Mai nicht gebrannt, aus Furcht vor Nachtfrösten, für welche der Buchweizen sehr empfindlich ist, und ebenso wird es über die Mitte des Juli hinaus nicht fortgesetzt. Bisweilen wird auch im September gebrannt. Die Ausbreitung, welche der Moorrauch nach und nach gewinnt, ist ungeheuer, indem er bis nach Spanien, Italien und Griechenland ziehen kann, wobei er aber meist freilich zu so großer Zartheit auseinander gezogen ist, daß er sich nur in der Ferne als trübender, roter Duft erkennbar macht. Im August 1868 wurde in Athen dichter moorrauchartiger Nebel beobachtet, der den Himmel schleierartig bedeckte und der Sonnenscheibe ein rötliches Aussehen verlieh. Die Ursache davon war der ungeheure Torf- und Moorbrand, welcher in der Nähe von Petersburg wütete. Die Eisenbahnzüge fuhren dort eine Zeit lang zwischen Dampf und Flammen, und als der Brand erlosch, sah man fast auf der ganzen Strecke zwischen Petersburg und Moskau schwarzgebranntes Erdreich.

In der ersten Hälfte des Juli 1869 zeigte sich in Frankreich, Deutschland, Ungarn und Italien die Luft merkwürdig trüb und nebelig. Dies veranlaßte Dr. Prestel, der Ursache dieser eigentümlichen Trübung genauer nachzuforschen, und er bewies, daß als solche einzig und allein nur das Moorbrennen in Ostfriesland angesehen werden kann. Vom 5. bis 13. Juni, als das Moorbrennen sehr lebhaft betrieben wurde, war der Wind meist N.-W. und N. Daher wurde der Rauch in der Richtung nach **den Alpen fortgeführt und langte in der Nähe von Salzburg schon am 6. Juli an.** Als am 14. Juni heftiger Südwind wehte, war die Atmosphäre über Emden, dem Wohnorte Prestels, so dicht mit Höhenrauch erfüllt, daß man in 500 Schritt Entfernung keinen Gegenstand mehr erkennen konnte. An jenem Tage gegen 5½ Uhr abends brach dort ein Gewitter aus, ein Beweis, daß die Volksmeinung unrichtig ist, der zufolge der Moorrauch Gewitter und Regen vertreiben soll. Vom 16. bis 24. Juni herrschte Regenwetter; als es aber wieder trocken wurde, begannen die ostfriesischen Bauern abermals ihr Moorbrennen und damit die Belästigung von 10 bis 20 Millionen Menschen. Vom 1. bis 5. Juli herrschte N.-O.-Wind und dieser trieb den Rauch nun nach Frankreich, aber am 6. Juli schlug der Wind völlig um, es trat Südost ein, und ein guter Teil des Rauches kam zurück. In den nächsten Tagen wurde er über Thüringen und Sachsen nach Österreich getrieben und gelangte fast zum adriatischen Meere. Wenn, bemerkt Prestel, während des Moorbrennens der Wind lebhaft weht, so führt er den Rauch auf Hunderte Meilen fort. Die so fortgeführten Rauchwolken sind dann an der Erdoberfläche am dichtesten und werden nach oben immer dünner und lichter. Findet aber zur Zeit des Moorbrennens an der Brandstätte Windstille statt, so steigt der Rauch auf und breitet sich erst in der Höhe aus. Gelangt er dort in eine obere Luftströmung, so wird er mit dieser fortgeführt. In diesem Falle erscheint in weiter Entfernung von der Brandstätte das Himmelsgewölbe getrübter, während die Luft an der Erdoberfläche heller ist.

Der feine Dunst, den die Spanier Calina nennen und welcher nach Willkomm hauptsächlich in der heißen Ebene der Mancha, des Guadalquivier und der Provinz Almeria im Sommer aufzutreten pflegt, ist von ähnlicher Art wie der Moorrauch. Am Horizonte zeigt er eine bräunlichrötliche Farbe, aus der sich ein feiner Dunst oft über den ganzen Himmel zieht und diesem ein graues Aussehen verleiht. In den Monaten September und Oktober ist dieser Dunst verschwunden. Eine mit dem Höhenrauch verwandte Erscheinung zeigt sich auch gelegentlich in Südamerika. Während der trockenen Jahreszeit von 1868 war das Gebiet von

Venezuela größtenteils mit Rauch bedeckt. Derselbe entwickelte sich aus den Wäldern und Prairien, die man behufs Kultivierung des Landes um die Osterzeit angezündet hatte. Da im Jahre 1868 alle Prairien und bewaldeten Berge Venezuelas auf viele hundert Kilometer im Umkreis des Thales von Carracas abgebrannt wurden, so war auch die Rauchmasse größer als in andern Jahren. Dazu kam die außerordentliche Trockenheit, da während acht Monaten kein einziger Tropfen Regen fiel. Bemerkenswert ist, daß während dieses Rauches sich die Gesundheitszustände von Carracas wesentlich besserten, und daß die Fieber, von welchen einige vorher einen bösen Charakter angenommen hatten, vollkommen verschwanden.

Die Wolken.

Man betrachtet die Wolken gern als Bild des Unbeständigen, Wechselvollen und Veränderlichen, das sich jeder Gesetzmäßigkeit in Gestalt und Dauer entzieht. Diese Vorstellung von den Wolken hat etwas Wahres, aber wenn man längere Zeit mit Aufmerksamkeit den Wolkenhimmel studiert, so findet man endlich, daß auch er gewissen Gesetzmäßigkeiten unterworfen ist, die zwar nicht unmittelbar und deutlich in die Augen springen, die sich aber doch der schärfern Beobachtung nicht zu entziehen vermögen. In unsern volkreichen Städten mit ihren engen Straßen und hohen Häusern, die dem Bewohner nur ein kleines Stück des Himmels zu überschauen vergönnen, ist es freilich äußerst schwierig, Wolkenstudien anzustellen; dazu bedarf es vielmehr eines allseitig mehr oder minder freien Horizonts, den man zu allen Stunden des Tages überschauen kann. Wir finden daher, daß diejenigen Menschen, deren Beschäftigung sie vorzugsweise in die freie Natur verweist, Schiffer, Landleute, Jäger *auch bezüglich* der Wolkenformen am besten Bescheid wissen und mit einer gewissen Sicherheit angeben können, ob und welcher Wechsel der Bewölkung für die unmittelbar folgenden Stunden zu erwarten ist. Es ist dies eine durch Übung erlangte Kunst, die sich nicht in kurze Regeln fassen läßt, die auch größtenteils nicht mitteilbar ist. Einer der bedeutendsten Meteorologen, Clement Ley, bemerkt in dieser Beziehung: „Ein scharfes Gesicht, gepaart mit der Gewohnheit, Naturerscheinungen zu beobachten, sind natürlich die ersten Erfordernisse. Hierzu muß ein spezielles Interesse für diesen besonderen Gegenstand und die Leichtigkeit der Beobachtung kommen, die aus einem in frischer Luft und in günstiger Lage verbrachten Leben entspringt. Fischer, Seeleute ꝛc., deren Beruf sie meist im Freien hält und der auch eng mit den Veränderungen des Wetters verknüpft ist, eignen sich als Individuen eine gewisse Gewandtheit in dieser Kunst an. Sie ist zum größten Teil eine reine Übung des Auges und kann nicht durch Unterweisung auf andere übertragen werden. Meine eigenen frühesten Erinnerungen sind die, daß ich zu den Wolken emporgeblickt und mir kindliche Ideen über die Ursache ihrer Gestalt und ihrer Bewegung gebildet, und daß ich gescholten worden, weil ich mich zu diesem Zwecke jedem Wetter aussetzte. Die Neigung war tief eingewurzelt und bis zu dem heutigen Tage habe ich nahezu den zwölften Teil meines wachen Daseins in dieser Beschäftigung verbracht. Ich vermag jetzt, wenn nur der Gipfel einer Wolke in einer Entfernung von 40 engl. Meilen am fernen Horizonte sichtbar wird, mit nie irrender Gewißheit anzugeben, ob aus der unteren Fläche jener Wolke Regen fällt oder nicht. Ich kann gleichfalls aus langer Gewohnheit, die Bewegungen der Federwolken zu beobachten, auf den ersten Blick eine Bewegung dieser Wolken entdecken, welche von den meisten Beobachtern, nachdem sie minutenlang regungslos dagestanden, um sie zu betrachten, nicht wahrgenommen wird. Und wenn ich in einer wolkenlosen Nacht zum Monde blicke, sehe ich immer dessen Bewegung durch den Himmel hindurch. Dies ist eine reine Schulung des Auges.

7*

ähnlich derjenigen, die den Indianer befähigt, die Fußspuren eines wilden Tieres auf dem gefallenen Laube zu verfolgen, während wir nicht den schwächsten Abdruck einer Fußspur entdecken; oder vermittelst derer die afrikanischen Farmer vom Orange-Freistaat, wenngleich in anderer Hinsicht nicht besonders weitsichtig, in der Entfernung von fünf engl. Meilen ein Pferd von einem Ochsen unterscheiden können. Andererseits bin ich mit Leuten zusammen gekommen, die, nicht an das Studium der Wolken gewöhnt, im Betrachten von Wolkenschichten des allergeringsten Verständnisses für die Perspektive ermangelten, die thatsächlich eine solide Haufenwolke betrachteten, als ob sie auf den Himmel gemalt sei, und die einen horizontalen Wolkenstreif, der sich fast vom Zenith bis zum Horizont erstreckte, für einen Streif hielten, der als eine geneigte Säule von der Erde aufstieg. Diese Beispiele, die sowohl von Präzision wie von dem geraden Gegenteil zeugen, sind so extrem, daß sie fast possierlich erscheinen. Ungenauigkeit ist jedoch bei Wolkenbeobachtungen, besonders in Beurteilung der Entfernung und Schätzung der relativen Höhe der Wolken, die Regel und nicht die Ausnahme. Z. B. wenn sich eine Feder=wolke oder eine federige Haufenwolke in großer Höhe in einer rapiden obern Strömung bewegt, während dünnere Wolken näher an der Erdoberfläche ganz oder doch fast ganz stationär sind, habe ich gefunden, daß eine große Anzahl Leute, die ich über den Gegenstand befragte, sagten, indem sie zum Himmel emporblickten, daß die erstgenannte Wolke die tiefer gelegene der beiden Schichten sei. Man findet, daß scharfe Beobachter, wie Forster, anscheinend in denselben Fehler verfallen. Selbst Künstler, von denen man erwarten dürfte, daß sie Gegenstände, die zu den groß=artigsten und schönsten der Natur zählen, zu ihrem speziellen Studium machten, scheinen als eine bestimmte Klasse der Gewohnheit zuzuneigen, das Unmögliche in ihren Wolkenbildern darzustellen."

Der Erste, der es unternahm, für die einzelnen Wolkengestalten eine besondere Terminologie einzuführen, war der Eng landet Lufe Howard, der im Jahre 1772 zu London geboren wurde. Seine Einteilung hat sich in der Meteorologie rasch eingebürgert und bei uns in Deutschland ist sie durch Goethe populär geworden, der sich sehr enthusiastisch über den „Mann, der Wolken unterschied" aussprach. Merkwürdig ist es nun, daß in mancher Beziehung doch Zweifel vorhanden sind, was Howard mit gewissen Namen eigentlich bezeichnen wollte; besonders über die Form, welche er Schichtwolke (stratus) benannte, herrscht einiges Dunkel, vielleicht weil er selbst darüber nicht völlig klar war. Mir scheint, daß Kämtz am richtigsten die Howard'schen Definitionen der verschiedenen Wolkenformen wiedergegeben hat, und ich werde sie daher mit den Worten von Kämtz hier mitteilen.

Howard unterscheidet drei wesentlich verschiedene Hauptformen von Wolken, den Cirrus, Cumulus und Stratus, denen sich dann noch vier Unterarten teils als Übergänge, teils als aus mehreren andern verbunden, anschließen, nämlich Cirrocumulus, Cirrostratus, Cumulostratus und Nimbus.

Fig. 12.

Der Cirrus oder die Federwolke.

Der Cirrus oder die Federwolke besteht meistens aus zarten Fäden, die bald als ein feiner weißlicher Federpinsel am blauen Himmel erscheinen, bald das Ansehen von gekräuselten

Locken haben, bald sich netzförmig durchkreuzen. Von keiner Wolkenart ist das Ansehen so verschieden. Zuweilen ändert der Cirrus in kurzer Zeit sein Ansehen, zu andern Zeiten steht er

Fig. 13.

Der Cumulus oder die Haufenwolke.

stundenlang ruhig an derselben Stelle, ja es trifft sich wohl, daß mehrere zugleich an sehr verschiedenen Punkten des Himmels stehende Federwolken dasselbe Ansehen haben.

Fig. 14.

Der Stratus oder die Schichtwolke.

Der Cumulus oder die Haufenwolke zeigt sich in der einfachsten Form als Halbkugel über einer horizontalen Grundfläche; es häufen sich bald mehrere solcher einzelner Halbkugeln zusammen und bilden die Wolken, welche am Horizonte stehend einem Gebirge mit glänzenden Gipfeln, teils halbbeleuchtet, teils dunkel schattirt gleichen.

Der Stratus oder die Schichtwolke ist eine oben und unten horizontal begrenzte Nebelschicht, die wir an heitern Sommertagen über Wiesen und Gewässern liegen sehen, die sich beim Untergang der Sonne bildet und nach ihrem Aufgange wieder schwindet. Es gehören hierzu also die feinen Nebel, die wir oben bei der Taubildung kennen lernten, sowie die niedrigen Nebelschichten über den Polarmeeren.

Unter Cirrocumulus, federige Haufenwolke, versteht Howard die zarten runden in Reihen geordnete Wolken, die in Deutschland gewöhnlich Schäfchen heißen. Ihre äußere meist abgerundete Form scheint sie den Haufenwolken zuzugesellen, aber ihrem innern Baue nach und als hochstehende, leichte und glänzende Wolken sind sie den Federwolken nahe verwandt.

Der Cirrostratus, federige Schichtwolke, besteht aus flachen Wolkenblättchen, auch wohl aus kurzen faserigen Teilen, die aber schon dichter aussehen als die Federwolken; er bildet allemal eine horizontale Schicht, die im Zenith aus einer Menge zarter Wolken zusammengesetzt erscheint, am Horizonte aber, wo wir den vertikalen Querschnitt sehen, sich als eine lange dichte Wolke von sehr geringer Breite zeigt. Da die kleinen Wolken, aus denen sie besteht, oft in einem den ganzen Himmel bedeckenden Nebel stehen und zuweilen ganz in diese neblige Umgebung zerflossen scheinen, so bildet sie einen Übergang zu einer Schichtwolke, die als ausgebreiteter Nebel über uns steht. Sie kann aber auch den Übergang zur Haufenwolke machen, wenn ihre leichten, faserigen und federigen Teile sich verdichten und das dickere, dunklere und dichtere Ansehen der Haufenwolke annehmen, die dann ganz in ihrer halbkugelförmigen Gestalt erscheint, aber doch offenbar aus zusammengeballten Stücken besteht.

Wenn die Cumuli sich häufen, sich immer mehr und mehr übereinandertürmen und ein dunkleres Ansehen erhalten, so geht diese Wolkenart in den Cumulostratus, die getürmte Haufenwolke über; die Wolke steht dann nicht selten wie ein dunkles Gebirge über dem Horizonte und droht in die eigentliche Regen= oder Gewitterwolke überzugehen.

Die eigentliche Regenwolke, der Nimbus oder Cirrocumulostratus, entsteht meistens aus dem Cumulostratus. Sie zeigt sich als dunkle Wolkenmasse, mehr oder weniger horizontal ausgebreitet, mit einem faserigen Rande, so daß man nicht mehr im Stande ist, die einzelnen Teile, wie im Cumulus, zu erkennen.

Fig. 15.

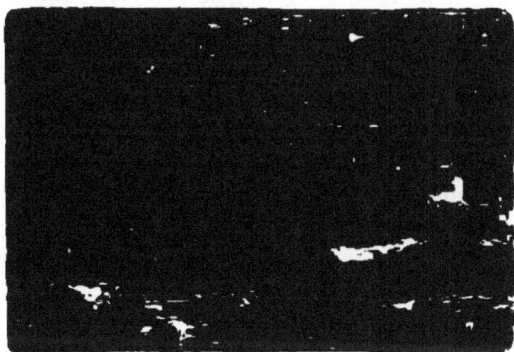

Der Nimbus oder die Regenwolke.

Die Einteilung der Wolken, welche Howard aufgestellt hat, ist gewiß recht dankenswert, allein in der Praxis läßt sie doch häufig im Stiche. Jeder, der sich aufmerksam mit Wolkenbeobachtungen beschäftigte, weiß, daß es oft absolut unmöglich ist, eine vorhandene Wolkengruppirung in einer der Howard'schen Klassen unterzubringen. Noch schwieriger wird die Sache, wenn man nicht nur das Ansehen der Wolken von der Erde aus in

Betracht ziehen wollte, sondern die Configuration und Dichte, welche dieselben dem Beobachter darbieten, der sie in einem Luftballon durchschneidet. Die Gebrüder Tissandier haben auf ihren zahlreichen Ballonfahrten dem Aussehen der Wolken vorzugsweise Aufmerksamkeit geschenkt und uns dadurch mit ganz unerwarteten Eigentümlichkeiten bekannt gemacht. So trafen sie am 16. August 1868 in einer Höhe von 1500 Meter über dem Erdboden, dichte, graue Wolken, die auf der Haut das Gefühl der Trockenheit erregten. Diese Wolken waren so dicht und düster, daß nicht nur jede Aussicht vollständig abgeschnitten war, sondern daß die Insassen des Ballons einander kaum mehr sehen konnten, obgleich sie dicht nebeneinander saßen. Diese Wolken zeigten sich von der Erde gesehen als dunkelschwarzgraue Nebelmassen. Nur selten aber findet man in den hohen Regionen des Luftkreises die Feuchtigkeit so bedeutend, daß sie auf der Haut unmittelbar fühlbar wird, wie dies bei den Nebeln auf der Erdoberfläche der Fall ist. Sonach scheint es streng genommen unrichtig, wenn man, wie dies meist der Fall ist, sagt, der gewöhnliche Nebel sei eine auf der Erdoberfläche ruhende Wolke. Eine andere Art von Wolken sind die weißen, opalartig durchscheinenden Massen, die den eigentlichen Cumulus bilden. Wenn man mittels des Ballons in diese Massen eindringt, so wird man von einem durchaus weißen Nebel umhüllt, durch den hindurch man sehr gut nähere Gegenstände erkennen kann. Bisweilen glänzen die einzelnen Teilchen dieser Wolken so lebhaft, daß sie fast wie vollkommen reflektirende Flächen aussehen. Wenn diese Gebilde eine dicke Schicht bilden, so wächst ihr Glanz, wenn man sich der obern Grenze nähert. Es wurde wiederholt beobachtet, daß für den Beobachter auf der Erdoberfläche der Himmel vollkommen ohne Bewölkung erscheinen kann und dennoch in der Höhe Nebelbänke vorhanden sind, die der Luftschiffer beim Aufsteigen durchschneidet. Diese Wolkenbänke sind transparent, wenn man in senkrechter Richtung von oben nach unten oder umgekehrt hindurchsieht. Der Luftschiffer erblickt durch sie den Erdboden, und der Beobachter an

der Oberfläche sieht wenigstens teilweise die Bläue des Himmels
hindurch. Nur dann macht sich diese Art Bewölkung unmittelbar dem Auge bemerklich, wenn man in horizontaler Richtung durch eine sehr breite Schicht derselben sieht. Bisweilen ereignet es sich, daß ein an der Erdoberfläche völlig un-
wahrnehmbarer Nebel den Boden bedeckt. Derselbe zeigt sich
indeß dem Luftschiffer von großen Höhen herab sehr bestimmt.
Am 27. Juni 1869 erschien bei einer Auffahrt Tissandiers,
obgleich der Himmel vollkommen rein war, der Boden wie mit
einem feinen Nebelschleier bedeckt, sobald die Luftschiffer aus einer
gewissen Höhe herabsahen. Gegen 7 Uhr 45 Min. abends befanden sich dieselben in einer Höhe von 1200 Metern und sahen
eine ausgedehnte Nebelbank die Erde bedecken. Diese Bank war
auf der obern Seite vollkommen flach und erschien dicht genug,
um die Einzelheiten des Bodens den Blicken zu entziehen. Nur
wie durch einen Musselinschleier zeigten sich die beiden Teiche
von Trappes bei Versailles. Durch die Strahlen der untergehenden Sonne erleuchtet, schienen sie wie in Feuer zu stehen.
Acht Jahre später sahen dieselben Beobachter eine ähnliche Erscheinung in der Gegend von Suresne. Es ist ziemlich wahrscheinlich, daß gewisse Gegenden ihre eigentümlichen Wolken haben,
und der Meteorologe Poey behauptet sogar, daß das Aussehen
der Wolken je nach dem Lande und der geographischen Breite
verschieden sei, und giebt Zeichnungen von Wolken auf Cuba die
allerdings bei uns nicht vorkommen. Figur 16 und 17 zeigen
diese Wolkenformen. Daß lokale Einflüsse eine bedeutende Rolle
bezüglich der Bewölkung spielen, ist bekannt, und besonders die Seefahrer wissen, daß auf offenem Meere die Lage kleiner Inseln,
ja selbst gewisser Untiefen, sich häufig schon von weitem durch
eine darüber ruhende Wolke kenntlich macht. In dieser Beziehung hat Flammarion auf einer seiner Luftfahrten eine interessante
Beobachtung gemacht. Der Ballon, in welchem er sich befand,
schwebte eines Tages über dem Walde von Villers Cotteret,
als die Luftschiffer mit Erstaunen bemerkten, daß während mehr

Cirrusmolfen auf Cuba. 1864.

Cirrusmolfen auf Cuba. 1864.

als 20 Minuten eine kleine Wolke unbeweglich in einer Höl
von vielleicht 80 Fuß über den Bäumen stand. Als der Ball
näher kam, sah man noch 5 oder 6 andere kleine Wolken, zerstre
und ebenfalls unbeweglich stehend, während die Luft mit ein
Schnelligkeit von 8 Meter in der Sekunde sich fortbeweg
Welcher unsichtbare Anker hielt diese kleinen Wolken? Als d
Ballon über ihnen schwebte fand man, daß die große Wolke üb
einer Wasseransammlung stand, während die kleinen den La
eines Baches bezeichneten.

Daß die Kondensation der atmosphärischen Wasserdämp
die Ursache der Wolkenbildung ist, wissen wir, aber w
dieser Vorgang sich im Einzelnen abspielt, ist noch keineswe
genügend festgestellt. Die Haufenwolken unserer Gegend, sa
Tyndall, sind die Häupter oder vielmehr die Kapitäle von Damp
säulen, die von dem Erdboden aufsteigen und in einer gewiss
Höhe verdichtet werden. Unzweifelhaft müssen die Endpun
solcher Säulen, wenn sie über die niederen Dampfschichten empo
ragen und frei in den Raum hinausblicken, durch die Ausstra
lung abgekühlt werden. In dieser Wirkung allein haben w
die physikalische Ursache für die Bildung der Wolken zu suche
Hann ist dieser Ansicht durchaus nicht. Nach ihm darf man si
die bei Tage am Boden erwärmten Luftmassen durchaus nic
als Luftströme vorstellen, die sich von unten direkt zu groß
Höhen erheben. Ein solcher aufsteigender Luftstrom (coura
ascendant) existiert nicht. „Die Erwärmung schreitet vielmehr n
allmählich durch das Spiel aufsteigender wärmerer und niede
sinkender kälterer Luftsäulchen und deren Vermischung von ob
nach unten fort und das Werk des einen Tages setzt si
nach nächtlicher Unterbrechung am andern wieder fort. Z
Nacht können selbst wärmere Schichten über den unteren am Er
boden erkalteten schwimmen, bis die Insolation wieder wirksa
wird. Der ganze untere Teil der Atmosphäre wird auf die
Weise und durch die Wärmestrahlung vom Erdboden, sowie jen
der Sonne selbst bei ruhigem, heiterm Sommerwetter ziemli

gleichmäßig durchwärmt und aufgelockert. So wird die ganze Luftmasse allmählig durch die Wärme ausgedehnt, und die Flächen gleichen Druckes heben sich über dem erwärmten Lande.

Die Cumuluswolken, die sich an heißen, heitern Sommernachmittagen bilden, werden kaum oder selten (wenigstens nicht über der Niederung) durch direkt vom Boden bis zu jener Höhe aufgestiegene Luftsäulen erzeugt, sondern durch aufsteigende und sinkende Luftbewegung in den höheren Schichten selbst. Die Luft ist in dieser Höhe ihrem Taupunkte sehr nahe, wenn westliche Winde (auch bei heiterm Wetter) wehen oder nach längere Zeit anhaltendem warmem windstillem Sommerwetter. Da genügt dann eine ganz geringe Abkühlung, ein geringes Emporsteigen einzelner Luftmassen, um Wolkenbildung zu erzeugen, die dann selbst wieder Ursache der Fortsetzung dieses Prozesses wird. Es ist auch charakteristisch, daß die Cumuli sich über Bergen, Wäldern, Flüssen und Seen, kurz über einer kühleren (und feuchteren) Grundfläche bilden, nicht über trocknem, stärker erwärmtem Boden, was doch der Fall sein müßte, wenn diese Cumuli die Kapitäle der unsichtbaren Säulen warmer, von da direkt aufsteigender Luft wären. Ebenso spricht dagegen, daß die Luft (in dieser Höhe) über den kühleren Stellen sich herabsenkt, während sie über dem erwärmten Boden aufsteigt; denn dann müßten die Stellen der Wolkenbildung andere sein, als wir sie in der That beobachten."

Wie bereits bemerkt, bezeichnet die Howard'sche Wolkeneinteilung einen wesentlichen Fortschritt, aber sie ist weit davon entfernt, stets eine genaue Charakteristik der jeweilig sichtbaren Wolken zu geben. Erfahrene Beobachter haben daher versucht, sie zu vervollständigen. Der meiner Meinung nach beste Versuch dieser Art ist von Poëy gemacht worden, und will ich seine Klassifikation hier kurz mitteilen. Er unterscheidet sieben verschiedene Wolkenformen, nämlich:

1) **Die trockene Wolke (Cirrus).** Zarte, perlenartig glän und weiße Wolkenfäden, die gewöhnlich in einer Höhe von mehr als \

deutsche Meile und nach der Richtung des Windes in die Länge gezogen erscheinen; sie bilden sich durch Anhäufung von Eisteilchen und verkünden bei ihrer Erscheinung und Vermehrung das baldige Eintreten des schlechten Wetters, oder des schönen, wenn sie sich vermindern und verschwinden; oft erhalten sie sich sehr lange, wenn sie die einzige Form der Wolken sind und in großer Höhe schweben; sie nehmen nach abwärts zu vor dem Regen und nach aufwärts vor Eintritt des schönen Wetters; sie sind rosig leuchtend in den letzten oder ersten Strahlen der Sonne, von auffallender Verschiedenheit des Aussehens, angeordnet als Büschel, Federn, fingerartige Gebilde, gekräuseltes Haar, als parallele und divergierende Bande.

2) Die Federwolke (Cirrostratus). Kleinere, dichtere und mehr verzweigte Wolkenfäden, bald mehr bald weniger in einer ununterbrochenen Schicht gewebt; tiefer, dichter und von rascherer Bewegung als die reine Federwolke. Oft beinahe undurchdringlich den Sonnenstrahlen; am Horizont die Erscheinung langer und schmaler Bänder annehmend; rosig gefärbt durch die ersten und letzten Strahlen der auf= und untergehenden Sonne.

3) Federige Haufenwolke (Cirrocumulus). Kleine getrennte Wolkenbälle, ähnlich den Flocken gekrämpelter Wolle, zerstreut über den Himmel, dem Wesen nach federige Schichtwolken, mit zu Schneebällchen abgerundeten Eisnadeln, entweder bei ihrem Sinken in eine tiefere Schicht der Atmosphäre oder bei geringer Höhe der Lufttemperatur sich bildend, die Schichtung getrennt in zerstreuten Wolkensetzen oder Bällen, wesentlich Schneewolken, aber unterschieden von den Eiswolken, in einer ein wenig niedern Region als die federige Schichtwolke schwebend und von rascherm Zuge als letztere, rot gefärbt durch die Strahlen der auf= und untergehenden Sonne.

4) Deckenwolke (Pallio-cirrus). Das obere Lager eines ausgedehnten, dichten, langsam ziehenden Wolkenmantels, gebildet durch Feder= und Federschicht=Wolken, bei ihrem Sinken in eine tiefere Region und durch das starke Anwachsen das baldige Ein=

treffen von Regenwetter, oder schönem Wetter bei ihrem Schwinden in Aussicht stellend; gebildet früher und verschwindend später als das noch tiefere Lager des Pallium=Mantels; negativ elektrisch wie die Luft, die in unmittelbarer Berührung mit dem Boden ist und getrennt von dem tiefern Lager des Palliums durch eine klare, neutrale Luftschicht.

5) Regenwolke (**Pallio-cumulus**). Das tiefere Lager eines ausgedehnten dichten Wolkenmantels, gebildet durch Verdichtung und Anhäufung ungefrorener Dünste (Wasserdunst); positiv elektrisch, die unmittelbare Quelle des wirklich fallenden Regens, reichend in eine etwas höhere Region der Atmosphäre als die Haufenwolke, aber getrennt von der Region des Eis=Palliums oder des **Pallio-cirrus** durch eine klare Luftschicht. Bei Gewittern finden elektrische Entladungen zwischen dem **Pallio-cumulus** und dem höhern entgegengesetzt elektrischen **Pallio-cirrus** statt, und das Lager des erstern schüttet fortwährend seinen Überfluß an Wasser, frei von jeder wahrnehmbaren elektrischen Erregung, herab. Bei der Rückkehr des schönen Wetters verdünnt sich der **Pallio-cumulus**, bricht auf und läßt das höhere Lager des **Pallio-cirrus** sehen; die Auflösung wird teilweise durch das Abtreiben von Bruchstücken des früher verdichteten Dunstes als besondere Form des **Fracto-cumulus** in dem Luftstrome bewirkt.

6) Windwolke (**Fracto-cumulus**). Getrennte Bruchstücke des sich auflösenden **Pallio-cumulus**, von unbestimmter, unregelmäßiger und unendlich mannigfaltiger Form, rasch fortgeführt von dem tiefern Luftstrom und sehr häufig übergehend in die eigentliche Haufenwolke.

7) Die bergförmige Wolke (**Cumulus**). Getrennte Wolkenmassen mit einer bald mehr, bald weniger horizontalen und geschichteten Basis, aufgetürmt zu Berggipfel=ähnlichen Massen, entstehend durch die aufsteigenden Luftsäulen, die den Dunst in die höhern und kühleren, der neuerlichen Kondensation günstigen Regionen der Atmosphäre führen; gebildet aus ungefrorenen Dünsten und den unteren Regionen der Atmosphäre angehörend.

Massen von zerfallendem Pallio-cumulus sind sehr oft am Horizont im Aufbau zu Haufenwolken, mit oder ohne Mitwirkung
des Fracto-cumulus zu sehen.

Man kann übrigens mit großem Vorteile auch eine Einteilung der Wolken in zwei Hauptgruppen durchführen, nämlich in
Schichtwolken und Haufenwolken. Zu der ersten Gruppe gehören
dann sämtliche Cirruswolken, zu der anderen die Cumuli und
auch die von Howard sogenannten stratusartigen Wolken. Denn
diese letzteren sind meist doch nur an der unteren Fläche horizontal geschichtet, an der oberen dagegen häufig mit Kuppen und
Zacken besetzt. Diese Einteilung hat noch den Vorzug, daß sie
gleichzeitig die Höhe und Bedeutung der Wolken für die Wetterlage andeutet; denn die erstgenannten Wolken gehören dem obern
Luftstrome, die letzteren dem untern Luftstrome an. Diese
Unterscheidung ist, wie wir finden werden, eine äußerst wichtige,
neben der die übrige Klassifikation nur eine untergeordnete Rolle
spielt. Besonders die Cirren spielen in der neuern Meteorologie
eine große Rolle, denn ihr Auftreten und ihre Bewegung giebt
gewisse Aufschlüsse über das kommende Wetter. Besonders wichtig sind die Cirrostraten, die bisweilen streifenartig den Himmel
überziehen, sodaß derselbe, nach einer sehr charakteristischen Bezeichnung Goethes, wie mit Besen gekehrt erscheint. Nicht selten
sieht man mehrere solche lange, schleierartig feine Wolkenstreifen, die nach zwei gegenüberstehenden Punkten des Horizontes
hin sich einander zu nähern, zu konvergieren scheinen. Sie sehen
dann ungefähr so aus, wie die Meridiane auf einem Globus.
Dieses Zusammentreten an zwei einander gegenüberliegenden
Punkten ist übrigens nur eine Wirkung der Perspektive. Die
einzelnen Wolkenstreifen bleiben durchgängig überall gleichweit
von einander entfernt, sie treten in ihren entfernteren Punkten
nur scheinbar näher zusammen, genau wie die entfernten Bäume
einer Landstraße. Noch ein Umstand verleiht diesen Cirrusstreifen besonderes Interesse: Man findet nämlich oft, daß ihre
Konvergenzpunkte nahe in derjenigen Richtung liegen, welche eine

freischwebende Magnetnadel annimmt, also in dem sogenannten
magnetischen Meridian, der mit dem geographischen, oder der
Linie Nord=Süd, nicht ganz genau zusammenfällt. Schon Hum=
boldt war vor mehr als einem halben Jahrhundert auf diese
sonderbare Erscheinung aufmerksam geworden und beschrieb die
Wolkenstreifen unter dem Namen Polarbanden (Bandes po-
laires), eine Bezeichnung, welche sie noch heute behalten haben.
„Eine Eigentümlichkeit,“ sagt Humboldt, „ist das Hin= und
Herschwanken, zu anderer Zeit das regelmäßige Fortschreiten
des Konvergenzpunktes. Gewöhnlich sind die Streifen nur nach
einer Weltgegend ganz ausgebildet, und in der Bewegung sieht
man sie erst von Süd nach Nord und allmählich von Ost nach
West gerichtet. Ich habe das Phänomen in der Andeskette fast
unter dem Äquator in 14 000 Fuß Höhe, wie im nördlichen
Asien, in den Ebenen zu Krasnojarsk, südlich von Buchtarminsk,
sich so auffallend gleich entwickeln sehen, daß man es als einen
weitverbreiteten, von allgemeinen Naturkräften abhängigen Pro=
zeß zu erwarten hat.“ Seitdem Humboldt dies geschrieben, ist
das rätselhafte Phänomen, besonders in neuester Zeit, eifrig
verfolgt worden, und man hat einen merkwürdigen Zusammen=
hang desselben mit den Regungen des Erdmagnetismus erkannt.
Wenn Polarbanden auftreten, so sind sie fast beständig von mag=
netischen Störungen begleitet; die Magnetnadel gerät plötzlich in
mehr oder minder heftige Schwankungen, und augenblicklich pflanzt
sich dieses unruhige Zittern fort nach Orten, die viele hundert
Meilen auseinander liegen. Als ich am 2. und 3. Oktober 1862
große gegen Nord=West und Süd=Ost konvergierende Cirrus=
Streifen erblickte, die später in wolkige Flocken verwandelt nach
Norden zogen, da kündigten diese Gebilde die weit verbreitete
magnetische Störung an, die am 3. Oktober abends in Utrecht,
und am 4. zugleich in Utrecht, München, Paris, Lissabon, Rom,
Petersburg, Stockholm und Haparanda beim mitternächtigen
Polarkreise beobachtet wurde.

Schon die Unterscheidung in Wolken des obern und untern

Luftstromes läßt erkennen, daß die Höhe der Wolken sehr ungle
ist. Am höchsten schweben die Wolken der Cirrusklasse; sie zieh
über den höchsten Bergen dahin, und Luftschiffer sahen sie in t
bedeutendsten Höhen noch ganz eben so hoch und unvermitt
über sich schweben, wie beim Anblick von der Erde aus. Di
kommen auch Fälle vor, in welchen Cirrocumuli in 3000 u
weniger Meter Höhe gefunden werden; bei den gratförmig
Cirrusstreifen scheint dies jedoch niemals der Fall zu sein. !
sehr viel geringeren Höhen schweben die cumulusartigen Wolk
auch ist ihre Höhe an verschiedenen Tagen sehr ungleich. Kär
fand dafür Höhen zwischen 1000 und 3000 Metern und glaub
daß, je geringer die Zahl der am Himmel sichtbaren Cumuli
um so größer ihre Höhe sei. In den Höhen, in welchen :
Cirri schweben, liegt die Temperatur sicherlich unter dem Gefri
punkte des Wassers. Man muß daher annehmen, daß die C
ruswolken aus kleinen Eisflitterchen bestehen, und dieser Schl
ist durch die Beobachtungen vollkommen bestätigt worden. A
Barral und Bixio am 3. August 1850 sich mit ihrem Lu
ballon zu einer Höhe von 7000 Metern erhoben, fanden sie b
eine Temperatur von — 39,7° C., und ihr Ballon wurde v
einer großen Menge kleiner Eiskrystalle bedeckt, die bei ihr
Falle auf Papier ein knisterndes Geräusch verursachten. Als t
Ballon später sank, wurden diese Eiskrystalle noch in 4800 Me
Höhe angetroffen. Es würde wissenschaftlich vom höchsten Int
esse sein, diese hohen Regionen der Atmosphäre zu durchforsch
und die geheimnisvollen Vorgänge bei Bildung und Vergeh
der höchsten Wolken an Ort und Stelle zu studieren, aber leid
ist das natürlich nicht oder doch nur für kurze Momente mö
lich, und auf sehr hohen Bergen können auch nur vorüb
gehende Beobachtungen angestellt werden. In einigen Fäll
hat man gewisse Vorgänge in den hohen Luftregionen vom Bod
aus mittels großer Fernrohre beobachten können. Es zeigen s
nämlich bisweilen bei sonst heiterm Himmel vor der Son
kleine Körperchen in raschen aber unregelmäßigen Bewegung

Es sind nichts anderes als Schneeflocken, die in den hohen Luft=
regionen umherwirbeln und in guten Ferngläsern vor der Sonne
gesehen werden können.

Man kann die Frage aufwerfen, wodurch es kommt, daß
die Wolken sich in der Luft schwebend erhalten und nicht all=
mählich auf den Boden herabsinken. Diese Frage wird vor
allem von denjenigen gestellt, welche in den Wolken etwas Fer=
tiges vor sich zu sehen glauben. Dove giebt in seinen meteoro=
logischen Untersuchungen hierauf folgende Antwort: „Wolken
denkt man sich gewöhnlich als etwas fertig bestehendes in der
Luft schwimmen, als eine Art von Magazin, in dem aller
unser herabfallender Regen, Schnee und Hagel präpariert wird.
Wer aber eine Wolke für etwas Bestehendes hält, der mag ver=
suchen, sie in einer Camera obscura zu zeichnen, oder wenn er
das Talent hat, in Wolken Tier= und menschliche Gestalten zu
sehen, darauf achten, wie oft er wie Polonius seinen Vergleich
ändern muß. Die Beständigkeit ist nur scheinbar, eine Wolke
besteht nur, indem sie entsteht und vergeht, sie ist kein
Produkt, sondern ein Prozeß. Eine Wolke ist ein feiner Regen.
Aber fragt man, mag er auch noch so fein sein, warum fällt er
nicht? — Wer sagt denn, daß die Nebelbläschen, aus denen die
Wolke besteht, nicht fallen; sie lösen sich nur wieder auf, indem
sie in die untern erwärmteren Luftschichten herabsinken."

Schon die geringste Aufmerksamkeit zeigt, daß der Grad der
Bewölkung von Tag zu Tag sehr veränderlich ist und daß in dieser
Beziehung keine gesetzmäßige Reihenfolge existiert. Wenn man
jedoch lange Zeit hindurch Aufzeichnungen über die Bewölkung
macht, so findet man, daß in unseren Gegenden durchschnittlich
im Winter mehr Wolken vorhanden sind als im Sommer, ebenso
variirt die Bewölkung nach den vorherrschenden Winden; sie ist
am geringsten bei östlichen, am größten bei südwestlichen Winden.
In der Region der Calmen herrscht stets Bewölkung; und da
diese Region den ganzen Erdball als schmaler Gürtel umspannt
und stets in der Nähe des Äquators liegt, so ist die Erde hier

8*

gewiſſermaßen von einem Wolkengürtel umgeben, der im Lau
des Jahres eine periodiſche Verſchiebung ſeiner Lage zeigt.

Ueber die durchſchnittliche Bewölkung in Europa h
unlängſt Renou Unterſuchungen angeſtellt. Zunächſt fand ſi
hierbei, daß an allen Orten in Europa, aus denen Beobachtung
vorlagen, im Durchſchnitt der Himmel gegen 10 und 11 U
Abends am heiterſten iſt, im Winter etwas früher, im Somm
etwas ſpäter. Die größte Bewölkung ſcheint durchſchnittlich ei

Fig. 18.

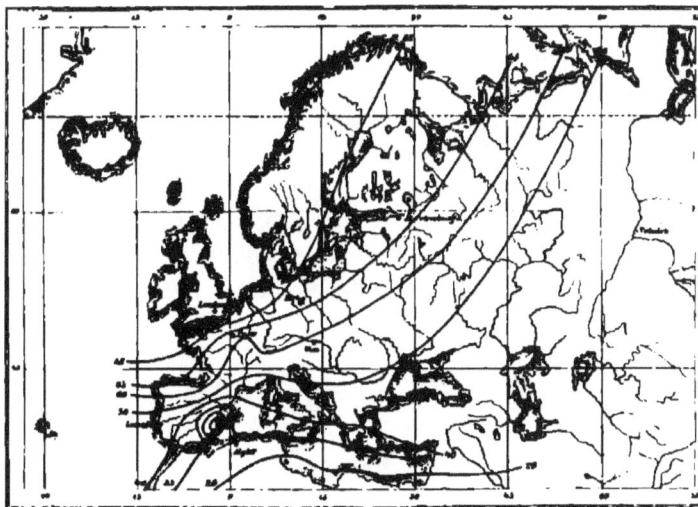

Karte der Iſonephen Europas.

Stunde nach Mittag ſtatt zu finden. Im Jahreslaufe zeigt d
Monat Dezember die größte Bewölkung, während durchſchnittli
die geringſte in den Monaten April und September eintri
Renou hat auf der Karte von Europa alle Orte mit durc
ſchnittlich gleicher Bewölkung durch Linien verbunden, die
Iſonephen (d. h. Linien gleicher Bewölkung) nennt. Die Fig.
zeigt den Verlauf dieſer Linien, wobei der völlig bewöl
Himmel durch die Zahl 100 bezeichnet wird. Die größte P
wölkung, welche im Jahresdurchſchnitt 68 nicht viel zu übe

schreiten scheint, zeigt sich in Westeuropa, von der Bretagne bis zum Nordkap. Die größte Bewölkung im Jahreslaufe hat die Ostküste Spaniens, und dies ist auch der einzige Ort in Europa, wo die Dattelpalme ihre Früchte zur Reife bringt.

Die praktischen Meteorologen pflegen bei ihrer Beobachtung den Grad der Bewölkung nach Zehnteln der sichtbaren Himmels=hälfte zu schätzen. Der völlig wolkenlose Himmel wird dabei mit 0, der ganz mit Wolken bedeckte durch die Zahl 10 bezeichnet. Man schätzt nun in jedem Falle, wie viel Zehntel des Himmels von Wolken bedeckt sind, und notiert diese Zahl. Natürlich kann es hierbei auf sonderliche Genauigkeit nicht ankommen, denn die mitgeteilte Vor=schrift ist leichter gegeben als befolgt. Dazu kommt, daß der Beobachter in manchen Fällen thatsächlich in Verlegenheit kommt, welchen Grad der Bewölkung er notieren soll. Besonders gilt dies dann, wenn der Himmel dunstig ist, so daß man sich weder für Heiterkeit, noch für gänzliche Bedeckung entscheiden kann. Hier bleibt offenbar der persönlichen Willkür ein sehr weiter Spielraum, und es ist auch nicht abzusehen, wie man genauere Methoden anwenden könnte.

Regen.

Unter Regen versteht man bekanntlich den Niederschlag des atmosphärischen Wasserdampfes in Gestalt von Tropfen. Diese Wassertropfen können sich natürlich nur bilden bei einer Temperatur von über 0° C., bei tieferen Temperaturen entstehen Eiskrystalle, welche Schnee bilden. Alles, was die Kondensation des atmo=sphärischen Wasserdampfes begünstigt, begünstigt naturgemäß auch die Regenbildung. Wir finden daher, daß wenn feuchte, warme Luftströme sich abkühlen, entweder indem sie sich mit beträchtlich kühlerer Luft vermischen oder indem sie emporsteigen und sich ausdehnen, was nur auf Kosten ihrer Wärme geschehen kann, daß in diesen Fällen Kondensation des Wasserdampfes eintritt, die häufig bis zur Bildung von Regen fortschreitet. Umgekehrt werden kühle Luftströme, die sich erwärmen, indem sie aus der Höhe herabsteigen oder mit trocknen wärmeren Luftschichten sich vermischen, keine Veranlassung zur Regenbildung sein.

Fig. 19.

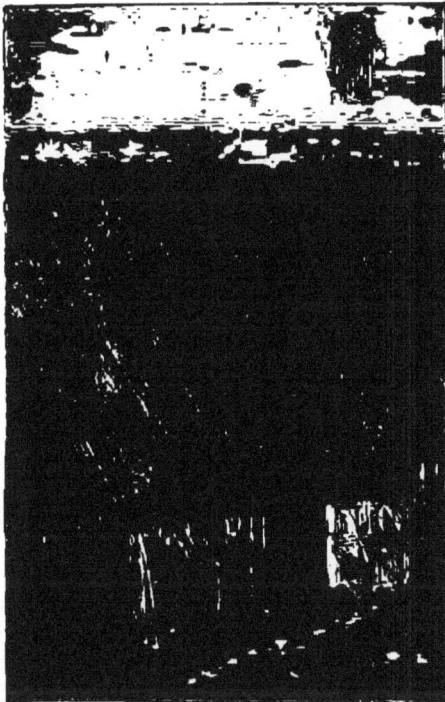

Durchschnitt der Atmosphäre während eines Regens.

Regenmessung. Die mehr oder minder große Regenmenge spielt eine sehr wichtige Rolle, und es ist deshalb die Messung des Regens ein wichtiger Faktor in der praktischen Meteorologie. Das Verfahren scheint an sich ungemein einfach zu sein, denn man braucht offenbar bloß ein Gefäß von bekannter Oberfläche im Freien aufzustellen und nach dem Regen die Höhe des Wassers in dem selben zu messen. Dieses Verfahren ist allerdings das richtige und einzig thunliche, aber in der bezeichneten Weise würde es zu keinem verläßlichen Ergebnisse führen. Nehmen wir ein Gefäß, welches beispielsweise die sehr große Oberfläche von einem Quadratmeter besitze, und bringen es vor einem drohenden Regen ins Freie. Nach einer, zwei oder drei Stunden, wenn der Regen aufgehört hat, begeben wir uns mit einem Maßstabe versehen zu dem Gefäße, um die Höhe des aufgefangenen Wassers zu messen. Wer sich zum ersten Mal hiermit befaßt, wird zunächst erstaunt sein über die äußerst geringe Tiefe der aufgefangenen Wassermenge selbst nach starkem Regen wird sie kaum einige Millimeter betragen, und nach ungeheuren Güssen, bei denen das Wasser, dem populären Ausdrucke gemäß, Fußhoch die Straßen überschwemmte, zeigt das Auffanggefäß höchstens 2 oder 3 Centimeter Wasserhöhe. Will man daher die Regenmenge auch nur einigermaßen genau messen, so erfordert dies an der obigen Vorrichtung ungemein viel Mühe; dazu kommt die Verdunstung auf der großen Fläche, kurz es ist klar, daß man mit der obigen einfachen Vorrichtung nichts anfangen kann. Man hat nun zahlreiche Arten Regenmesser (Ombrometer, Pluviometer) erdacht; der beste und einfachste besteht aus einem Blechtrichter, der den Regen auffängt und durch eine enge Röhre in einen Behälter fließen läßt, aus dem das gesammelte Wasser mittels eines Hahns in ein Glasgefäß abgelassen wird, das mit einer Skala versehen ist. Der Trichter muß oben eine scharfe Kante haben, damit kein Wasser zu-

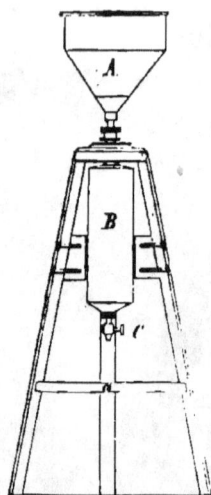

Fig. 20.

Regenmesser auf Stativ.

läuft, welches seitlich auf den Rand niederfiel. Die Verdunstung des in dem Sammelgefäß zusammenkommenden Wassers ist sehr gering, da die enge Röhre und der Trichter dieselbe fast gänzlich verhindern. Anderseits aber kann die Ablesung der gefallenen Regenmenge an dem Meßglase sehr genau ausgeführt werden. Nehmen wir nämlich an, was häufig der Fall ist, daß der Querschnitt des cylinderförmigen Meßglases zweihundert mal kleiner sei als die Oberfläche des den Regen auffangenden Trichters. Die in das Meßglas eingelassene Regenmenge wird also auch naturgemäß zweihundert mal größer sein als diejenige, welche auf den Querschnitt dieses Glases während desselben Regens gefallen sein würde. Liest man daher die Höhe des Wasserstandes im Glase an der aufgetragenen Skala ab und dividiert dieselbe durch zweihundert, so hat man die wirkliche Regenhöhe und zwar sehr genau. Manche Regen, die für diejenigen, welche sie gerade im Freien überraschen, nicht eben angenehm sind, liefern doch am Regenmesser eine so geringe Wasserhöhe, daß sie auch im Meßglase kaum meßbar erscheint.

Die umstehende Figur 20 zeigt einen Regenmesser von der Form, welche Fues demselben giebt. A ist das aus lackiertem Zinkblech verfertigte, trichterförmige Auffanggefäß, B das Sammelgefäß, aus welchem man mittels des Hahns C den Niederschlag in das Meßglas ablaufen läßt.

Die Aufstellung des Regenmessers muß derart sein, daß nicht von benachbarten Dächern, Mauern oder Bäumen Wasser hineingelangen kann, sondern daß nur die herabfallenden Regentropfen die Oberfläche des Trichters treffen können. Diese Bedingung ist so einleuchtend, daß sie kaum erwähnt zu werden brauchte, nichtsdestoweniger findet man doch zuweilen Regenmesser, die so fehlerhaft aufgestellt sind, daß sie eher alles andere, als die wirkliche Regenhöhe ersichtlich machen.

Ein anderer und sehr wichtiger Umstand ist die Höhe, in welcher der Regenmesser aufgestellt wird. Je höher ein Regenmesser über der Erde steht, um so geringer ist durchschnittlich die Regenmenge, welche sich für diesen Stand ergiebt. Der erste, der diese merkwürdige Thatsache entdeckte, war der Engländer Heberden im Jahre 1766. Er hatte drei völlig gleiche Regenmesser anfertigen lassen, von denen der eine in einem Garten, der andere auf dem Dache eines Hauses und der dritte auf dem mittlern Turm der benachbarten Westminster-Abtei aufgestellt wurde. Es ergab sich, daß der letztere in allen Monaten kaum die Hälfte des Regenwassers sammelte, welches der Messer im Garten auffing, und daß die Regenmenge des auf dem Dache stehenden Ombrometers die Mitte zwischen beiden Angaben hielt. Mancher würde vielleicht das Umgekehrte erwartet und höher über dem Boden, also den Regenwolken näher, mehr Regen vorausgesetzt haben. Die Resultate von Heberden machten in der That damals großes Aufsehen, und seine Versuche wurden an verschiedenen Orten wiederholt, hatten jedoch allenthalben den gleichen Erfolg. Man ersieht die Regenabnahme mit der Höhe schlagend aus folgenden Zahlen, welche die Resultate der Beobachtungen während der Jahre 1817 bis 1829 in Paris enthalten. Der eine Regenmesser stand 3 Meter über dem Boden im Hofe der Sternwarte, der andere 28 Meter hoch auf der Terrasse:

Jahr	Regenhöhe im Hofe Centimeter	Regenhöhe auf der Terrasse Centimeter
1817	57	51
1818	52	43
1819	69	62
1820	43	38
1821	65	58
1822	48	42
1823	52	46
1824	65	57
1825	52	47
1826	47	41
1827	58	50
1828	63	59
1829	59	56
im Durchschnitt	56	50

Welches ist nun die Ursache dieser Regenzunahme in der Nähe des Bodens? Man kann zunächst glauben, daß die Regentropfen bei ihrem Fallen durch die feuchten Luftschichten infolge ihrer kühlen Oberfläche fortwährend Wasserdampf kondensieren, sich also um so mehr vergrößern, je länger der Weg ist.

den sie zurücklegen, also je tiefer der Regenmesser steht, der sie
auffängt. Diese Ansicht bietet sich so sehr von selbst dar, daß
man sie wohl für richtig halten könnte; allein ihr stehen genaue
Beobachtungen entgegen, welche den Unterschied der Regenmengen
in hohen und tiefen Lagen in eine nahe Beziehung zum Winde
bringen. Dines brachte vier gleiche Regenmesser an den vier
Ecken eines Turmes an, die nach Süd=Ost, Süd=West, Nord=
West und Nord=Ost gerichtet waren. Er fand die geringste
Regenmenge bei jenem Auffanggefäß, welches in der Richtungs=
linie des herrschenden Windes liegt, die größte fand sich bei dem
gerade entgegengesetzten Regenmesser. Chrimes in Rotherham
ließ eine Anzahl Regenmesser errichten, deren Trichter nicht hori=
zontal standen, sondern unter bestimmten Winkeln geneigt waren
und außerdem mit Hilfe von Windfahnen stets dem herrschenden
Winde zugekehrt wurden. Die auf solche Weise erhaltenen Re=
sultate ergaben einen vorwiegenden Einfluß der Geschwindigkeit
des Windes auf die Abnahme der Regenmenge. Nach Jevons
hat man sich diesen Einfluß in folgender Art zu erklären. Jeder
Widerstand, den der Luftstrom erleidet, zwingt die Luft, mit
vermehrter Geschwindigkeit über die Seiten und über die Ober=
fläche des Hindernisses hinweg zu streichen. Es werden infolge
dessen die Regentropfen, welche ohne diese Störung des Luft=
stromes in den Regenmesser gefallen wären, von ihrem Wege
abgelenkt und sie fallen nicht mehr mit den Tropfen parallel, die
sich im ungestörten Luftstrome befinden, sondern sie fallen lee=
wärts. Ob diese Erklärung die richtige ist, will ich dahin gestellt
sein lassen, jedenfalls aber ergaben sich aus den Beobachtungen
von Dines folgende Thatsachen: Das Verhältnis der Regenmenge
in der Höhe und am Boden hängt von der Stärke und Neigung
des Windes ab. Bei Windstille ist in der Höhe und am Boden
der Unterschied kaum bemerkenswert. Bei einer bestimmten
Windrichtung ändert sich die Regenmenge in verschiedenen Punk=
ten in der Höhe derart, daß jene Stelle, welche zunächst dem
Winde liegt, weniger, jene, welche am entferntesten liegt, mehr

Regen erhält als am Boden fällt. Der Überschuß der einen Seite dürfte nahezu das Minus der anderen ausgleichen, ob aber so, daß das Mittel aus beiden gleich der Regenmenge am Boden ist, läßt sich aus den bis jetzt angestellten Beobachtungen nicht entscheiden.

Bezüglich der Regenmessungen hat der Meteorologen=Kongreß zu Wien im Jahre 1873 folgendes als Norm festgestellt: Als Regenmesser soll dienen ein kreisrundes Auffanggefäß von $\frac{1}{10}$ Quadratmeter Fläche, dessen Rand mit einem konisch geformten, ausgedrehten starken Messingring versehen ist. Die Auffangfläche soll sich nicht unter 1 Meter, am besten $1\frac{1}{2}$ Meter über dem Erdboden befinden; unter allen Verhältnissen muß bei Publikation der Resultate die Höhe der Auffangfläche über dem Erdboden angegeben werden. Die Messung soll möglichst gleich nach Beendigung des Niederschlags geschehen, im allgemeinen aber bei der ersten Morgenablesung und der Betrag dem vorhergehenden Tage angesetzt werden.

Regenhäufigkeit. Neben der Regenmenge ist es meteorologisch auch von Wichtigkeit, die Regenhäufigkeit für die einzelnen Beobachtungsorte zu kennen. Zu diesem Zwecke giebt man gewöhnlich die Zahl der Regentage in den einzelnen Monaten an. Allein was ist ein Regentag? Ist es erlaubt einen Tag, an dem es fast ununterbrochen regnete, genau so zu behandeln wie einen andern, an dem während 5 Minuten eine völlig unmeßbare Menge Regen fällt? Wenn das ganze Verfahren überhaupt einigermaßen auf Vollständigkeit Anspruch machen soll, so bleibt allerdings nichts übrig, als diese beiden extremen Fälle völlig gleich zu behandeln. Daß auf diese Weise ganz irrige Vorstellungen über die Regenverhältnisse entstehen müssen, ist freilich klar, und auch die Zuhilfenahme der monatlichen oder jährlichen Regenmenge nützt nur wenig. Es ist nämlich einleuchtend, daß hiernach ein einziger Platzregen, der noch nicht eine Viertelstunde dauert und also vom meteorologischen und landwirtschaftlichen Standpunkte aus betrachtet wenig in Betracht kommt, völlig gleichwertig gesetzt wird einer Anzahl von ruhigen und anhaltenden Landregen. Man erkennt unmittelbar, daß es notwendig wäre, den Regen gleichzeitig nach seiner Intensität, Häufigkeit und Dauer zu charakterisieren, wenn man ein richtiges klimatologisches Bild erhalten will. Für eine richtige, vergleichbare Bestimmung der Regenhäufigkeit dürfte, wie Köppen ausführt, „die Zählung von Zeiteinheiten nicht zu kurzer Dauer, innerhalb welcher Regen gefallen ist oder nicht, das zweckmäßigste Verfahren sein, und zwar ist die einzige natürliche Zeiteinheit, welche hierbei in Betracht kommen kann, der bürgerliche Tag. Es ist deshalb sehr erfreulich, daß die Zählung der Tage mit Niederschlägen immer mehr in Aufnahme kommt, nachdem sie von dem meteorologischen Kongresse empfohlen worden ist. Diese Methode leistet bei großer Einfachheit Beachtenswertes und giebt schon nach den Beobachtungen weniger Jahre die Hauptzüge namentlich der jährlichen Periode der Niederschläge anschaulich zu erkennen. In einseitiger Anwendung läßt indes auch diese Methode uns über viele wesentliche Züge der Hydrometeoration vollständig im Unklaren; wenn auch nach ihr ein vereinzelter Regenguß nicht als gleichwertig einer Mehrzahl mäßiger Regen behandelt werden kann, so stellt sie dagegen einen Tag mit einem viertelstündigen schwachen Regenschauer einem solchen mit Tag und Nacht andauerndem Regen gleich, und sie giebt uns darum auch in ihren Mittelwerten durchaus keinen Aufschluß über die vorherrschende Natur der Niederschläge einer Gegend. Um die letztere kennen zu lernen, muß man deshalb in der Regel auf die in Reisebeschreibungen 2c. wiedergegebenen persönlichen Eindrücke zurückgreifen; zur präzisen Ermittlung derselben gehört dagegen die Kenntnis der mittlern Dauer und Intensität der Regen. Für die letztere Größe, welche die Menge des in der Zeiteinheit fallenden Niederschlags bezeichnet, ist vielfach die durchschnittliche Regenmenge eines Regentages gesetzt und dafür der Ausdruck „Regendichtigkeit" gebraucht worden. Mit Recht hat indessen Wojeikoff hervorgehoben, daß der Tag für diese Bestimmung eine zu große Einheit ist und diese Zahlen — die trotzdem durchaus nicht als wertlos zu bezeichnen sind — ein zusammengesetztes Resultat der Intensität und der Dauer des Regens darstellen; denn obgleich z. B. die sommerlichen Niederschläge in Südrußland viel häufiger in der Form von Platzregen auftreten als an der Ostsee, ist die durchschnittliche Regenmenge eines Regentages an der untern Wolga u. s. w. kleiner als an der letztern, da die Schauer zwar oft heftig, aber wegen ihrer außerordentlich kurzen Dauer noch weniger ergiebig sind, als die Rieselregen des Nordens.

Eine angenäherte Bestimmung des gesuchten Wertes — der durchschnittlichen Regendauer in Stunden — läßt sich indessen auch auf einem sehr einfachen Wege erlangen. Die übliche Feststellung der Mittelwerte für alle meteorologischen Elemente aus 1 bis 24 (am häufigsten 3) Terminbeobachtungen am Tage beruht durchweg auf der Voraussetzung, daß wir in diesen willkürlich herausgegriffenen Zeitpunkten ausreichende Repräsentanten für die Gesamtheit der Zeit besitzen und daß das Mittel aus diesen Momenten, so weit als nötig nach Korrektur desselben wegen der täglichen Periode, mit dem wahren Mittel übereinstimme. Und wir sind hierzu, so weit es sich um völlig zufällige Herausgreifung von Einzelmomenten handelt, auch durchaus berechtigt, wenn nur die Zahl der Fälle genügend groß ist für den gewünschten Grad der Genauigkeit des Resultates.

Dieselbe Voraussetzung, wie bei den andern Phänomenen, daß die Verhältnisse durchschnittlich — nach Abzug der etwaigen täglichen Periode — dieselben seien in den Augenblicken der Beobachtung wie in der ganzen Zwischenzeit, kann auch mit demselben Rechte auf die Regenverhältnisse ausgedehnt werden." Köppen schlägt daher vor, daß nicht nur die Zahl der Regentage notiert werden solle, sondern daß stets bei den regelmäßigen täglichen Beobachtungen aufgezeichnet werde, wenn es im Momente der Beobachtung regnete, schneite rc.

Die geographische Verteilung des Regens.

Sowohl nach Häufigkeit als nach Menge ist der Regen sehr ungleich über die einzelnen Regionen der Erdoberfläche verteilt. Während es Gegenden giebt, wo Regen fast die Regel und Trockenheit die Ausnahme bildet, fällt in andern Teilen der Erde so selten Regen, daß man fast berechtigt wäre, von völliger Regenlosigkeit zu sprechen, obgleich ich nicht glaube, daß irgend ein Punkt der Erdoberfläche existiert, der im wirklichsten Sinne des Wortes niemals durch Niederschläge befeuchtet würde.

Die bedeutendsten Regenmengen fallen in der heißen Zone, und von hier nimmt ihre Intensität gegen die Pole hin ab. Die Region der Calmen ist ein wahrer Regengürtel um die Erde. Dort steigen ununterbrochen sehr warme, feuchte Luftmassen empor, die in der Höhe sich abkühlen und nun ihre Feuchtigkeit in ungeheuren, von Donnerwettern begleiteten Regengüssen niederschlagen. Die Calmenregion wandert aber mit der Sonne; sie liegt während unseres Sommers am weitesten nördlich vom Äquator, während unseres Winters hat sie dagegen ihre südlichste Lage. Hieraus folgt, daß die Orte in der Nähe des Äquators im Jahreslaufe zwei Regenzeiten und zwei trockene Jahreszeiten haben müssen. Wenn nämlich die Calmenregion mit der Sonne über diese Orte hinweg nach Norden wandert, so tritt die erste Regenzeit ein, sobald die Calmenzone nordwärts fortgezogen ist, aber die erste trockene Jahreszeit. Darauf kehrt die Sonne nach Süden um, die Calmenzone überschreitet auf ihrem Wege nach Süden wiederum diese Orte, was dort die zweite Regenzeit hervorruft, endlich erfolgt nach ihrem völligen Wegzuge gegen Süden die zweite trockene Jahreszeit. Orte, welche nahe den Grenzen liegen, bis wohin die Calmenzone über der Erdoberfläche wandert, haben natürlich nur eine Regenzeit und eine trockene Jahreszeit. Nördlich und südlich von der Calmenzone liegen, da wo die Passatwinde sich ungestört zu entwickeln vermögen, zwei regenlose Zonen. Das Vorstehende bezeichnet nur in allgemeinen Zügen und mehr schematisch die Regenverhältnisse in den Tropen, in Wirklichkeit kommen Unregelmäßigkeiten vor, welche durch die Lage der Kontinente und Inseln verursacht werden. Der Passat, der ununterbrochen aus kühlern nach wärmern Gegenden weht, muß seiner Natur nach ein trockner Wind sein, und Orte, die stets im Passate liegen, können keinen Regen erhalten. In der That finden sich auch auf offenem Meere zwei regenlose Zonen, nördlich und südlich von der Kalmenregion, und sie verschieben sich entsprechend der Veränderung, welche die Lage derselben im Jahreslaufe erleidet. Wo aber der Passatwind auf ein hohes Land trifft und die Luft emporsteigen muß, wodurch ein Teil des in ihr enthaltenen Wasserdampfes kondensiert wird, erscheint auch der Passat selbst als Regenwind. Dann entsteht durch stärkere Erwärmung der Kontinente eine Auflockerung der Luft über denselben, infolge deren periodische Winde erzeugt werden, die gewöhnlich viel Regen bringen. Das ist z. B. der Ursprung der merkwürdigen Monsune, die am charakteristischsten im Indischen Ozeane auftreten.

Betrachten wir nun die Regenverhältnisse der hauptsäch=lichsten Tropenländer etwas genauer und zwar an der Hand der schönen Untersuchungen, welche in den letzten Jahren Wojeikoff über diesen Gegenstand veröffentlicht hat.

Zunächst wenden wir uns nach Südamerika. Infolge seiner Lage geschieht über diesem ungeheuren Kontinente die periodische Verschiebung der Calmenzone sehr nahe in denselben Grenzen wie auf dem Meere. „Fast das gesamte Festland, mit Aus=nahme einer schmalen Zone am Westfuße der Anden, hat seine Abdachung nach dem atlantischen Ozean. Es giebt keine innern bergumschlossenen Kontinentalgebiete, wo sich eine besonders hohe Temperatur bilden könnte. Die etwas höhere Wärme in den innern Äquatorialgegenden führt nur zu einer Verstärkung der Passate. Sie herrschen auch auf dem größten Teile des Konti=nentes sehr regelmäßig, vorzüglich der südliche. Der Süd=Ost-

Passat ist auch der Regenwind Südamerikas. Allmählich höhe=
res Terrain vorfindend, je weiter er ins Innere bringt, bewässert
er die Zone von 0—10° f. Br. sehr reichlich, so daß die üppige
tropische Vegetation am Amazonenstrome von allen Reisenden
gerühmt wird. Südlich vom 10.° wird es anders. Die bra=
silische Küstenkette wird allmählich bis zum 20.° f. Br. höher,
die Ufer des Meeres haben viel Regen und eine üppige Vege=
tation, das innere Hügelland Brasiliens ist aber viel trockner.
Es sind die sogenannten Campos, eine Abwechselung von Sa=
vannen und niedrigem Gesträuch, sehr verschieden von der Vege=
tation am Amazonenstrome.

Nördlich vom Äquator, am Rio Negro, befinden wir uns
in der Calmenzone, die geringe Bewegung der Luft und die
Regen in allen Monaten beweisen dies. Auch weiter nördlich
in den Planos von Venezuela, 4—10° n. Br., verschiebt sich
die Calmenzone im Sommer der nördlichen Erdhälfte.

Nach Humboldts klassischer Schilderung haben diese Ge=
genden klaren Himmel und Nord=Ost=Passat im Winter, verän=
derliche Winde und heftige Regen vom Mai bis Oktober.

Die tropische Westküste von Südamerika ist wegen ihres
Regenmangels allgemein bekannt.

Längs dieser Küste fließt ein äußerst kalter Meeresstrom,
der die Temperatur der ganzen Gegend sehr erniedrigt. Die
Winde sind meistens Süd und Süd=West, d. h. kalte Winde vom
Meere. Die Kälte dieser Winde und der beschränkte Raum auf
welchem die Luftzirkulation dieser Gegenden stattfindet, hindert
die Kondensation der Dämpfe. Wäre die Landmasse an der
Westseite der Berge größer, so würde auch die Wärme und Auf=
lockerung der Luft bedeutender werden und einen mächtigen
Monsun von fernen wärmeren Meeresteilen ins Land ziehen.
Unter solchen Voraussetzungen würde es dieser Küste auch nicht
an Regen fehlen. Nördlich vom 5.° f. Br., wo die kalte Meeres=
strömung die Küste verläßt, bekommt dieselbe reichliche Regen
und trägt eine üppige Vegetation.

Die Westküste Südafrikas hat auch überwiegend Süd-Süd-West-Winde, jedoch sie ist nicht regenlos. Der kalte antarktische Meeresstrom fließt etwas weiter entfernt von der Küste als in Südamerika, und die größere Landmasse und die stärkere Erwärmung derselben giebt dem Monsun eine bedeutende Kraft, so daß Stürme und heftige Regengüsse an der ganzen Küste von 0⁰ bis 18⁰ s. Br. nicht selten sind. Südlicher zwischen 18—30⁰ s. Br. ist auch diese Küste sehr regenarm.

Die östliche Hälfte von Südafrika ist regnerisch, und die Niederschläge erfolgen meistens im Passat, der, ähnlich wie in Südamerika, seine Dämpfe an den Bergseiten fallen läßt. Der Passat ist auch etwas abgelenkt durch die starke Erwärmung von Afrika, in unserem Sommer hat er, auch nördlich vom Äquator, eine Richtung aus Süd-Ost, in unserm Winter wird er mehr Nord-Ost, da die Kalahari und andern Wüsten Süd-afrikas ihn nach Süden ziehen. Nach Grandidier spendet dieser Wind der Nord- und Ostküste von Madagaskar reichliche Regen, während der Süden und Westen der Insel trocken sind. Die tropischen Regen erstrecken sich hier weit südwärts bis über den 30.⁰ s. Br. Zum Teil ist dies auch der warmen Mozambique-Strömung zuzuschreiben, welche parallel der Küste läuft. Der Passat sättigt sich mit den Dämpfen über diesen warmen Meeresteilen.

Sehr verschieden sind die Regenverhältnisse von Nordafrika. Eine große Breite von West nach Ost einnehmend, hat es keine Bergketten, die eine Scheidung in West und Ost bewirken, wie Südamerika und zum Teil auch Südafrika. Ein großer Teil Nordafrikas wird von der Sahara eingenommen, der größten Wüste der Erde. Die Sahara nähert sich in ihrer gleichför-migen Oberfläche den Teilen des Ozeans, die in denselben Brei-ten, 17—25⁰ oder 30⁰ liegen und auch regenlos sind.

Die Sahara verdankt ihre Regenlosigkeit dem Nord-Ost-Passate, oder richtiger gesagt, ihrer besonderen geographischen Lage, welche den Passat das ganze Jahr hindurch mit großer Stärke und Regelmäßigkeit auftreten läßt. Zum Teil ist es auch hier die große einförmige Fläche des Kontinentes, ohne höhere Gebirge und fast ohne Vegetation, was die Regen hindert. Eine einförmige Sandfläche, vom Passat überweht, ist der Kondensation noch ungünstiger, als eine einförmige ozeanische, denn die Luft ist weiter von ihrem Sättigungspunkte entfernt. Daß die Sahara im Winter regenlos ist, erklärt sich schon aus ihrer Lage in dem nördlichen Teile der Tropenzone.

Im Sommer ist es das mittelländische Meer, welches die Entwicklung tropischer Regen hindert. Anstatt wie in anderen Gegenden im Sommer schwächer zu werden, wird der Passat in derselben Stärke unterhalten, denn zu seiner gewöhnlichen Ursache wird eine zweite hinzugefügt, die in derselben Richtung wirkt: ein relativ kühles Meer im Norden, ein stark erhitzter Kontinent im Süden.

Es ist bekannt, daß im Sommer auf dem Mittelmeere von nahezu 40° n. Br. an beständige Nordwinde herrschen, die Etesien der Griechen. Diese Winde werden von Dove und andern ganz richtig für eine Verlängerung des Passats gehalten. Da das Mittelmeer die Sahara auf ihrer ganzen Breite im Norden begleitet, so muß der Ursprung des sommerlichen Passates der Sahara gerade auf diesem Meere gesucht werden. Eine asiatische Herkunft des Passats im Sommer ist schon deshalb nicht zulässig, weil der asiatische Kontinent dann seine stark erhitzten Wüsten hat, welche die Luft Europas und des atlantischen Ozeans anziehen. Die Winde sind dort meistens Nord=West. Auch die Etesien des Mittelmeeres haben entweder eine direkte Nord= oder Nord=West=Richtung.

Wie die Nordgrenze der Passate, so rückt auch der thermische Äquator in Afrika außerordentlich weit nach Norden, ungefähr bis 17.° n. Br. im Sommer. Das Parallel von 17° ist eine Teilungslinie, die durch den ganzen Kontinent läuft: nördlich davon ist die Wüste, die Sahara, südlich das Kultur= und Waldland, der Sudan, mit regelmäßig tropischen Regen im Sommer.

Es giebt wenige Gegenden auf der Erde, die so reich ge-

gliedert sind wie Mittelamerika und Westindien. Berge von
der verschiedensten Richtung und Höhe, Inseln, Halbinseln und
innere Meeresteile sind in solcher Fülle vorhanden, daß wir
erwarten müssen, die Passate seien hier sehr gestört und die
Regen unregelmäßig verteilt. So ist es auch wirklich. Beobach=
tungen sind noch wenig vorhanden, aber Mittelamerika ist von
vielen gebildeten Reisenden besucht, und wir besitzen zahlreiche
Schilderungen seines Klimas. Der wichtigste Unterschied findet
sich an der atlantischen und pazifischen Abdachung. Auf der letz=
tern liegen die am meisten kultivierten Tieflande und meisten
Plateaus. Hier herrscht im Winter der Nord=Ost=Passat mit
Regenlosigkeit, denn seine Dämpfe sind an der atlantischen Seite
kondensiert worden. Der Sommer bringt Regen nicht übermäßig
stark. Wahrscheinlich wird dann vom pazifischen Ozean ein
Monsun ins Land gezogen, denn die Ebenen und Plateaus
erwärmen sich dann stark. Gerade die nicht zu üppige Vegeta=
tion, bedingt durch die Kürze der Regenzeit, scheint Ursache zu
sein, daß diese Gegenden am meisten bewohnt sind, denn es ist
nicht leicht, mit einer Vegetation wie am Amazonenstrome oder
im östlichen Mittelamerika zu kämpfen. An der atlantischen
Seite ist kein Monat regenlos, am meisten Wasser fällt in der
Trockenzeit der Westküste von Dezember bis März. In dieser
Jahreszeit ist es der Passat, der dampfbeladen vom warmen
karaibischen Meere kommend, so viel Regen bringt. In den
andern Jahreszeiten mögen wohl Calmen bei senkrechtem Stande
der Sonne Ursachen der Kondensation sein. Da die Ostseite
meistens dichten Urwald trägt, so erwärmt sie sich bei weitem
nicht so stark wie der Westen, daher sind auch Monsune hier
selten. Es ist wohl schwer zu unterscheiden, welchen Ursachen
diese oder jene westindische Insel ihre Regen verdankt, alle drei
der oben erwähnten sind da oder dort die wichtigsten. Die
Regenzeit ist vorzüglich der Sommer und Herbst. Niedrigere
Inseln, wie Barbadoes und Trinidad sind viel trockner als die
andern. In der Südsee ist der Passat hauptsächlich Regenwind.

9*

die Ostseiten der hohen Inseln haben auch die üppigste Vegetation. Die niedrigen Koralleninseln sind meistens trocken.

Die Regenverhältnisse des atlantischen Ozeans sind unter allen Oceanen uns am genauesten bekannt, besonders auch durch neuere Arbeiten von Köppen und Sprung. Hiernach findet man auf dem atlantischen Ozean drei große Gebiete des Regenreichtums, das äquatoriale und die beiden außertropischen, zwischen diesen aber zwei sehr regenarme oder, wie man früher zu sagen pflegte, regenlose Gebiete, nämlich die beiden Passatzonen. Regenlos sind freilich diese Gebiete nicht, im Gegenteil ist die Häufigkeit der Niederschläge in ihnen nicht geringer als in Süd= und Südost-Europa in der regenreichen Jahreshälfte. Man kann also streng genommen auf dem Ozean nur von Gebieten größern und geringern Regenreichtums sprechen. Während unseres Sommers haben nun das äquatoriale Regengebiet · und die beiden an das-selbe grenzenden, regenarmen Gebiete eine um 10^n bis 15^0 nördlichere Lage und hat das nördliche extropische Regengebiet eine viel geringere Ausdehnung, als in unserem Winter. „Der äquatoriale Regengürtel fällt mit dem Kalmengürtel zusammen und liegt dem entsprechend im März zwischen $4.^a$ n. Br. und $4.^0$ s. Br., im Juli zwischen $6.^0$ n. und $12.^0$ n. Br. Die Stelle, an welcher im Ausgang unseres Winters der Regengürtel liegt, wird im Hochsommer vom Gürtel größter Regenarmut im Süd=Ost=Passat eingenommen, und ebenso diejenige, wo der Kalmengürtel im Sommer liegt, im Anfang des Frühlings vom regenarmen Gürtel im Nord=Ost=Passat. Das Gebiet jenseits des nördlichen Wendekreises, wo an mehr als der Hälfte aller Tage Regen fällt, zieht sich im Sommer auf einen kleinen Raum in der Mitte des Ozeans zwischen $42.^0$ und $60.^0$ n. Br. zusammen, während es im Winter aus der Nähe des Wendekreises bis über Island hinaus-reicht. Das südliche extropische Regengebiet hingegen erleidet geringere jahreszeitliche Veränderungen und erstreckt sich im gan-zen im Frühling und Herbst am weitesten gegen den Äquator, *während es im südhemisphärischen Sommer am meisten zurücktritt.*

Im indischen Ozean sind die Regenverhältnisse eigenartig wie die Windverhältnisse, da sie ja durch diese bedingt werden. Durch die starke Erwärmung und Auflockerung der Atmosphäre über Asien zur Zeit unseres Sommers wird ein mächtiges Zuströmen feuchter Luft vom Meere von Süden und Osten her veranlaßt, und dieses bewirkt die gewaltigen Niederschläge des Sommer- oder Regenmonsuns. Ein Teil der Wasserdämpfe des Südwest-Monsuns wird an dem Westabfall des mauerartig aufsteigenden Ghatsgebirges kondensiert, aber noch gewaltiger sind die Niederschläge, wo die feuchten Luftmassen an dem Himalayagebirge emporsteigen. Dort fallen die bedeutendsten Regengüsse, die man überhaupt auf der Erde kennt. Nach den Untersuchungen von Hill ist in Nordwest-Indien die erste Hälfte des Juni gewöhnlich eine trockene Zeit, bloß durch gelegentliche Gewitterstürme unterbrochen. Die starken Regen des Sommer-Monsuns beginnen um die Mitte oder gegen Ende des Monats. Sie erreichen ihre größte Heftigkeit gewöhnlich gegen Schluß des Juli. Allmählich abnehmend an Häufigkeit und Stärke während des August und September, finden sie ihr Ende gegen Schluß des letztgenannten Monats oder in der ersten Woche des Oktober. Auf dem Höhepunkt der Regenzeit im Juli fällt häufig der Regen mehr oder weniger durch 10—14 Tage, aber im August und September werden die Unterbrechungen häufiger und halten länger an, bis das Ende der Regenzeit überhaupt erreicht ist.

In Assam beginnt die Regenzeit im März und endigt Mitte November, und die niederen, den Flüssen benachbarten Strecken stehen stellenweise acht Monate hindurch unter Wasser. Am südlichen Abhange des Himalayagebirges erreicht die jährliche Regenmenge ihre größte Höhe, und zwar in Tscharapundschi fast 15 Meter, doppelt so viel, als in Maranhao in Brasilien fallen, drei mal so viel, als die regenreiche Küste von Sierra Leone in Afrika aufweist.

Vom 40.° der Breite ab treffen wir auf die Gegenden der Erdoberfläche, woselbst zu jeder Jahreszeit Regen fällt. Diese

Region erstreckt sich in gewaltiger Breite um die Erde und reicht
sowohl in der nördlichen wie in der südlichen Erdhälfte bis zu
den Polen. Am genauesten erforscht ist natürlich der nördliche
dieser beiden Gürtel und in ihm wiederum unser Erdteil Europa.
Schon Dove hat darauf aufmerksam gemacht, daß sich in Europa
zwei verschiedene Regenzonen unterscheiden lassen, eine südliche,
sogenannte subtropische mit dürren Sommern, und eine nördliche
mit Regen zu allen Jahreszeiten. Die neuesten und umfassendsten Untersuchungen über die Regenverteilung in Europa verdanken wir O. Krümmel, weshalb wir uns in dieser Beziehung hier
ausschließlich an die Erläuterungen halten, welche er zu seiner schönen
Regenkarte von Europa gegeben hat. Er bemerkt zunächst, daß
die Zeit der stärksten Niederschläge, welche in den südlichen Gebieten der subtropischen Regenzone, also im südlichen Portugal
und Spanien sowie in Sizilien und Kalabrien in die Wintermonate fällt, weiter nördlich der Zone auf die Frühlings= und
Herbstmonate trifft. Hier tritt also die Regenzeit in zwei verschiedene Perioden auseinander, die jedoch stets durch einen regen=
reichen Winter verbunden und durch einen dürren Sommer getrennt sind. Das Jahr zerfällt also in eine vorwiegend nasse
und eine trockene Hälfte. „In der nördlichen Zone mit Regen
zu allen Jahreszeiten ist kein Tag des Jahres vor Niederschlägen
gesichert, andererseits gehören Trockenheiten von der Dauer eines
Monats zu den größten Seltenheiten. Doch verteilt sich auch
hier die Regenmenge auf die Jahreszeiten nicht gleichmäßig. Im
mittlern und östlichen Europa tritt das Maximum der Regen
im Sommer ein, während im westlichen Küsten= und Inselgebiet
Herbstregen und in der subtropischen Zone Herbst= und Frühlingsregen, aber beide male mit nicht unbeträchtlichen Sommerregen
vorherrschen. Die Herbstmaxima der Küste finden ihre Erklärung
in dem Temperaturunterschiede des Meeres und des Festlandes
in dieser Jahreszeit. Das Regenmaximum der Sommermonate
in Mittel= und Osteuropa hingegen ist darin begründet, daß der
feuchte rückläufige Passat oder Äquatorialstrom beim höchsten

Sonnenstande erst in unsern Breiten niederfällt, während er im Frühling und Herbst Süd-Europa, im Winter das südliche Spanien, Nord-Afrika und Unter-Italien erreicht. (Leopold von Buch.) Daraus ferner, daß während des ganzen Jahres Mittel- und Ost-Europa im Gebiete der wechselnden Äquatoreal- und Polarströme liegt, ergiebt sich die gleichmäßigere Verteilung der Regen in der jährlichen Periode. Süd-Europa dagegen liegt vom Juni bis August im Bereiche des Passates, daher dort die regenlosen Sommer. Die Trockenheit dieser südeuropäischen Sommer verdeutlichen folgende Zahlenangaben: In Lissabon verhält sich die Regenmenge des Dezember zu der des Juli wie 55 zu 2, zu Palermo wie 37 zu 2½; Neapel hat im November eine elfmal, Rom im Oktober eine zehnmal größere Regenmenge als im Juli. In dem Beobachtungsjournale von Palermo vom Jahre 1806 bis 1853 fand Dove 24 Jahre, in denen während des Juli auch nicht ein Tropfen Regen gefallen war. Während in Nord-Italien die Maxima des Frühlings und des Herbstes sich ziemlich die Wage halten, wird im südwestlichen Frankreich das Frühlingsmaximum schon schwächer, in der Bretagne schwindet es ganz, und das Jahr zeigt nur ein Maximum, und zwar im Herbst, ebenso in England und Wales. In Irland und Schottland fällt das Maximum sogar in den Winter. In Norwegen wieder ist der Herbst die Zeit der intensivsten Niederschläge. Bald in den Sommer, bald in den Herbst fallen die Maxima an der deutschen und holländischen Nordseeküste, dadurch den Charakter des Grenzgebietes verratend. Entschiedene Sommer-Maxima finden sich jedoch in Schweden, Deutschland, Ungarn und dem europäischen Rußland, sogar in dem südrussischen Steppengebiete."

"Wer jedoch", hebt Krümmel hervor, "hieran die Erwartung knüpfen sollte, daß die südrussische Steppe im großen bewaldet oder kultiviert werden könnte, den erinnern wir nur daran, daß diese Sommerregen nur strichweise als Gewitter- und Platzregen niederstürzen, deren Gewässer ebenso schnell verrinnen, als sie gefallen, und daß sie durch Monate lange Zeiten absoluten Regenmangels unterbrochen werden. In ein anderes Regengebiet, das der asiatischen Steppe, gehört die kaspische Niederung, mehr wegen der absoluten Regenarmut als wegen der Verteilung der Niederschläge im Jahre; denn von der 12,4 cm jährlichen Regenhöhe in Astrachan fallen im Sommer 33 %, im Herbste 35 %. Die Donaumündungen und die Südspitze der Krim haben Herbstregen, Transkaukasien Frühlingsregen, während der Nordabhang des Kaukasus die meisten Niederschläge im Sommer empfängt.

Da der West= und Südwestwind uns den Regen bringen, so werden die Westküsten regenreicher sein als das östlich daran gelegene Gebiet. Sehr scharf tritt so schon im großen der Gegensatz hervor zwischen dem regenreichen westlichen Europa und dem trockenen russischen Osten. Erst östlich einer Linie, die vom kurischen Haff nach den Donaumündungen verläuft, wird der Kontinent wirklich kontinental. Es ist nicht zufällig, daß mit dieser Linie die östliche Grenze der Buche, des Charakterbaumes des westeuropäischen Seeklimas, fast genau zusammenfällt. Nur die iberische Halbinsel macht eine Ausnahme vom Regenreichtum Westeuropas.

Wie im großen, so sind auch im einzelnen die Westküsten reicher bewässert als die Ostküsten. So ist West=England regen= reicher als Ost=England, Schweden sonniger als Norwegen und das östliche Holstein minder feucht als Dithmarschen. Ganz natür= lich werden die Küsten unter sonst gleichen Verhältnissen regen= reicher sein als das Binnenland.

Die höchsten Regenstufen finden wir in Europa überall dort, wo der Regenwind gezwungen ist, ein Gebirge zu übersteigen. Die größten Regenmassen dürfen wir aber da erwarten, wo schroffe Gebirge sich unmittelbar aus dem Meere erheben, wie in Norwegen und Schottland; es liefern Bergen 225,1 cm, Portree (Insel Skye) 257,8 cm. Alles dies wird aber über= troffen vom kumbrischen Gebirge. Hier finden wir im Borrow= Thale Seathwaite mit 386,7 cm; noch mehr aber lieferte die

Station am Stye-Passe, nämlich 418,2 cm; nur ein Ge=
ringes weniger ergab Glencroe in Argyll, nämlich 326,4 cm.
Demnächst finden wir überaus hohe Niederschlagsummen in den
venezianischen und lombardischen Alpen, wo Tolmezzo 243,6 cm
und St. Maria 248,3 cm liefern. Andere Hochgebirge zeigen
folgende Regenquantitäten: Stubenbach (Böhmer Wald) 219,8;
Ragusa 166,9; Chambéry (Savoyen) 165,0; Rothlach
(Wasgau) 154,0; Kutais (Kaukasien) 149,6; Bagnères (Pyre=
näen) 149,0; Baden (Schwarzwald) 144,4; Klausthal (Harz)
142,7 cm.

Nicht ganz so regenreich als die Gebirge zeigen sich die
Hochebenen. So liefert Stavelot in der Eifel 93,6, Arnsberg
im Sauerland 93,2 und auf der schwäbisch=bairischen Hochebene
Isny 139,2 und Seeshaupt 105,0 cm. Sogar niedrige Berg=
rücken sind regenreicher als die benachbarten Tiefebenen, wie bei=
spielsweise Pommern, Oberschlesien, Polen und die Hochebene
von Tarnopol. Wenn wir aber auf den Typus aller Plateau=
bildungen, auf die iberische Halbinsel blicken, so finden wir das
gar nicht bestätigt. Überaus regenreich, mehr als 100 cm liefernd,
sind allerdings die asturischen und galizischen Bergländer, sowie
Portugal; das Innere dagegen ist dürre, wie die russische Steppe.
So geringe Werte wie Salamanca mit 24 und Albacete
mit 26,3 cm kommen in ganz Europa außerhalb der kaspischen
Depression nicht wieder vor. Die auffallende Trockenheit des
Ebrothals (Saragossa mit 31,4 cm) wie der kastilischen Hoch=
ebene ist darin begründet, daß diese Flächen sämtlich von hohen
Gebirgen umkränzt sind, die den Regen auffangen und dem Hin
terlande nur erschöpfte Winde zukommen lassen. Diese spanischen
Ebenen sind also große „Regenschattengebiete", deren Dürre jene
steppenartigen Einöden hervorruft, welche eine bedeutende Auf
lockerung der Bevölkerung und Verringerung des Nationalwohl
standes zur Folge haben.

Zu den trockenen Gebieten West=Europas (unter 55 cm
Regen liefernd) gehören die Umgegend von Paris und das

Thal des Allier in Frankreich; letzteres, ebenso wie die Rhein-
ebene nördlich Mannheim und Thüringen mit der goldenen
Aue, sind klassisches Regenschattengebiet. Hierher sind auch zu
rechnen: das nördliche Böhmen, die Umgegend von Preßburg
und die ganze ungarische Tiefebene, denn ringsum sind alle drei
von hohen Gebirgszügen umschanzt, die den Regen abfangen.
Vielleicht ist die Regenarmut der mecklenburgischen Ostseeküste,
sowie der sächsisch-brandenburgischen Ebene auf ähnliche Weise
zu erklären, denn die letztere liegt im Regenschatten der mittel-
und oberdeutschen Berg-Terrassen, erstere im Lee des Harzes
und der mecklenburgischen Höhenplatte. Im östlichen Posen
und Schlesien scheint die Regenmenge mit der Erhebung über
den Meeresspiegel wieder zu wachsen.

Einfachen Verhältnissen begegnen wir im russischen Osten.
Nordwestlich einer Linie von Odessa nach Kasan hält sich die
Regenmenge stets zwischen 40 und 50 cm, nur Finnland und
vermutlich die Waldaihöhe überschreiten diesen Wert. In den
Steppen und östlich des Uralrückens sinkt sie auf 35 bis 30 cm,
weiter in der kaspischen Senkung erreicht sie ihr Minimum in
Astrachan. Jenseits des transuralischen Windschattengebietes, in
Sibirien, scheint die Regenmenge wieder zuzunehmen.“

Nimmt man das südöstliche Rußland und die spanischen
Regenschattengebiete aus, so kann man nicht gerade sagen, daß
Europa ungünstig bewässert wäre. Als mittlere Regenhöhe
des westlichen Europa's können ungefähr 70 cm gelten, alles
Land über 85 cm ist naß, unter 55 trocken. Es hängt diese
günstige Verteilung ebensowohl mit der peninsularen Lage
des Erdteils, wie mit seiner reichen Gliederung und der günstigen Streichungsrichtung seiner Gebirge zusammen, denn nirgends
stellt sich ein hoher Bergzug wallartig dem Südwestwinde entgegen, sondern die Hauptgebirge erstrecken sich vielmehr dem
Regenwinde parallel.

Am nächsten interessieren uns die Regenverhältnisse Zen-
traleuropas, also etwa die, welche in Deutschland und Österreich-

Ungarn stattfinden. Dieselben sind auch in der That am ge=
nauesten studiert worden. Bezüglich Deutschlands hat van Bebber
ein sehr reichhaltiges Material gesammelt und bearbeitet. Er
findet die durchschnittliche Regenmenge für ganz Deutschland gleich
71 cm, speziell für das norddeutsche Tiefland 613 mm, für die
mitteldeutschen Berglandschaften 690, für das süddeutsche Berg=
land 825 mm. Die größten Regenmengen trifft man in den
Vogesen: Rothbach 1540, Syndicat 1374; im Schwarzwald:
Baden 1445, Höhenschwand 1377, Freudenstadt 1386; im Algän:
Isny 1393, und im Harz: Klausthal 1427, Brocken 1293. Die
kleinsten Regenmengen weisen auf: Sigmaringen 374, Breslau
400, Dürckheim 403, Mühlhausen 413, Poel 414, Pammin 417.

Im norddeutschen Tiefland findet man die größte Regenmenge
an der Nordseeküste, sie nimmt von da nach Osten rasch ab, er=
reicht ein Minimum in Mecklenburg, wird dann in Pommern
größer, nimmt wieder ab nach West=Preußen hin und steigt wieder
um ein Geringes in Ost=Preußen. Mit der Entfernung von
der Küste nimmt die Regenmenge zuerst ab, steigt aber dann
wieder mit der Annäherung an die Gebirge. Die geringe Regen=
menge in der schlesischen Ebene wird durch die Nähe des Riesen=
gebirges hervorgerufen. Der Einfluß des deutschen Mittelge=
birges macht sich dadurch geltend, daß die Regenmengen mit
Nord=West=Winden abnehmen und die größten Niederschlags=
mengen mit West= und Süd=West=Winden fallen.

Den Einfluß der Seehöhe auf die Regenmenge lassen fol=
gende Zahlen erkennen:

Seehöhe, Meter:	100—200	2—300	3—400	4—500	5—700	7—1000	10—1200
Zahl der Stationen:	36	30	19	13	10	12	2
Mittlere Regenmenge:	583	650	690	782	852	995	1308 mm.

Der Hauptkondensator des norddeutschen Tieflandes ist nach
Dove das Harzgebirge, wo der regenbringende Süd=West seinen
Wasserdampf vornehmlich auf der ihm zugewendeten Seite des
Gebirges absetzt.

Ähnliche Verhältnisse treffen wir beim Thüringerwald, der sich von Nord-West nach Süd-Ost erstreckt.

Die Zunahme der Regenmenge auf der Süd-West-Seite des Böhmerwaldes, die dann folgende Abnahme gegen das mittlere böhmische Becken, die Zunahme nach Nord-Ost hin gegen das Riesengebirge und hinwieder die geringe Regenmenge auf der schlesischen Seite desselben sind schon öfter hervorgehoben worden. Diese Gegensätze in der Regenmenge finden sich nicht bei Gebirgen, die von Süd-West nach Nord-Ost verlaufen, wie das beim Erzgebirge der Fall ist. Dort ist die Regenmenge auf beiden Seiten des Gebirges nahe die gleiche.

Was die Regenverteilung in den einzelnen Monaten anbelangt, so tritt das Maximum des Regenfalles ein: in Dänemark und Schleswig-Holstein im September, an der Nordseeküste im August, im übrigen Deutschland im Juli, auch an der Ostseeküste — im Innern des Landes jedoch ist eine Tendenz zu größerem Regenfall im Juni vorhanden. Dem entsprechend fällt die trockenste Zeit in Dänemark auf den April, an der deutschen Nordseeküste auf den März, im Innern des Landes auf den Februar. Der nordwestliche Teil Deutschlands in der Nähe des Meeres hat einen regenreicheren Herbst gegenüber dem Frühling, das innere und östliche Deutschland einen trockenen Herbst und etwas regenreicheren Frühling. In Mittel- und Süddeutschland ist der Mai regenreicher als die Herbstmonate. Die Periodizität des Regenfalles ist schärfer ausgeprägt an den Küsten der Nord- und Ostsee, wo die Differenz der extremen Monate 7 bis 8% beträgt, in Mittel- und Süddeutschland beträgt dieselbe nur 5%. v. Bebber hat auch untersucht, ob die Seehöhe auf die jährliche Regenverteilung einen Einfluß habe, ein solcher zeigt sich jedoch nicht.

Die Sommerregen Deutschlands zerfallen bei genauerer Untersuchung in zwei Perioden größerer Häufigkeit, die natürlich nicht in jedem Jahre greifbar deutlich hervortreten, aber, wie die Untersuchungen von Hellmann gezeigt haben, unverkennbar

find, wenn man größere Zeiträume ins Auge faßt. Der genannte
Meteorologe fand, daß die Regenhäufigkeit in Norddeutschland
anfangs Juli ihren ersten Höhepunkt erreicht und Mitte August
den zweiten. Die Regenmenge ist am größten Mitte August.
In der zweiten Hälfte des Juni fällt für Deutschland der Beginn
der Sommerregenzeit, und gleichzeitig tritt dann häufig eine Abnahme der Wärme ein, die viel deutlicher und bestimmter ist als
die sogenannten Kälterückfälle im Mai.

Weniger übersichtlich und klar als für Deutschland gestalten
sich die jährlichen Regenverhältnisse für die österreichisch-unga-
rische Monarchie. Sie sind in neuerer Zeit von Hann sehr genau
untersucht worden, wobei er gewisse natürliche Gebiete unterscheidet. Zunächst ist die Zone nördlich vom Donauthale und
dem Karpatenzuge zu betrachten. Hier fallen, mit Ausnahme
von West-Galizien, die meisten Niederschläge im Monat Juni,
die geringsten in den Monaten Januar und Februar. Das nord-
östliche Böhmen, Mähren und Österreichisch-Schlesien zeigen
mit Deutschland die Übereinstimmung, daß auch dort zwei verschiedene Perioden vorwiegenden Sommerregens auftreten, im
Juni und August, die durch eine trockene Zeit im Juli von
einander geschieden sind. In West-Galizien dagegen verringern
sich diese beiden Regenzeiten zu einer einzigen im Juli. In
Böhmen findet man einen bemerkenswerten Einfluß der Gebirge
auf die Regenperioden. Das Juni-Maximum und überhaupt
die Sommerregen nehmen rasch zu, sowie man vom Kamme des
Erzgebirges in die Mitte des böhmischen Beckens hinabsteigt,
sie nehmen dann wieder ab gegen den Südrand des Riesen- und
Sudetengebirges und wachsen wieder jenseits in Preußisch-Schle-
sien. Die Winterniederschläge zeigen das umgekehrte Verhalten.
Bei der Annäherung an das Erzgebirge wie an das Riesengebirge nehmen die Winterniederschläge zu, die des Sommers ab.

In Siebenbürgen verläuft die Jahreskurve der Niederschläge
einfach von einem stark hervortretenden Juni-Maximum zu einem
Minimum im Januar. Eine schwache Zunahme der Nieder-

schläge scheint im Dezember einzutreten. Während im nördlichen
Siebenbürgen die Verteilung der Winter= und Sommernieder=
schläge jener des nördlichen Galizien gleichkommt, hat der Süden
Siebenbürgens in dieser Beziehung mit Südost=Galizien und
der Buckowina die größte Ähnlichkeit. Doch sind die Mai=
Niederschläge in ganz Siebenbürgen reichlicher als jene im August.
Wir finden also hier entschiedene Frühsommerregen.

Die Regenverteilung in Siebenbürgen zeigt uns, daß nicht
die Seehöhe an sich auf sie von besonderem Einflusse ist. Kron=
stadt hat trotz seiner Seehöhe von nahe 600 m ausgeprägte Som
merregen und trockenen Winter. Die Lage in einem Bergkessel
schafft relativ trockene Winter (Januar=Minimum) und nieder=
schlagsreiche Sommer; das mittlere Böhmen und Siebenbürgen
haben darum trotz des großen Breitenunterschiedes in Bezug
auf jährliche Regenverteilung die größte Ähnlichkeit.

Ungarn mit Ausnahme des südwestlichen Teils und der Um
gebung der Tatra bildet ein Gebiet für sich. Dort treffen wir
Frühsommerregen an; der August und selbst der Juli haben ge=
ringere Niederschläge als der Mai. Der meiste Regen fällt
zwischen Mai und Juni, der geringste im Februar. In der
oberungarischen Ebene nehmen die Mai= und Juni=Regen ver
hältnismäßig ab, daher tritt ein zweites Maximum im August
sowie stärkeres Hervortreten der Niederschläge im November und
Dezember ein. Im nordwestlichen Ungarn tritt wieder die eigen=
tümliche Scheidung der Sommerregen in zwei Perioden, Juni
und August, ein, die wir schon in Deutschland kennen lernten. In
der Umgebung der Tatra herrschen entschieden Sommerregen vor
und trockene Winter. Im Alpenvorlande zwischen der Donau und
den nördlichen Kalkalpen als auch in diesen selbst bis zur Tauern
kette trifft man eine Verminderung der Winterniederschläge und
Steigerung der Sommerregen. Das Minimum fällt auf Januar
und Februar, das Maximum auf Juli oder August. Die Juni
regen treten hier gegenüber allen bisher betrachteten Gruppen,
namentlich gegen die ungarisch=siebenbürgische und ostgalizische

sehr zurück. Ferner treffen wir hier ein gut entwickeltes relatives Minimum im Oktober. Nordtirol und Voralberg schließt sich in allem an, nur ist der Juni regenreicher, die Sommerregen im ganzen aber schwächer entwickelt. Der Unterschied zwischen dem regenreichsten und regenärmsten Monat nimmt im allgemeinen von Ost nach West ab.

Die Thäler unmittelbar auf der Südseite der Zentralkette der Alpen zeigen eine ziemlich übereinstimmende Verteilung der Niederschläge, die sich aber von jener auf der Nordseite der Zentralkette ziemlich wesentlich unterscheidet. Das Minimum, und zwar ein auffallend niedriges und gleichmäßiges, tritt im Februar ein, das Maximum im August, in Ostkärnten schon im Juli; März und April sind noch im Vergleich zum Norden sehr niederschlagsarm, hingegen werden September und Oktober viel reicher an Niederschlägen, in den westlichen Teilen tritt schon ein sekundäres Maximum im Oktober ein.

Die Südalpenthäler zeigen ein Frühsommer = Maximum zwischen Mai und Juni und ein stärkeres und besser ausgepräg-teres Oktober=Maximum. Das Minimum fällt überall auf den Februar; daß dies Minimum in Südtirol am stärksten auftritt, ist in der größern Abgeschlossenheit durch Gebirge bedingt. Ein sekundäres Minimum fällt in Südtirol noch auf den September, weiter nach Osten unter gleicher Breite schon auf den August.

In Krain zeigt sich an allen Stationen mit längern Be-obachtungszeiten eine kleine Abnahme der Regen vom März zum April. Auch die reichen Septemberregen charakterisieren dieses Land.

Vom Dezember bis Mai inklusive ist die Regenverteilung in den Nord- und den eigentlichen Süd=Alpen sehr nahe dieselbe. Der Einfluß des zentralen Alpenkammes äußert sich nach Süden auf seine nächste Umgebung durch eine merkliche Minderung der Niederschläge von Dezember bis April. Im Mai fällt, vielleicht Süd=Tirol ausgenommen, überall der gleiche Prozentsatz der jährlichen Regensumme. Im Sommer (Juni bis August) aber

nimmt die Regenmenge konstant nach Süden hin ab, am stärkst[
im August, der in den Nord= und Zentral=Alpen der regenreichſ[
Monat zu sein scheint, während in den Süd=Alpen eine klei[
Regenpause vor Eintritt der südlichen Herbstregen auf ihn fäl[
Im Oktober und November nimmt die relative Regenmenge na[
Süden hin stark zu, am auffallendsten im Oktober, der auf d[
Nordseite ein trockener Monat ist, in den Süd=Alpen aber d[
Hauptmaximum der Regenmenge bringt.

Die Stationen am oder nahe dem südlichen Ufer des adri[
tischen Meeres zeigen die Zunahme der Winterregen und Ve[
minderung der Sommerregen in sehr hervortretender Weise.

Am Golf von Trieſt und am Golf von Quarnero tritt d[
Maximum des Regenfalles im Oktober ein, weiter nach Süd[
nimmt die Regenmenge des November so zu, daß sie der d[
Oktober gleich wird, und jenseits des 44.º n. Br. erhält d[
November das Regenmaximum, das übrigens auch an Grö[
Schritt für Schritt nach Süden hin zunimmt. Die Sonderu[
zwischen Regen= und Trockenzeit wird immer schärfer. In d[
Breite von Corfù fällt das Regenmaximum schon zwischen Nove[
ber und Dezember, wir befinden uns hier schon an der Schwel[
der eigentlichen Winterregen. Mit Zunahme der Größe und d[
Verspätung des Herbstmaximums nimmt die Regenmenge d[
Sommers in gleichem Maße ab. Im Golfe von Trieſt ist d[
Regenmenge des Juli noch größer als die des Februar, im Gol[
von Quarnero tritt die Regenmenge des Juli schon merklich z[
rück, und jenseits des 45. Breitengrades ist das Juli-Minimu[
schon vollkommen ausgesprochen.

Einfluß der Wälder auf den Regen.

Es ist eine vielfach verbreitete Ansicht, daß ausgedehn[
Wälder eine Vermehrung des Regens bedingen. Die wiſſe[
schaftliche Prüfung dieser Meinung ist sehr schwierig, denn d[

Problem ist verwickelt. Unbestreitbar ist es, daß die Wälder dem
fließenden Wasser Schutz gewähren und seinen Abfluß regeln,
daß die Entwaldung von Gebirgsgegenden das Hervorbrechen
von Wildbächen begünstigt und regelmäßige Quellen zum Ver=
siechen bringt. Allein diese Einwirkung läßt sich denken, ohne
daß ein direkter Einfluß der Wälder auf die Menge des fallen=
den Regens zu bestehen braucht. Die forstlich meteorologischen
Stationen in Baiern, deren Einrichtung und Leitung Professor
Ebermayer in Aschaffenburg zu danken ist, haben jedoch schon
wertvolle Anhaltspunkte zur Lösung des in Rede stehenden
Problems geliefert. Es hat sich ergeben, daß ein Einfluß des
Waldes auf den absoluten Feuchtigkeitsgehalt der Luft
nicht nachweisbar ist, dagegen aber die Waldluft relativ
feuchter ist, als die Luft im Freien. Es erklärt sich dies
leicht durch ihre größere Kühle. Je höher gelegen ein Ort ist,
um so bedeutender zeigte sich in Baiern die Differenz der rela=
tiven Feuchtigkeit im Freien und im Walde. Ebermayer
nimmt an, daß die vielerorts beobachtete Vermehrung der wäß=
rigen Niederschläge durch größere Wälder auf diese Vermehrung
der relativen Feuchtigkeit im Walde allein zurückzuführen sei.

Die Beobachtungen zeigten ferner, daß größere Waldmassen
die Regenmenge erheblich vergrößern. In Rohrbrunn (Spessart)
fielen 62 % Regen mehr als in dem nahegelegenen Aschaffenburg.
Freilich wurde ein Viertel der gefallenen Regenmengen durch die
Baumkronen aufgefangen und durch Verdunstung in die Luft
zurückgeführt; allein von den übrig bleibenden (zum Boden ge=
langenden) drei Vierteilen der fallenden Regenmenge verdunstet
in der gleichen Zeit im Walde sechs mal weniger als im Freien,
und es gelangt also eine viel größere Wassermenge im Walde,
dem seine Streudecke belassen wird, in die tiefern Bodenschichten,
als im Freien. Und diese Thatsache ist von allergrößter Bedeu=
tung für die Bildung der Quellen, den Wasserreichtum unserer
Flüsse und alle die zahllosen wirtschaftlichen Verhältnisse, welche
mit demselben in Verbindung stehen.

Den Einfluß zunehmender Entwaldung auf die Abnahme des Regens zeigen einige westindische Inseln sehr deutlich. Auf Santa Cruz und St. Thomas haben die Regen infolge von Ausrodung der Wälder so abgenommen, daß die Inseln ihrer Veröbung entgegengehen. Früher, sagt Hubbard, dem wir diese Mitteilungen entnehmen, waren diese Inseln mit dichten Wäldern bedeckt, und die ältesten Einwohner erinnern sich noch, daß die Regen reichlicher waren und die Hügel und unbebauten Plätze von reichlichem Baumwuchs bedeckt waren. Die Entfernung dieser Bäume ist sicherlich die Ursache des gegenwärtigen Unheils.

Ein gleicherweise bezeichnendes Beispiel hierfür bietet die kleine Insel Curaçao, 60 englische Meilen von der Küste von Venezuela. Hubbard besuchte diese Insel im Jahre 1845 und fand sie als eine vollständige Wüste, während nach dem Zeugnisse der Bewohner sie früher einmal ein Garten der Fruchtbarkeit war. Verlassene Pflanzungen, die frischen Ruinen von herrlichen Villen und terrassierten Gärten und eine weite dürre Einöde ohne einen Grashalm, machen ersichtlich, wie plötzlich und vollständig die Zerstörung dieses unglückliche kleine Eiland ergriffen hat. Die Ursache war die Fällung der Bäume für den Export wegen ihres wertvollen Holzes. Die Wirkung trat hier viel rascher auf als auf Santa Cruz, weil die Insel fünf Breitengrade südlicher liegt und die Hitze hier viel intensiver ist. Die Regen haben fast ganz aufgehört und frisches Wasser gehört zu den Luxusartikeln. Im Angesichte von Curaçao liegt die Küste des Festlandes, bedeckt mit reichlicher Vegetation, über welche schwere Wolken in wohlthätigen Schauern sich entladen.

Schnee.

Wenn die Kondensation des atmosphärischen Wasserdampfes bei Temperaturen unter 0° Wärme vor sich geht, entstehen Eiskryställchen, welche sich gewöhnlich zu sternförmigen Figuren gruppieren und Schneeflocken bilden. In den tropischen Regionen ist im Meeresniveau Schnee völlig unbekannt. Nach A. v. Humboldt wird in der Havannah, wenn längere Zeit hindurch Nordwinde wehen, die Luft bisweilen so abgekühlt, daß auf dem Wasser eine mehrere Linien dicke Eisrinde entsteht, dennoch hat man Schnee dort niemals gesehen. Bei uns fällt der Schnee gewöhnlich bei mäßiger Kälte, wenn im Winter dampfreiche südliche bis westliche Winde den heitern Himmel, der mit strenger Kälte während des Vorherrschens von Ostwinden sich ausspannte, mit trübem Gewölk überziehen. Allein die Ansicht, daß bei sehr großer Kälte keine Schneefälle eintreten könnten, ist ganz irrig. Beobachtungen in Jakutsk haben ergeben, daß es dort sogar bei der grausenvollen Kälte von — 46° C. schneite, und in Moskau sind Schneefälle bei — 20° C. und darunter nicht unbekannt.

Die Gestalt der Schneekrystalle ist von wundervoller Mannigfaltigkeit und Zartheit. Man kann, nach den sehr sorgfältigen Untersuchungen Skoresby's, fünf verschiedene Arten derselben unterscheiden. Zunächst Kryställe in Form von dünnen Blättchen, die entweder sternförmig sind oder regelmäßige Sechsecke bilden oder in Gestalt von Verbindungen sechsteiliger Figuren auftreten. Eine zweite Klasse der Schneefiguren besitzt einen flachen oder kugeligen Kern mit ästigen Zacken ringsum besetzt. Dadurch wird die Schneeflocke bisweilen igelartig, und solche Flocken fallen nach Skoresby häufig, wenn die Temperatur dem Gefrierpunkte nahe ist. Die dritte Gruppe wird gebildet von sechsseitigen Prismen oder feinen Spießen. Eine vierte Klasse, sechsseitige Pyramiden bildend, ist sehr selten. Noch seltner hat man Gelegenheit, die Flocken der fünften Gruppe zu sehen, welche Spieße oder Prismen bilden, von denen das eine oder beide Enden in der Mitte eines dünnen Blättchens in Gestalt einer sechsseitigen Scheibe stecken. Wie aber auch immer der Bau der Schneeflocken im einzelnen beschaffen sein mag, stets gewährt er bei näherer Betrachtung ein Bild wundervoller Regelmäßigkeit

und Zartheit und man kann wohl die überschwengliche Sch[...]
rung Tyndalls entschuldigen, der, einen Schneefall auf der [...]

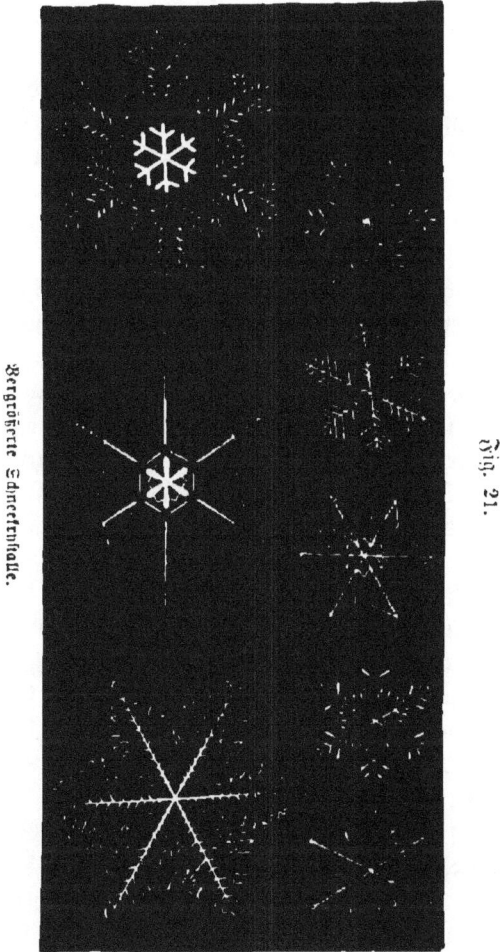

Vergrößerte Schneeflocke.

Fig. 21.

des Monte Rosa schildernd, sagt: „Die Natur schien bei[...]
uns einen Ersatz für die fehlende Fernsicht bieten zu wollen[...]

schüttete deshalb diese lieblichen Eisblüten über uns aus. Hätte mich ein Berggeist um meine Wahl gefragt, ob ich die Fernsicht oder diese gefrornen Blumen wünsche, so würde ich gezaudert haben, diese herrliche Vegetation aufzugeben. Wenn sich das Parlamentsgebäude durch eine, den Ziegeln und Steinblöcken innewohnende Kraft, ohne Hilfe von Maurern und Steinmetzen von selbst aufbaute, so würde in diesem Vorgange nichts liegen, was staunenerregender wäre als in dem architektonischen Baue der Moleküle, der uns hier auf der Spitze des Monte Rosa entgegentrat."

Das Messen der gefallenen Schneemenge ist nicht ganz so einfach wie die Messung des Regens. Man könnte zwar die Höhe angeben, welche die Schneedecke auf dem Boden erreicht, allein dies würde äußerst ungenau sein, wegen der ungleichen Dichte des Schnees. Am einfachsten ist es — und dieses Verfahren wird überall ausgeführt — den Schnee in einem Gefäße von bekannter Oberfläche aufzufangen, zu schmelzen und dann die Wasserhöhe in der gewöhnlichen Weise zu bestimmen. Um den Prozeß des Schmelzens zu beschleunigen, kann man noch eine genau abgemessene Quantität etwas erwärmten Wassers beigießen. Natürlich darf man nicht vergessen, diese Wassermenge später von der Gesamtwasserhöhe abzuziehen.

Schneelinie. Da die Temperatur mit zunehmender Höhe abnimmt, so muß es eine Höhe geben, in welcher der gefallene Schnee nicht mehr schmilzt. Berge, welche sich bis zu dieser Höhe erheben, werden also dort mit ewigem Schnee bedeckt sein. Dies ist bekanntlich wirklich der Fall, und man nennt die Grenze, über welche hinauf der Schnee stets liegen bleibt, die Schneelinie. Natürlich liegt die Schneelinie in der Nähe des Äquators am höchsten und senkt sich von da gegen die Erdpole hin immer tiefer, erreicht aber, so viel bekannt, nirgendwo die Meeresfläche. Im einzelnen ist die Höhe der Schneelinie sehr ungleich, auch unter der gleichen geographischen Breite, da die örtliche Lage von großem Einflusse ist. So finden wir, daß am Südabhange des Himalayagebirges, an dem die dampfbeladenen Monsune ihre Feuchtigkeit in ungeheuren Niederschlägen entladen, die Schnee= linie in 5000 Meter Höhe angetroffen wird, daß sie dagegen an dem trockenen Nordabhange ungefähr 700 Meter höher liegt. Am Popokatepetl in Mexiko wird die Schneelinie in einer Höhe von 4560 Metern angetroffen, am Aetna in 2900, in den Alpen durchschnittlich in 2700 Meter Höhe, obgleich es hier auch Hochgipfel giebt, die weit über die Schneegrenze hinaufragen und doch schneefrei sind. An der Magelhaensstraße sinkt die Schneelinie auf 1100 Meter Höhe hinab, im nördlichen Grön= land auf 700 Meter, aber sogar auf Nowaja Semlja, das die kältesten Sommer der Erde besitzt, wird die Ebene im Sommer wenigstens teilweise schneefrei.

Firn. Gletscher. Auch oberhalb der Schneegrenze bleibt der Schnee keineswegs im strengen Sinne des Wortes dauernd, und es häuft sich nicht der Schnee des gegenwärtigen Jahrhunderts über demjenigen des vergangenen an. Durch Verdunstung und teilweises Schmelzen in der Sonne, durch Lawinensturz und langsames Gleiten thalabwärts, werden die Schneemassen verringert, und es bleibt, so lange die allgemeinen klimatischen Verhältnisse sich nicht ändern, stets nur eine geringe Durchschnittsmenge von Schnee in jenen hohen Regionen aufgespeichert. Dieser Schnee verwandelt sich nun nach und nach durch oberflächliches Schmel= zen und Wiedergefrieren in eine körnige Masse, welche man **Firn** nennt. Dieser Firn aber giebt seinerseits den **Gletschern** ihre Entstehung, jenen gewaltigen Eisströmen, die im Hochgebirge die Thäler ausfüllen und langsam bis dahin hinabwandern, wo der Verlust durch Abschmelzen dem Vordringen das Gleichgewicht hält. Die Gletscher unserer Alpen bieten dem Erdkundigen ein reiches Material zu verschiedenen Studien, für die Meteorologen sind sie weit weniger wichtig. Begiebt man sich dagegen nach Norden, in die Eisfelder der norwegischen Gebirge oder gar nach Grönland, dessen Inneres wahrscheinlich völlig vergletschert ist, so findet man, daß eben wegen ihrer gewaltigen Ausdehnung die Gletscher dort auch klimatologisch eine sehr wichtige Rolle spielen, ja man darf behaupten, daß unser mitteleuropäisches Klima in hohem Grade beeinflußt wird durch die Existenz und Ausdehnung der nordischen Gletscher.

Graupeln, Hagel und Schloſſen.

Graupeln sind kleine, undurchsichtige Schneekugeln, die bei uns meist im Frühjahre bei rauher Witterung fallen. Sie unterscheiden sich von den Hagelkörnern durch eine weichere Konsistenz, dann fallen sie auch gelegentlich mit Schneeflocken zusammen. Die größeren Hagelkörner nennt man Schloſſen. Der eigentliche Hagel besteht größtenteils aus Eis, zum kleinern Teile aus Schnee. In unsern Breiten sind die Hagelkörner meist nur einige Millimeter groß, in wärmeren Gegenden erreichen sie dagegen einen beträchtlichen Durchmesser. Nach Abich sind in der Nähe von Tiflis schon Schloſſen von 70 Millimeter im Durchmesser gefallen. Durch Zusammenfrieren mehrerer einzelner Körner entstehen große Schloſſen mit verschiedenen undurchsichtigen Kernen. Den Kern bildet meist oder vielleicht immer ein Graupelkorn, das von einer Eishülle umgeben wird. In einigen Fällen hat man Hagelkörner gefunden, die fremde Substanzen, Staub, Pflanzenteile u. dgl. umschlossen, Körperchen, die zur Zeit, als sich die betreffenden Hagelkörner bildeten, zufällig in der Luft schwebten. Die meisten Hagelfälle kommen in der gemäßigten Zone vor; nur äußerst selten beobachtet man Hagelschlag in den Niederungen der tropischen Länder, während es allerdings in den dortigen höhern Gebirgen nicht selten hagelt. Bei uns fällt Hagel häufiger in den wärmern Monaten, und zwar zu allen Stunden des Tages und auch der Nacht. Die Meinung, daß es nachts niemals hagele, ist völlig irrig.

Die Hagelwetter besitzen einen lokalen Charakter, d. h. sie treten vorzugsweise in gewissen Gegenden auf, während andere benachbarte, verschont bleiben. Es giebt z. B. in den Alpen und im mittelfranzösischen Gebirge Thäler, die kaum in einem Jahre vom Hagel verschont bleiben, während benachbarte aber höher gelegene Ortschaften nur selten vom Hagel leiden. In vielen Fällen sind die vom Hagel betroffenen Striche schmal, ziehen sich aber in weiter Erstreckung hin. Unter den genauer untersuchten Hagelwettern ist dasjenige sehr merkwürdig, welches im Jahre 1788 einen Teil von Frankreich verheerte. Es begann, im Gefolge von Gewittern, am 15. Juli 1788 früh morgens im südlichen Frankreich, durchlief dieses Land in wenig Stunden und erstreckte sich bis nach Holland. Die vom Hagel getroffenen Orte bildeten zwei parallele, von Süd-West nach Nord-Ost gerichtete Zonen. Die eine dieser Zonen besaß eine Länge von 175 Stunden, die andere von ungefähr 200. Die mittlere Breite der westlichen Hagelzone betrug vier Stunden, die der andern nur zwei. Auf den Raum zwischen beiden Zonen, der im Mittel fünf Stunden breit war, fiel kein Hagel, dagegen ein sehr starker Regen. Auch ostwärts von der östlichen, sowie westwärts von der westlichen Hagelzone regnete es stark. Überall ging dem Hagelwetter eine dicke Finsternis voraus, und diese erstreckte sich selbst bis weit von den behagelten Gegenden. Durch Vergleichung der Zeit, zu der es an den verschiedenen Orten gehagelt hatte, fand sich, daß das Gewitter von Süd nach Nord 8 Meilen in einer Stunde zurückgelegt haben mußte und daß diese Geschwindigkeit überall dieselbe gewesen war. Auf der westlichen Zone hagelte es in la Rochelle, wo es die ganze Nacht gewittert hatte, am 12. um 5½ Uhr morgens, zu Clermont in Beauvoisis um 9 Uhr, zu Courtray um 12½ Uhr und zu Vließingen um 1½ Uhr. Auf der östlichen Zone erreichte das Gewitter Artenay bei Orleans um 7½ Uhr morgens, Paris um 8½ Uhr, Utrecht um 2½ Uhr. An jedem Orte hagelte es nur 7—8 Minuten lang.

In neuerer Zeit hat Baurmeister über Hagelfälle ein sehr reichhaltiges Material gesammelt und schildert das Allgemeine der Erscheinung in folgender Weise: Ein Hagelwetter kündigt sich gemeiniglich schon durch eine eigentümliche Himmelsansicht und Wolkenbildung an. Wie beim Gewitter bildet sich aus anfänglichen weißen Cirris eine bis zum Hagelfall in ihrer Lage anscheinend ruhig verharrende Wolkenbank von Cumulostratus, deren Ränder vielfach zerzaust erscheinen und vor die sich meistens Streifen von weißlichem Cirrusfilz schieben. Nach Fritsch ist das Erscheinen von Cirrusfilz ein fast untrügliches Zeichen schwerer Gewitterstürme. Der Cirrus, die höchste Wolkenform, erscheint schon am Horizont sichtbar, wenn er noch 37 Meilen entfernt ist. Fritsch sah einmal in Wien ein oberes Segment von diesem Cirrusfilz am Horizont und hörte am folgenden Tage von gleichzeitigem schwerem Gewitter und Hagelfall in Böhmen. Mehrere über einander lagernde Wolkenschichten scheinen zur Hagelbildung erforderlich zu sein. Dieser Umstand, der Volta's Hageltheorie ins Leben rief, wird von Kämtz nach eigenen Beobachtungen bestätigt. Die Dicke der hagelnden Wolke ist sehr beträchtlich.

Besonders heftige Hagelwetter kündigen sich durch schlauch= artig zur Erde herabhängende Wolken an. Die Dunkelheit wird oft so groß, wie bei Sonnenfinsternissen, so daß die Möglichkeit, im Freien zu lesen, aufhört. Das Barometer fällt in der Regel vor dem Hagelwetter stark und rasch, zuweilen noch während desselben, steigt aber meistens gleich nach Beendigung desselben. Das Thermometer fällt gleichfalls oft mit Beginn des Hagelschauers und kann vom höchsten Stande vorher bis zum tiefsten nachher eine Depression von 25° C. anzeigen. Oft ändert sich nach einem Hagelwetter die Witterungsdisposition auf Wochen; sehr oft folgt darauf Kälte.

Der Wind weht heftig aus allen Richtungen des Kompasses, die Hagelkörner stürzen in verschiedenen Graden der Steilheit nach verschiedenen Richtungen aus der Wolke herab. Schwere Hagel= wetter sind oft von einem Winde begleitet, der plötzlich beginnend, in starken Stößen aus allen Richtungen des Kompasses weht.

Wenn ein Hagelwetter sich unjerem Scheitelpunkte nähert, so hört man meistens ein starkes Geräusch in der Luft, das verschieden beschrieben wird, bald als Geräusch, das beim Aufschütten eines Sackes voll Nüsse entsteht, bald als herrührend vom Schütteln eines großen Bundes Schlüssel, bald als das einer rauschenden Wassermasse und welches in kurzer Zeit in Geprassel ausartet, das deutlich vom Aneinanderschlagen der Hagelkörner herrührt.

Wie Hagel ohne Gewitter auftritt, so ist möglicherweise auch Munckes Ansicht, daß „beim Beginn von Hagelwettern, wie bei sehr schweren Gewittern einzelne Blitze und ein abgeschnitten prasselnder Donner minderhäufig beobachtet werden, als vielmehr eine dem Wetterleuchten ähnliche anhaltende Erleuchtung und ein ununterbrochenes dumpfes Rollen des Donners" von allgemeiner Giltigkeit. Größere Hagelwetter, deren verheerende Wirkung sich ungewöhnlich weit erstreckt, bewegen sich in einer verhältnismäßig schmalen Zone bei großer Längenausdehnung mit einer beträchtlichen Geschwindigkeit vorwärts.

Die geographische Verbreitung des Hagels ist jüngst von Professor Fritz einer möglichst umfassenden Untersuchung unterzogen worden. Leider fehlte es für einzelne Teile von Europa noch sehr an genauen Aufzeichnungen z. B. für Spanien und Portugal. Daß diese Länder aber öfter von Hagelschäden heimgesucht werden, beweisen die vielfach bekannt gewordenen Fälle. „So fielen einst zu San Sebastian bei Roncesvalles Hühnereier-große Hagel; 1860 verhagelten 12 Orte der Provinz Huesca, dann wieder Villareal, Nules 2c. Nach Merino hagelte es in Madrid von 1860 bis 1869 16 mal, wobei 4 mal Verheerungen eintraten. Gibraltar, Tarifa, San Ferdinando, wie überhaupt der südlichste Teil der pyrenäischen Halbinsel sind bei außerordentlich heftigen Gewittern bisweilen von Hagel heimgesucht (Willkomm). Gelegentlich tritt Hagel auf Gibraltar während der Gewitter auf (Kelaart). 1766 erlebte Gibraltar einen fürchterlichen Hagel (Pilgram). Auf Mallorca kommt Hagel alljährlich an einzelnen Orten vor; nur selten in Menge und in beträchtlicher Größe; gewöhnlich im Herbst oder Winter (Willkomm). Mallorca hat demnach mehr Graupeln als Hagelfälle."

Für Frankreich ergiebt sich, daß dort wie in allen Ländern der Hagelfall sehr von den lokalen Verhältnissen abhängt. „Wenn in Thizy seit Menschengedenken kein Hagel gefallen ist, dann hagelt es häufig 2—3 Meilen davon. In der Auvergne, nahe am Fuße des Gebirges, werden Blanzat, Chateaugué, Sayat häufig vom Hagel verwüstet; dagegen eine halbe Meile davon und 1200 Fuß höher, zwischen Mont d'or und Puy de Dome hagelte es nach Savigne in 23 Jahren nur einmal (L. d'Auffy). In Frankreich sind die Gebirgsgegenden, die Auvergne, die Umgebung der Pyrenäen, Auch-sur-tour, im Bereiche der Wälder von Orleans ꝛc. mehr dem Hagelschlage ausgesetzt, als große Ebenen; die Küsten von Flandern, der Normandie, der Bretagne, von Annis sind fast immer frei von Hagel, oder diese sind ohne große Bedeutung. Südfrankreich leidet mehr vom Hagel als Nordfrankreich. In manchen Gegenden geht jede vierte oder fünfte Ernte verloren. Das Dorf Quay bei Lisors wurde 1788 zum vierten male innerhalb sechs Jahren verhagelt. Meslayle-Vidame (Chartrain), Vitray, Montemain und Bonville in Dunois verhagelten 1787 und 1788, also zwei Jahre hintereinander.

In Oberitalien ist Hagel und selbst verheerender Hagel häufig; trotzdem fehlt es an statistischem Materiale.

Am Ätna auf Sizilien, bei der Casa inglese, 2942 Meter hoch, erlebte Balzer 1873 einen bedeutenden Hagelfall. Die Insel Malta ist hie und da von Hagelwettern heimgesucht, so mit starker Verheerung 1832.

Zahlreicheres Material findet sich für die Niederlande, am meisten aber für die Schweiz. Fritz findet für letztere folgende allgemeine Resultate: 1) das Verhältnis zwischen Hagel und Graupeln stellt sich im Durchschnitte aus den Beobachtungen von über 100 Orten wie 1 : 1,9; 2) durchschnittlich fallen pro

Ort und pro Jahr 0,7 mal Hagel und 1,2 mal Hagel und Graupeln; 3) es fallen pro Jahr und Ort im Gebiete:

	Hagel	Hagel u. Graupeln	
des Jura	1,2	2,1	(Mittel aus 11 Orten)
zwischen Jura und Alpen	0,8	1,5	(„ „ 41 „)
der Alpen-Thäler	0,5	1,2	(„ „ 31 „)
der Alpen-Höhen über			
1600 m	0,5	1,0	(„ „ 13 „)

Der Höhe nach verteilen sich die Fälle von:

	Hagel	Hagel u. Graupeln	
250—600 m üb. b. Meere	0,8	1,3	(Mittel a. 35 Orten)
600—1000 „ „ „ „	0,7	1,4	(„ „ 14 „)
1000—1400 „ „ „ „	0,6	1,2	(„ „ 12 „)
1400—1800 „ „ „ „	0,6	0,8	(„ „ 8 „)
1800—2500 „ „ „ „	0,5	0,9	(„ „ 7 „)

Das Maximum der Hagelfälle kommt im Juni, das Maximum der Hagel= und Graupelfälle im Mai vor.

In den Alpen ist Hagelschlag in den großen Haupt=Thälern selten; am meisten leiden die in der großen, zwischen Jura und den Alpen befindlichen Einsenkung gelegenen Orte und dann die dem Jura, oder den Ausgängen der großen Alpen=Thäler nahen Gelände. In den großen Alpen=Thälern des Rheines, der Rhone, im unteren Engadin, in dem zu Italien gehörigen Thale von Aosta, im obern und mittlern Veltlin, im Travers=Thale 2c. ist Hagel selten oder wenig gefährlich. Im Wallis hagelt es oft in 20 Jahren nicht; in Chur ist in den letzten 40 Jahren kein erheb= licher Hagelfall vorgekommen. Villeneuve, Vevey, Cully (Waadt) leiden wenig vom Hagel; die Gegend von Genf, die Ortschaften am Fuße des Jura, das untere Veltlin, die Umgebung von Ciavenna, Mendrisio und Lugano (Tessin), Borgofranco und Jvrea (Italien), Cressier am Neuenburger See, die Orte vor dem Travers=Thale 2c. leiden viel. Die meisten Beschädigungen nörd

lich der Alpen haben die Orte zu befürchten, die auf dem Raume
liegen, der durch den Genfer-, Neuenburger-, Vierwaldstätter-See,
durch das Aarthal und den südlichsten Teil des Bodensees begrenzt
ist. Auf diesem Gebiete zeichnen sich wieder einzelne Striche
durch Hagelschläge aus, während oft dicht dabei liegende Orte
Hagelschaden gar nicht kennen. Namentlich werden, wie schon
Wessely bemerkt, die Vorberge und unter diesen vorzüglich die
der Richtung der Wetterzüge entgegen liegenden getroffen. Im
Hochgebirge ist eigentlicher Hagel seltener. Nach Saussure kommt
auf 10—12 Graupelfällen ein Hagelfall, indessen ist dieser daselbst
weniger selten, als häufig angenommen wird. Mancher Tourist
und Forscher, so Ruppen 1862 in 4200 Meter Höhe, Hauser
1863 in 2700, 1864 in 2800 Meter Höhe, Escher, von der
Linth und Andere wurden von Hagel überrascht.

Aus der Zusammenstellung des gesamten vorhandenen
Materials für Europa findet Prof. Fritz: 1) daß von West nach
Ost in Europa, entsprechend den Regenmengen, die Hagelfälle
an Zahl abnehmen; 2) daß das Verhältnis der Hagelfälle zu
den Hagel- und Graupelfällen sich mit der Häufigkeit zu Gunsten
der erstern ändert. Die gefundenen Zahlen entsprechen der Abnahme nach den von Kämtz, Wesselowski, Mühry ꝛc. gegebenen;
es sind jedoch die Unterschiede nicht so bedeutend, wie folgende
Zusammenstellung zeigt:

Verteilung der Hagel.

	Westküste Europas.	Deutschland.	Rußland.
Gesamt-Hagel	15	5	3
	11	5	3
Eigentlicher Hagel	1	1,2	1,5

Wie sich einzelne Jahre durch häufige, denselben Zug be-
folgende Gewitter auszeichnen, so ist dieses auch der Fall bei
den Hagelwettern. So verzeichnet Muncke aus dem Jahre
1822, das reich an Witterungsanomalien war, auch eine Menge
verheerender Hagelfälle.

Die Menge des Hagels, die über einer ganzen Strecke oder hauptsächlich über den am meisten getroffenen Örter herabfällt, ist ganz unglaublich, wenngleich nicht genau meßbar, da Hagel fast nie ohne bedeutenden Regen fällt, der die Körner in Niederungen zusammenschwemmt. Nach Muncke, der auf freier horizontaler Fläche Hagelmassen in der Höhe von resp. 75 mm und 40 mm lagernd gesehen hat, muß 15 cm als das Maximum betrachtet werden, das der gefallene Hagel zu erreichen vermag, wenigstens für die Breite von Deutschand.

Die Heftigkeit des Herabstürzens ist oft so groß, daß kleinere Tiere getötet, größere heftig verwundet, die stärksten krautartigen Pflanzen, ja Zweige von 5 mm Dicke zerbrochen werden.

Sehr sorgfältige und 5 Jahre lang fortgesetzte Untersuchungen über den Hagel hat der Abbé Lecomte zu Bonne-Espérance in Belgien angestellt. Er findet, daß der Hagel meist vor Gewitterregen antritt, aber nur höchst selten, oder nie folgt er ihnen unmittelbar. Die Gestalt der Hagelwolken ist eine verschiedene, meist aber sind sie scharf abgegrenzt gegen das übrige Gewölk, und auch ihre aschgraue, ins gelbliche spielende Farbe unterscheidet sich leicht von diesem. Le comte hat bestätigt, daß die Hagelwolken häufig an den Rändern zerrissen erscheinen, dagegen fand er die Behauptung Volta's, daß die Hagelwolken aus übereinander gelagerten Schichten beständen, nicht begründet; vielmehr sei zwischen Schnee-, Hagel- und Regenwolken kein Unterschied zu erkennen. Die Übereinanderschichtung mehrerer Wolken, wie Volta will, habe ich ebenfalls nie wahrnehmen können, wohl dagegen einen sehr charakteristischen Unterschied zwischen gewöhnlichem Regengewölk und Hagelwolken. Nur in äußerst seltenen Fällen sieht man letztere nicht scharf abgegrenzt und ohne die gewöhnliche, eigentümlich aschgraue, ins gelbliche spielende Färbung. Eine merkwürdige Beobachtung ist jene, die Lecomte am 31. März 1859 machte. „Ich kam", sagt der Beobachter, „von Birke nach Bonne-Espérance während eines scharfen Nordwindes. Im fernen Osten erblickte man ungeheure Cumulus-

Wolken von spiegelnd gelber Farbe, westwärts aber einige andere dunkle Cumulus Massen. Diese fernen Wolken ruhten sämtlich auf dem Horizonte. Im Norden erblickte man zerstreute Schleierwolken (Cirrus), aber im übrigen war der Himmel in großer Ausdehnung sehr klar. Plötzlich bemerkte ich auf dem Boden das tanzende Aufschlagen von Hagelkörnern. Bei der Seltenheit und großen Entfernung der Cirrus-Wolken kann man diesen Hagelschlag wohl als einen Hagel bei heiterm Himmel betrachten."

Die Hagelkörner selbst sind nach Lecomte meist kugelige, bei den kleinen faserige, bei den größern aber konzentrisch geschichtete Eismassen mit schneeigem Kerne. Doch finden sich alle Übergänge vor von den steinartigen Hagelkörnern bis zu den mit Mehl bestaubten Körnern, den Graupeln und dem reinen Schnee. Lecomte bestreitet, daß ungewöhnlich große Körner aus dem Zusammenschmelzen kleinerer entständen; wenigstens fand er bei dem Hagelschlage vom 7. Juni 1865, wo Schlossen von der Größe eines Hühnereies fielen, vollkommen konzentrischen Bau um einen weißen, durchsichtigen Kern. Indeß weiß man, daß dennoch bisweilen große Hagelkörner durch das Zusammenbacken kleinerer entstanden. Die Schlossen, die Montignot am 11. Juli 1753 zu Toul anlas und welche die Gestalt unregelmäßiger Polyeder von etwa 8 cm Durchmesser besaßen, bestanden aus einer Vereinigung kleiner Hagelkörner, die vor dem Herabfallen zur Erde aneinandergebacken waren.

Lecomte macht eindringlich auf die Thatsache aufmerksam, daß sich häufig bei Regenschauern, wo man nichts dergleichen vermute, Hagelkörner mit untergemischt finden und man bei sehr sorgfältiger Beobachtung auch solche Hagelkörner entdecke, die eben geschmolzen seien. Es giebt, sagt der Beobachter, nur wenig Regen, der nicht mit Hagel gemischt ist. Meist schmilzt der letztere in den unteren Schichten des Luftmeeres. Die Beobachtungen in Gebirgen zeigen, daß die Gipfel oft Schnee und Hagel erhalten, während es in der Ebene regnet.

Unlängst hat Riniker Untersuchungen über die Abhängig-
keit der Hagelschläge von Oberfläche und Bewaldung im Kanton
Aargau veröffentlicht. Er gelangte zu dem Ergebnisse, daß die
Hagelwetter eine lokale Erscheinungsform von oft weit verbrei-
teten Gewittern sind, die sich durch außerordentliche Heftigkeit
sowohl der elektrischen Entladungen als auch des Sturmes und
des Niederschlags auszeichnet. Sie entstehen nicht in freier Ebene,
sondern nur dann, wenn nach einer längern Reihe heißer Tage
Gewitterwolken über kahle oder schlecht bewaldete Hochflächen
streichen und unter der Einwirkung von Gegen- oder Seitenwind
über tiefen, erst angebauten, erhitzten Thalgründen zum Stehen
gebracht werden. Niemals entsteht ein Hagelwetter aus Gewittern, die über geschlossene, hochgelegene Tannenwaldungen ge-
strichen sind. Viele Beispiele liegen vor, wo einzelne gut bewaldete Anhöhen die Hagelwetter gespalten und abgelenkt haben:
aber es genügen auch einige ältere Holzbestände in der Ebene,
besonders aber auf Bergsätteln, die vom Gewitter überschritten
werden, um dieselben abzulenken oder zu spalten. Diese Ergebnisse tragen teilweise einen lokalen Charakter, insofern sie allein
aus den Hagelerscheinungen im Kanton Aargau abgeleitet sind,
aber sie geben wertvolle Fingerzeige zu Beobachtungen in andern
Gegenden.

Die Art und Weise wie die Hagelkörner sich bilden, ist noch
völlig dunkel, obgleich es vielleicht kaum ein meteorologisches Problem giebt, an welchem der Scharfsinn der Forscher sich so vielfach
versucht hat, als gerade an diesem. Von frühern Hypothesen
möge nur an diejenige Voltas erinnert werden, welche der Elektrizität die Hauptrolle bei der Hagelbildung zuteilt. Volta nahm
an, daß die Sonnenstrahlen an der obern Grenze der dichten
Wolken fast vollständig absorbirt würden. Dies müsse eine
rasche Verdunstung zur Folge haben, besonders bei trockener Luft.
Hierdurch werde dann wieder so viel Wärme verbraucht, daß das
Wasser in den tiefern Wolkenschichten gefriere. Ferner sollen
nach Volta bei der Hagelbildung stets mehrere Wolken überein-

Die deutsche Panzerfregatte „Kronprinz" im

Nach der Schilderung eines Marinesoldaten gezeichnet von H.

der Nacht vom 30. zum 31. Januar 1877.

Nr. 1762 der „Illustr. Zeitung" vom 7. April 1877.

ander schweben, die in entgegengesetzt elektrischem Zustande sind. Die Hagelkörner werden nun abwechselnd zwischen diesen Schich ten abgestoßen und angezogen, vergrößern sich während dieser Bewegung und fallen schließlich durch ihr eigenes Gewicht zu Boden. Indeß sprechen schon alle Versuche mit Reibungselektri zität gegen die Annahme einer solcher Anziehung, die aus weiter Distanz solche Massen trage; dann enthält auch die Volta'sche Erklärung einen logischen Fehler, indem, wenn Wärme die Ur sache jener oben angenommenen Verdunstung sein soll, Kälte nicht die Folge derselben sein kann.

Leopold v. Buch war ganz anderer Ansicht. Wenn, sagt er, eine Luftsäule mehr als die benachbarten erwärmt wird, so gelangt die aufsteigende Luft in die oberen eiskalten Regionen, bildet eine Wolke, läßt die Dunstbläschen zu Flocken gefrieren, die langsam herabfallen, sich mit den unten aufsteigenden Bläs chen zu Hagelkörnern verbinden und in dieser Form stundenlang als drohende Wolke schwebend erhalten bleiben können. Endlich überwiegt die Schwere der Körner, und alles fällt mit Macht auf den Boden. Wenn auch, meinte Buch, nicht alles, nament lich nicht die Bildung des Hagels in den oberen Regionen, in dieser Vorstellung als richtig anerkannt werden kann, so lassen sich doch aus derselben eine Menge der den Hagel begleitenden Erscheinungen leicht und vollständig erklären. Dahin rechnet Buch die zeitliche und örtliche Verteilung der Hagelwetter, ferner den schmalen Strich, in welchem dieselben wüten, und endlich den Umstand, daß drückende Hitze und Windstille dem Hagel voran gehen und bedeutende Kälte, weithin sich erstreckend, gemeiniglich demselben folgt.

Glaisher ist mit Flammarion der Ansicht, daß eine ungewöhn lich rasche Abnahme der Lufttemperatur mit der Höhe das Haupt erforderniß für die Hagelbildung sei. Aufsteigende Luftströme spielen nach Reye bei dem Vorgange die wichtigste Rolle. Wenn feuchte Luft in so kalte Regionen emporgerissen wird, daß der mitge führte Nebel und die sich bildenden Wassertropfen gefrieren, so wird auch die Schmelzwärme des entstehenden Eises frei und vergrößert den Auftrieb der Luft. Es ist somit die Möglichkeit nachgewiesen, daß aus denselben Gründen, aus welchen lokale Sand- und Rauchwirbel, Wettersäulen und Wasserhosen sich bilden, aufsteigende Luftströme entstehen können, stark genug, um das Hagelkorn in jenen Höhen so lange zu erhalten, als zu seiner Vergrößerung erforderlich ist. Hagelwetter, sagt Reye, sind Wettersäulen, die in den höheren Luftschichten sich bilden. Das Vorhandensein von Sandkörnern und Erdteilchen im Innern von Hagelkörnern, das oft vorkommende Fallen von Hagel und Schnee, nachdem die Wettersäule vorübergegangen ist (unter Peltiers 116 Tromben waren 14 von Hagel und Schnee begleitet, die Wettersäule von Königswinter am 10. Juni 1858 brachte Hagelschauern, desgleichen große Hagelsteine der Tornado bei Kalkutta 8. April 1838) machen Reyes Ansicht nur noch wahrscheinlicher.

Die Stürme.

Sobald der Wind eine gewisse Schnelligkeit oder Heftigkeit erlangt, wird er zum Sturm. Im allgemeinen nimmt man an, daß eine Luftbewegung von 17 Meter auf dem Lande und 25 auf der See als stürmisch zu bezeichnen ist. Ein Kennzeichen der erstern Geschwindigkeit ist das Bewegen ganzer Bäume durch den Wind. Die heftigsten Stürme erreichen Geschwindigkeiten von 40 bis 45 Meter in der Sekunde und üben dadurch eine mechanische Gewalt aus, welche an der Küste und auf dem Lande die größten Zerstörungen hervorruft.

Auch bei ziemlich hohen Barometerständen und steigendem Luftdruck kann der Wind bisweilen eine Stärke erreichen, die als stürmisch zu bezeichnen ist. In unsern Gegenden tritt dies sogar ziemlich häufig ein und darf bei Charakterisierung unseres Wetters *nicht* vergessen werden. Solche stürmische Winde in den äußern

Regionen eines Gebiets hohen Luftdrucks oder einer sogenannten
Antizyklone dauern nicht selten länger an, als die Stürme der
Barometer-Minima. Aber die eigentlichen schweren Stürme
kommen nur bei tiefern Barometerständen vor, sie sind an die
Barometerminima gebunden und wandern mit diesen. Im Jahre
1735 wurde Henry Forth darauf aufmerksam, daß bei einem
Sturm die Richtung des Windes an zwei verschiedenen Orten
eine ganz verschiedene, ja fast entgegengesetzte sei. Brandes schloß
aus seinen Zusammenstellungen von Barometerständen und Windrichtungen während des heftigen Sturmes um Weihnachten 1821,
daß es unbekannte Ursachen geben müsse, welche die Luftmasse
fortschreitend an einer Reihe von Punkten beträchtlich vermindern;
man wisse keineswegs, ob bei dem Sturme von 1821 nicht ein
Teil der Atmosphäre an den Küsten des atlantischen Ozeans
verschwunden sei, ob die Abgründe des Meeres sie aufgenommen,
oder Platzregen, durch die Gewalt der Blitze erzeugt, ihre Masse
vermindert hätten. Zur Erklärung der verschiedenen gleichzeitigen
Windrichtungen zu beiden Seiten der Linie des tiefsten Barometerstandes nahm Brandes an, daß die Luft von allen Seiten
her in das durch unbekannte Ursachen erzeugte und geradlinig
fortschreitende, teilweise Vakuum eindringe. Dove ist im Jahre
1828 durch eine scharfsinnige Untersuchung der von Brandes
über den Südweststurm des 24. Dezember 1821 gesammelten Beobachtungen den Resultaten entgegengetreten, welche der letztere
erhalten hatte. Durch Verbindung der Orte gleicher Barometer-
abweichung vom mittlern Stande fand Dove, daß das Baro-
meter-Minimum von der französischen Küste nach der Südwestspitze Norwegens, ungefähr von der Gegend von Brest nach Kap
Lindesnäs fortrückte, so daß Frankreich, Italien, Deutschland,
Dänemark, Rußland auf der Südostseite des Hauptzuges des
Sturmes lagen, hingegen Irland, Schottland, Island auf der
Nordwestseite, England ungefähr in der Mitte. Die Vergleichung der an verschiedenen Orten dieser Länder beobachteten
Windrichtungen während des Sturmes zeigte nun, daß die Luft

11*

keineswegs gegen den Ort des Minimums hinströmte, sondern vielmehr eine Bewegung senkrecht gegen diese Richtung besaß. Aus allen Wahrnehmungen schloß Dove, daß der Sturm vom 24. Dezember 1821 nichts anderes als ein ungeheurer Luftwirbel gewesen sei, dessen Kreise das ganze westliche und mittlere Europa überdeckten.

Wir wissen heute, daß das Ergebniß von Dove völlig richtig ist, indem der Wind den Ort des niedrigsten Luftdrucks auf unserer Erdhälfte in einer der Bewegung des Uhrzeigers entgegengesetzten Richtung umkreisen muß. In unserer Zone sind jedoch bei weitem nicht alle Stürme vollständig ausgebildete Wirbel. Entwirft man nämlich die Isobaren für die Zeit eines Sturmes, so findet man, daß dieselben nur teilweise so nahe aneinanderrücken, daß ihnen stürmische Luftbewegung entspricht. Wenn aber auch der ausgebildete Sturmwirbel fehlt, so darf man doch auch in unseren Breiten niemals an geradlinige Sturmbewegungen glauben, oder gar an Staustürme, bei denen entgegengesetzt gerichtete Luftbewegungen aufeinander stießen. Wirbel ist der Charakter der Sturmbewegung, und wenn rings um das Barometerminimum stürmische Winde wehen, so nennt man diese Erscheinung Cyklone. Dieselben kommen hauptsächlich in den tropischen Meeren vor und werden in Westindien Hurrikane, in den asiatischen Gewässern Taifune genannt. Glücklicherweise sind diese heftigen Orkane nicht sehr häufig, auch sind sie an gewisse Monate gebunden. So traten von 46 in den Jahren 1780 bis 1845 beobachteten Taifunen ein:

im Juni	2
„ Juli	5
„ August	5
„ September	18
„ Oktober	10
„ November	6.

In den übrigen Monaten wurden keine Taifune beobachtet.

Nach Redfield verteilen sich 30 Hurrikane in folgender Weise auf die Monate des Jahres:

Januar	0
Februar	1
März	0
April	1
Mai	2
Juni	2
Juli	3
August	4
September	4
Oktober	6
November	4
Dezember	1

In den chinesischen Seen treten die Taifune vorzugsweise zur Zeit des Monsunwechsels auf, die gefährlichsten Monate sind September und Oktober. In der Bai von Bengalen sind es die Monate Oktober und November, im Juli und August sind sie dagegen dort sehr selten. Das Barometer sinkt bei den heftigsten Stürmen auf offenem Meere bisweilen fast bis auf 700 Millimeter, ein Fallen von 30—40 Millimetern ist nicht selten. Doch ist der Sturm nicht etwa, wie man häufig behaupten hört, eine unmittelbare Folge des niedrigen Barometerstandes im Zentrum des Sturmfeldes, sondern dieser Barometerfall ist nur eine notwendige mechanische Wirkung der wirbelnden Bewegung der Luft. — Die Insel Mauritius (Isle de France) im indischen Ozean liegt an einer gefürchteten Heerstraße von Stürmen, die daher den Namen Mauritius-Orkane führen. Die verheerendsten derselben fanden statt in den Jahren 1760, 1761, 1766, 1772, 1773, 1786, 1789, 1818, 1824. Bei dem vorletzten Sturme wurde von dem Theater in Port Louis, das in Form eines T gebaut war, der hintere Teil, der den Fuß des T bildete und 53 Fuß breit und 82 Fuß lang war, ungefähr 5 Fuß von seinem Fundamente verschoben. Bisweilen kündigen sich diese Stürme an

Mauritius durch ein starkes Anschwellen der See, durch Geschrei und unruhiges Verhalten der Seevögel, eine dichte kupferfarbige Wolke auf den Bergen und durch eine gewisse Unruhe am Horizonte an. Immer geht ihnen aber ein starkes Fallen des Barometers vorauf, und man kann aus der Zahl der Striche, um die das Quecksilber fällt, bis zu einem gewissen Grade auf die Wut des nachfolgenden Orkans schließen. Thom, einer der besten Kenner der Mauritius=Orkane, behauptet, keine Erscheinung begleite dieselben so regelmäßig und sei so erstaunlich wie die enorme Regenmenge, die aus der erregten Luftmasse niederstürze. „Hunderte von Seemeilen weit, auf allen Seiten des Wirbels," sagt er, „lagert eine dichte Wolkenschicht, die in Strömen und ohne Unterbrechen Regen ausgießt. Dieser Prozeß dauert wochenlang und ist anscheinend charakteristisch für den Orkan in allen seinen Phasen. Das Nahen eines solchen Sturmes kann beinahe vorausgesagt werden an dem ununterbrochenen Wolkenlager, das langsam den Himmel überzieht, zuerst in großer Höhe, allmählich aber zu untern Schichten niedersteigend und von zunehmendem Dunkel begleitet, bis es zuletzt auf der Erde ruht und zu regnen anfängt. In einer Entfernung von 200 oder 300 Seemeilen von dem Wirbel werden diese Anzeichen wahrgenommen."

A. Schück giebt in seiner äußerst reichhaltigen Schrift über die Cyklonen folgende Schilderung des Extrems vom Verlauf einer Cyklone mit Orkangewalt an Orten zwischen 10° und 25° Breite, die mit einigen wenigen Abweichungen auch für Gegenden höherer Breiten gilt:

„Schon in größerer Entfernung von dem Sturm, manchmal schon Tage vor seinem Eintreffen giebt das Barometer leise Warnung durch Unregelmäßigkeit in der täglichen Periode, es ist sein Fallen stärker als sein Steigen. — Das Gewölk lagert sich nicht mehr so gleichförmig wie vorher, sondern erhält außergewöhnliche Formen, es ballt sich zu Massen verschiedener Gestalt und Farbe, die teils durch ihr grelles Weiß, teils durch ihr dunkles, schmutziges Grau oder Braun unangenehm wird. Die

Ränder solcher Wolkenhaufen sind bald äußerst scharf markiert, bald zerflickt und franzenartig zerrissen, so sind auch einzelne Wolken kompakt wie ein Ball aus schmutzigem Schnee bei Tau= wetter, aus anderen hängen Wollflocken ähnliche Teile herunter. Alles Gewölk ändert sehr rasch und sehr oft die Form und Farbe, es zieht nicht mehr ruhig; — jetzt scheint es zu stehen, dann wieder über den Himmel zu jagen; „Spinnweben" ziehen durch die Luft und hängen sich an alle Gegenstände. — Auch das Meer wird unruhiger, ab und zu scheint seine Oberfläche eine hüpfende Bewegung anzunehmen, seine Wellen verlieren das gleichmäßige Rollen, einzelne hohe „Seen" oder Dünung durch= brechen und wälzen sich über den vom Passat bezw. Monsun erzeugten Seegang.

Das Thermometer zeigt zuweilen bedeutende, zuweilen keine bemerkenswerte Änderung, aber die Luft wird schwül, drückend, - die Sonne sticht, manchmal scheint ihr Licht nicht mehr strah= lend, sondern flimmernd zu sein, sie hat einen blassen Ring, bei ihrem Auf= und Untergange hat sie ungewöhnliche Form und Farbe. Die Abenddämmerung färbt die Wolken nicht mehr sanft, dem Regenbogen ähnlich, sondern bald grell, bald verwischt und schmutzig, schreiend rot mit gelb und grün gemischt. Der See= mann sagt drastisch, aber charakteristisch: Die Luft sieht sehr schmierig aus. — Nachts flimmern die Sterne eigentümlich, sie zeigen Höfe und Spieße, das Licht des Mondes, auch sein Hof sind anders geworden, zu Zeiten ungewöhnlich hell, zu andern äußerst schwach. Das Gewölk hat nicht mehr das schwache elektrische Leuchten, das die Dunkelheit der Tropennächte mildert, auch dies ist verhältnismäßig grell zu nennen, ist es aber gar nicht bemerkbar, so sind die Wolken dunkel und drohend; in der Gegend, aus der das Unwetter kommen will, blitzt es bald außer= ordentlich grell, bald flackern dort fortwährend Blitzstrahlen und Wetterleuchten auf.

Bricht der Morgen an, so rötet sich nicht der Himmel zuerst am Horizont, sondern hoch oben am Zenit, wo das leichte Ge=

wölf häßlichen, roten Wollflecken ähnlich aus dem Firmament
zu hängen scheint — drohend steht das schwere da, — dichte
Dunstmassen bilden sich auf dem Wasser und verschwinden gleich
rasch. Ist die Sonne höher gestiegen, so wird die Durchsichtigkeit der Luft ungewöhnlich groß, trotz der Stärke und des
Stechens der Sonnenstrahlen scheint es, als könne kein Wasser
verdunsten. Allmählich wird das Aussehen des Himmels blei-
artig, so fühlt man auch die Luft wie Blei auf dem Körper
lasten: eine schwere Wolkenbank von ungewöhnlich drohender
Erscheinung steht am Horizont, man weiß kaum, wie und wann
sie an ihre Stelle gekommen. Der Seegang ist höher, hohl und
wirr geworden, die Köpfe der Wellen spitz und brechend; ängst-
lich kreischend kommen die Vögel herbei, auf dem Schiffe Schutz
suchend, aber erschreckt durch dessen heftige Bewegungen und
durch die auf ihm vor sich gehenden Vorbereitungen auf den
Sturm, fliegen sie wieder fort, sie kehren zurück, wagen jedoch
nicht, sich niederzulassen, der Instinkt sagt ihnen, daß sie sitzend
der Gewalt des Orkans nicht widerstehen können, schwebend
halten sie sich an der dem Winde abgekehrten Seite der Segel.
Noch war der Wind vielleicht unbeständig in seiner Richtung, er
flatterte sogar hin und her; dies hört auf, er nimmt an Stärke
zu, in den Blöcken, zwischen den Hölzern und Tauen der Takelung beginnt es zu sausen und zu heulen, die losen Taue schlagen
„webend“ gegen die straffen. Der Wind wird Sturm, was bisher Regen war, wird zum Regenguß, Gewittererscheinungen
werden seltner, zuweilen aber bleiben sie aus und trotz des
Sturmes ist die Luft so unangenehm, daß man sich nach Gewittern sehnt. — Der Himmel hat sich ganz und gar bedeckt,
noch jagen über die bleigraue Schicht schwere, drohende Wolken
hin, aus denen der Regen strömt, aber zuletzt kann man auch
dies nicht mehr unterscheiden, Wolken, Regen und der Gischt des
Meeres sind eine Masse, sie werden vom Sturme gemischt und
gejagt, ihre Berührung mit der Haut ist stechend. — Das Baro-
meter ist unregelmäßig mehr und mehr gefallen, seine tägliche

Periode scheint verschwunden, die Gegenden mit ungleichem Luftdruck liegen so nahe aneinander und ziehen so rasch über das
Schiff hin, um jenes ruckweise fallen zu machen, dem entsprechend
mehren sich die Windstöße und werden heftiger.

Hat der Seemann nicht früher Vorkehrungen getroffen,
Schiff und Takelung vor Schaden zu sichern, so ist es jetzt zu
spät, — von Stärke des Sturmes kann nicht mehr gesprochen
werden, es ist Wut. Segel, die nicht sehr gut befestigt sind,
zerreißen, Stangen und Masten, die nicht besonders gut gestützt
sind, zerbrechen, und glücklich genug der, dem es gelingt, sich
rasch der Wrackstücke zu entledigen, ehe sie durch Schlagen und
Scheuern die Verbindungen der Planken lockern, schwere Lecke
verursachen. Das Schiff ist in allen Fugen erschüttert, es zittert
und stöhnt, von Bewegungen ist nur selten die Rede, es wird
seit auf das Wasser gedrückt, — die Wellen können nicht mehr
brechen, da die Köpfe ihrer Pyramiden in Gischt zerstäubt und
weggeweht werden, aber ihre Bewegung ist nicht aufgehoben,
noch wälzen sie sich durcheinander und über das Schiff, an dasselbe wie an eine Klippe schlagend, hin. — Man ist nicht mehr
im Stande, zu gehen oder zu stehen, unter dem Schutz des
Schanzkleides kriecht man auf dem Deck entlang, wer stehen muß,
ist festgebunden worden.

Heftigere Böen, noch stärkeres Fallen des Barometers deuten
auf das Herannahen des Zentrums, d. h. der Gegend mit geringstem
Luftdruck, die selbst mit größerer oder geringerer Geschwindigkeit
fortschreitet, während der Wind mit einer sehr großen Geschwindigkeit, daher auch mit großer Kraft um sie rotiert und in sie
eindringt. — Sobald man in dies Gebiet gelangt, löst Windstille
und leichter, veränderlicher Wind den Orkan ab; für die erschreckten und nahezu betäubten Menschen ist es kaum eine Erholung
zu nennen, weil der plötzliche Wechsel anregt und die Rückkehr
des Unwetters aus entgegengesetzter Richtung deutlich genug zu
erkennen ist. Bis diese eingetreten, scheint sich der Himmel besonders im Zenit aufzuhellen; Insekten, Vögel, Laub, Splitter, die

von dem Wirbelwinde nach seinem innern Rande getrieben wur=
den, fallen auf das Schiff oder suchen auf ihm Ruhe und Schutz.
— Oft soll das Meer in diesem Bereiche der Windstille die
Entsetzen erregende Erscheinung bieten, wie hohe Wellen aus den
verschiedensten Richtungen gegen und durcheinander brechen, sich
überstürzen, aufs neue erheben und gegeneinander antoben; als
hilfloser Spielball wird dann das Schiff zwischen ihnen hin und
her getrieben, dadurch in Lagen gebracht, die noch gefährlicher
sind, als die Gewalt des Orkans, — oft aber hat das Meer
nur solche Wogen, wie nach den meisten Stürmen, wenn ihnen
Windstille folgt, zuweilen soll es sogar verhältnismäßig glatt sein.

Lange pflegt diese Windstille nicht anzuhalten, denn dem
Vorrücken des Zentrum folgend, kommt der Orkan aufs neue,
aber aus entgegengesetzter Richtung an, es wiederholen sich die
Witterungserscheinungen in umgekehrter Reihenfolge; zwischen
30⁰ und 10⁰ Breite pflegen aber die Nachwehen des Sturmes
in ungewöhnlich kurzer Zeit zu verschwinden."

Der erste, welcher eine nahezu richtige Vorstellung von dem
Wesen der Stürme hatte, war Colonel Capper, der auf Grund
zwanzigjähriger Beobachtungen schon im Jahre 1801 die Be=
hauptung aussprach, die Orkane der ostindischen Meere seien
nichts anderes als ungeheure Wirbelwinde. Im Jahre 1831
kam Redfield bezüglich der Hurrikane der nordamerikanischen
Küste zu dem gleichen Ergebnisse; ferner aber fand er, daß diese
ungeheuren Sturmwirbel stets und ohne Ausnahme sich von
Süd durch Ost nach Nord und West um den Mittelpunkt des
Wirbels drehen. Auf der südlichen Erdhälfte geschieht die Wir=
belbewegung immer in der Richtung von Süd durch West nach
Nord und Ost. Im Jahre 1838 veröffentlichte Reid, Gouver=
neur der Bermudas=Inseln, ebenfalls Untersuchungen über die
westindischen Stürme. Er bestätigte die Ergebnisse Redfields
und fügte noch Bemerkungen über die regelmäßigen Bahnen der
Sturmzentra hinzu. Während nämlich bei den Stürmen die
Luft um ein Zentrum wirbelt, bleibt dieses Zentrum selbst nicht

— 171 —

unverändert über demselben Punkte der Erdoberfläche, sondern bewegt sich mit veränderlicher Geschwindigkeit fort. In Westindien entstehen die meisten Wirbelstürme nahe unter dem zehnten Grade nördlicher Breite, und ihr Mittelpunkt bewegt sich zunächst in der Richtung von Ostsüdost nach Westnordwest. Etwa unter 30 Grad n. Br. wendet das Zentrum nach Nord und bald darauf nach Nordost um, während gleichzeitig der Wirbel seine Kreise erweitert und nach und nach an Heftigkeit abnimmt. Die

Fig. 22.

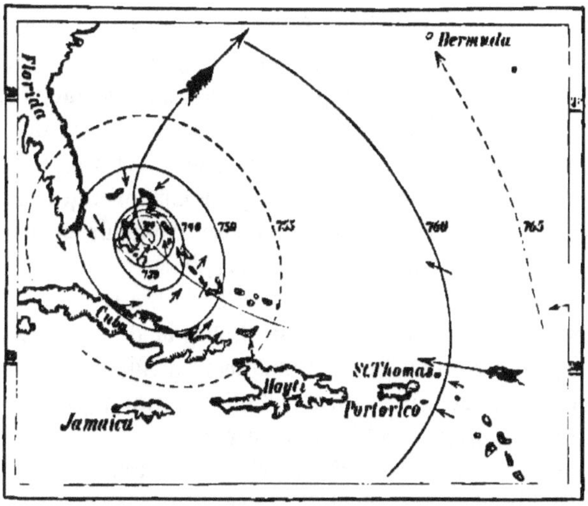

Bahn des westindischen Wirbelsturms vom 1. Oktober 1866.

Bahn dieser Stürme ist also hakenförmig (parabolisch) und zwar so, daß die Öffnung des Hakens dem Ozean zugekehrt ist, Fig. 22. Betrachtet man die Verhältnisse genauer, so findet man, daß der Lauf der Stürme über dem Ozean an der atlantischen Küste Nordamerikas fast mit dem Lauf des warmen Golfstroms im Meere zusammenfällt. Bis nach Europa gelangen diese Stürme jedoch nur in den seltensten Fällen. Nach den Untersuchungen von Loomis ist die Wahrscheinlichkeit, daß ein barometrisches

Minimum, welches die Küste der Vereinigten Staaten verläß
über einen Teil von England hinwegzieht, nicht einmal gleich ¹,
die Wahrscheinlichkeit, daß es zu einem Sturm Veranlassu
giebt, ist bloß ¹/₁₃. Manche solcher Minima verlieren sich
andere, die auf dem atlantischen Ozean entstanden sind, ande
entschwinden, ohne daß es gegenwärtig möglich ist, ihre Bah
genauer zu verfolgen.

Mit der Erkenntnis, daß die Taifune und Hurrikane ung
heure Wirbelwinde seien, war ein großer Schritt vorwär
gethan; aber der Wahrheit entsprach diese Anschauung doch nic
ganz. Der Amerikaner Espy sprach auf Grund einer genau
Untersuchung des Sturmes, der am 19. Juni 1835 einen T
von Neu-Braunschweig verwüstete, die Behauptung aus, daß l
diesem Sturme ein Zuströmen der Luft von allen Seiten na
einem Mittelpunkte hin stattgefunden habe. In jenem Mitte
punkte fand dann, nach seiner Ansicht, ein Emporsteigen der Lu
statt. Gewissermaßen ein Aufsaugen oder Einschlürfen, wodur
der Zufluß der Luftmassen an einem bestimmten Punkte hefti
Winde hervorzurufen vermag, ist aus Versuchen bekannt. Ol
stedt berichtet, daß, als einst ein Rohrgebüsch bei Tuscalo
das einen Flächenraum von fünfundzwanzig Ackern bedeckte, a
gezündet wurde, die Luft unten von allen Seiten gegen die Mit
des Feuers hinströmte. Nachdem der Brand an Ausdehnu
gewonnen hatte, bildeten sich gewaltige Wirbelwinde. Geg
Ende des Brandes zeigten sich einige Wirbelwinde, die glei
Kreiseln von einem Feuer zum andern liefen, indem sie ihr
Weg durch Fortblasen der Asche und der Kohlen bezeichnete
Im Jahre 1824 ließ Dr. Cowles bei Amherst an einem warm
stillen Tage Bau- und Reisigholz auf einer Fläche von sieb
Ackern anzünden. Es entstand eine kegelförmige, wirbeln
Säule von Rauch und Flammen, die von heftigem Braus
begleitet war. Hier sehen wir also, daß wirklich das rapi
Emporsteigen warmer Luftmassen heftige Winde erzeugt, die i
des Wirbel sind. Bei den Cyklonen findet weder eine rei

Wirbelbewegung, noch ein direktes Zuströmen der Luft nach einem Mittelpunkte hin, sondern eine spiralförmige Bewegung der wirbelnden Luftmassen statt. Daß dies wirklich der Fall ist, dafür hat man einen direkten Beweis in der Fahrt der Brigg „Charles Habble", die am 22. Februar 1845 in die Kreise eines Mauritius-Orkans geriet, ihre Segel einbüßte und bis zum 27. Februar von dem Sturme mitgeführt wurde. Piddington

Fig. 23.

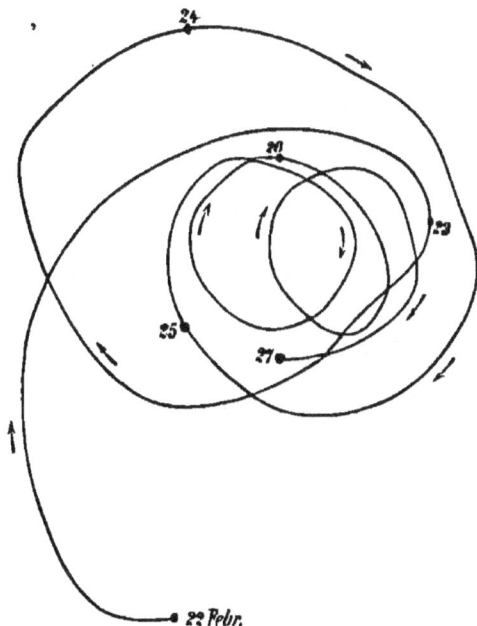

Fahrt der Brigg „Charles Habble".

hat das Schiffsbuch bearbeitet und gefunden, daß die Brigg die Bahn beschrieb, welche in der obenstehenden Zeichnung (Fig. 23) wiedergegeben ist.

Der Sturm einer Cyklone bläst meist in heftigen Stößen und Böen. Während ganz unten in der Nähe des Erdbodens der Sturmwind in Spiralwindungen allmählich nach innen strömt während hier die Luft eingesaugt wird, treiben oben die flüchtigen Sturmwolken nach außen fort und entfernt sich die Luft von der Achse der Cyklone. Diese düstern Wolken, die oben aus der Cyklone ausgestoßen werden, sind es, die auf viele Meilen hin das Herannahen des Orkans signalisieren Im Mittelpunkt der Cyklonen ist der Druck der Luft am geringsten; dort steht das Barometer am tiefsten, und gleichzeitig herrscht Windstille oder es wehen daselbst schwache veränderliche Winde. Wenn dieses Zentrum (die „zentrale Kalme") über einen Ort hinweg schreitet, so kontrastiert die plötzliche Ruhe' eigentümlich mit dem vorhergehenden Brausen des Sturmes, aber sie ist nur vorübergehend, denn bald nachher setzt der Wind aus einer der früheren entgegengesetzten Richtung wieder ein. Wie lange die zentrale Windstille dauert, hängt hauptsächlich von der Geschwindigkeit ab, mit der sich das Sturm-Zentrum fortbewegt. Bei einem Mauritius-Orkane von 1836 dauerte sie volle zwei Stunden, bei einem Taifune, dessen Krusenstern gedenkt, dagegen nur einige Minuten. In der zentralen Kalme herrscht zwar Windstille, aber' auf dem Meere hat jedes Schiff, das in sie hineingerät, wegen der wild und unregelmäßig wallenden See eine äußerst gefährliche Position.

Einer der gewaltigsten Wirbelstürme trat am 15. und 16. Oktober 1874 in der Nähe der Mündung des Bramaputra in Bengalen auf. Zur Charakterisierung der tropischen Cyklone überhaupt möge das Folgende über diesen Sturm nach den Untersuchungen von Willson und dem Berichte von Hann mit geteilt werden.

Das Zentrum der Cyklone bewegte sich über der Bai von Bengalen in der Richtung Ost-Süd-Ost nach West-Nord-West und passierte die Hugli-Mündung Mittag den 15. Der Station Sangor-Island war es am nächsten um 5 Uhr nachmittags und traf die Küste unter 87½° östl. L. In der Nähe von Midnapore bildete die Sturmbahn den Scheitel einer Parabel und verfolgte nun die Richtung nach Nord Ost. Das Zentrum ging 15 eng lische Meilen östlich von Midnapore vorüber zwischen Mitternacht und 1 Uhr morgens den 16., es ging über die Stadt Burdwan hinweg zwischen 6 Uhr und 7 Uhr früh und erreichte zwischen 1¹⁄₄ und 3 Uhr nachmittags die Stadt Berhampore. Von da verlor der Sturm sehr an Heftigkeit. Um 2 Uhr nachmittags des 17. erreichte er die Mündung des Tista in den Bramaputra und löste sich endlich auf an der Westseite des Garo-Hills, ohne Goalpara in Assam zu erreichen. Der Durchmesser des Wirbels war in runder Zahl 50 englische Meilen (80 Kilometer).

Die Geschwindigkeit des Fortschreitens war in der Bai nicht mehr als 6—7 englische Meilen in der Stunde, sie erreichte 10—11 englische Meilen über den Sandbänken. Über dem Lande angekommen, scheint der Sturm plötzlich in seinem Laufe inne-gehalten zu haben, und er passierte nur sehr langsam den süd-lichen Teil des Midnapore-Distrikts. Nördlich von der Stadt Midnapore, bevor er Jehanabad erreichte, wandte er sich scharf um nach Nord-Nord-Ost, und die Geschwindigkeit des Fortschreitens wuchs wieder auf 10 englische Meilen, als er Burdwan passierte, sie sank jedoch über Berhampore und Beaulah wieder auf 7 eng-lische Meilen herab.

Zwei Schiffe, Coleroon und Cassandra, gerieten in die Mitte des Wirbelsturmes und passierten die zentrale Kalme. Auf dem Schiffe Coleroon wurde als Minimum des Luftdruckes am Mee-resniveau beobachtet (um 1 Uhr 15 Minuten den 15. Oktober ca. 87,7° östl. L. 21° n. Br.) 700,5 mm, dies entspricht einer Barometerdepression von 56 mm. Um 11 Uhr 30 Minuten stand das Barometer noch bei 735,3, um Mittag war es schon auf 708,1 mm gesunken, dies giebt einen Gradienten von 21,3 mm auf die geographische Meile. Die Ausdehnung des Sturmes in Front des Wirbels war ca. 120 Kilometer, der Durchmesser der zentralen Kalme 12 Kilometer, der Durchmesser des Sturmfeldes im Rücken der Kalme 64 Kilometer, die Geschwindigkeit des Fortschreitens 17 Kilometer per Stunde. Auf dem Schiffe Cassandra währte die Windstille eine Stunde, das Luftdruck minimum war 708,6 mm. Der Windstille folgte eine Drehung des Windes nach West, der Wind verstärkte sich allmählich, und erst nach 15 Minuten brach der Sturm aus dieser Richtung wieder los. Die Windrichtung vor dem Eintreten der Kalme war in allen Fällen Nord-Ost bis Ost, nach vorübergang derselben West-Süd-West bis West.

Nach den Berichten aus den Distrikten von Balasore und Midnapore, über die das Zentrum des Sturmes hinwegging, war die Westseite des Wirbels viel schärfer abgegrenzt als die Ostseite, und die größte Intensität des Sturmes, die meisten Verluste an Menschenleben und Eigentum traten auf der Westseite ein. Auch ist bemerkenswert, daß die Heftigkeit des Sturmes nicht in unmittelbarer Nähe der zentralen Kalme, sondern erst in einiger Entfernung von derselben ihr Maximum erreichte. Der Halbmesser des Raumes, auf welchem der Orkan mit zerstörender Kraft auftrat, betrug ca. 38 Kilometer. Der Verlust an Menschenleben im Midnapore-Distrikt betrug auf der Westseite des Wirbels 1896, im Wirbel selbst 609, auf der Ostseite 453, im ganzen vom Sturme betroffenen Teile desselben 3049; an Vieh gingen über 17600 Stück verloren. Im Distrikt von Balasore verloren in zwei Bezirken mit einer Bevölkerung von 110000 Seelen 200 Menschen das Leben, von Vieh soll die Hälfte verloren gegangen sein, ³/₄ der Häuser wurden total zerstört. Kaum ein Baum blieb aufrecht, Leichen und Trümmer überall; auf den angeschwollenen Flüssen und Bächen schwammen die Leiber von getöteten Menschen und Tieren in Masse in die See hinaus.

Willson erklärt die größere Intensität des Sturmes auf der Westseite des Wirbels, die auch noch in den folgenden Teilen seiner Bahn im Burdwan-Distrikt zu konstatieren war dadurch, daß auf der Nordseite der Sturmbahn der Luftdruck höher war und kontinuierlich hoch blieb, bis das Sturmzentrum herankam. Es mußte also der barometrische Gradient auf der *Westseite* größer sein als auf der Ostseite.

Zu Burdwan, das ebenfalls in der Bahn des Sturmzen=
trums lag, war der Wind Nord=Ost, dann folgte Windstille auf
die Dauer einer halben Stunde, und hierauf brach der Sturm=
wind aus Süd=West los. Das Minimum des Luftdrucks trat
ein den 16. um 5 Uhr 51 Minuten morgens mit 724,9 mm,
entsprechend einer Depression von 34,5 mm. Doch schwankte
der Zeiger des Aneroids während der Windstöße um nahe 1 mm
hin und her. Es scheint, als ob sich hier der Sturm schon in
einzelne Wirbel aufgelöst hätte; der Halbmesser des Sturmfeldes
war 16 Kilometer, die Geschwindigkeit des Fortschreitens 24 eng=
lische Meilen die Stunde.

In diesem Distrikte gingen 99 Menschen zu Grunde, 20 Pro=
zent der Häuser wurden zerstört oder stark beschädigt; ein Eisen=
bahnzug wurde durch die Kraft des Windes anfänglich zeitweilig
zum Stehen gebracht und endlich bei der Drehung des Windes
umgeworfen. Aus der Berechnung der Standfähigkeit der ein=
zelnen der 20 umgestürzten Waggons ergiebt sich der mittlere
Winddruck zu 209 Kilogramm per Quadratmeter, das Maximum
desselben zu 271 Kilogramm. Dies würde nach der gewöhnlich
angenommenen Beziehung einer Windgeschwindigkeit von 41,7 und
47,6 Meter per Sekunde entsprechen. Es ist jedoch wohl zu bemerken,
daß der Sturm hier schon viel von seiner anfänglichen Heftigkeit
verloren hatte. Bei der Kalkutta=Cyklone vom Jahre 1864 gab
das Anemometer, ehe es der Kraft des Sturmes unterlag, volle
zwei Stunden, bevor derselbe seine größte Heftigkeit erreicht hatte,
einen Winddruck von 176 Kilogramm, entsprechend einer Wind=
geschwindigkeit von mehr als 38 Meter, an.

Im Distrikt von Moorschedhabad nahm der Sturm an
Stärke erheblich ab. Das Barometerminimum am 16. 1 Uhr
15 Minuten nachmittags zu Berhampore war 735,8 mm.

Überall war der Orkan von heftigen Regengüssen begleitet,
und ein Teil der Verwüstungen wurde durch die daher stammen=
den Überschwemmungen verursacht. Im Midnapore=Distrikt
werden 254 mm Regen während 24 Stunden angegeben, im

Burdwan 170 bis 210, in Moorschedhabad zu Lalgolah sogar 414 mm.

Dem besprochenen Wirbelsturme vom 15. bis 16. Oktober gingen keine besondern Witterungs=Anzeichen voraus. Die Winde waren zu Anfang Oktober im untern Bengalen wie gewöhnlich um diese Zeit leicht und veränderlich vom 12. an nördlich und nordöstlich, doch nicht stark. Im Süd=Osten der Bai von Ben= galen hingegen herrschten strenge westliche Winde und schlechtes Wetter. Die Schiffe Ireshope und Patric trafen auf 6⁰ bis 13⁰ n. Br. starken West=Süd=West und West=Wind. Der Luft= druck bot desgleichen nichts Bemerkenswertes, die Schwankungen desselben waren unbeträchtlich und gewöhnlicher Art. Selbst zu Sangor=Island zeigte sich das Barometer nicht vor Mitternacht den 14. von dem heranrückenden Sturme affiziert, als das Zen= trum desselben nur noch 19,5 geographische Meilen entfernt war. Zu Kalkutta begannen deutliche Änderungen des Luftdrucks erst am Mittag des 15., als das Zentrum 21,5 Meilen entfernt war und erst 10—12 Stunden vor dessen größter Annäherung. Die Verteilung des Luftdrucks über der Bai von Bengalen war jedoch insofern abnorm, als der Luftdruck im Süden höher war als im Norden, während im Mittel die Verteilung des Druckes die entgegengesetzte ist, indem derselbe von Norden nach Süden hin um diese Zeit abnimmt. Der Witterungscharakter zeigte an beiden Orten jedoch schon früher das Herannahen schlechten Wet= ters an; besonders charakteristisch war das rasche Heraufziehen von Wolkenschichten aus Nord=Ost und Ost=Nord=Ost in größe= rer Höhe, während unten der Wind noch schwach war. Alle Sturm=Anzeichen trafen in Sangor=Island ungefähr 12 Stunden früher ein als zu Kalkutta.

Die Verteilung der Temperatur und Feuchtigkeit vor dem Sturme zeigt gar nichts Bemerkenswertes. Die Regenzeit hatte sich 1874 bis zu Anfang Oktober verlängert, aber vom 10. desselben Monats an war das Wetter über Bengalen meist trocken. — —

Wenn der Sturm in Kreisen um das Zentrum der Cyklonen

Wafferhofen auf dem Bodenfee am

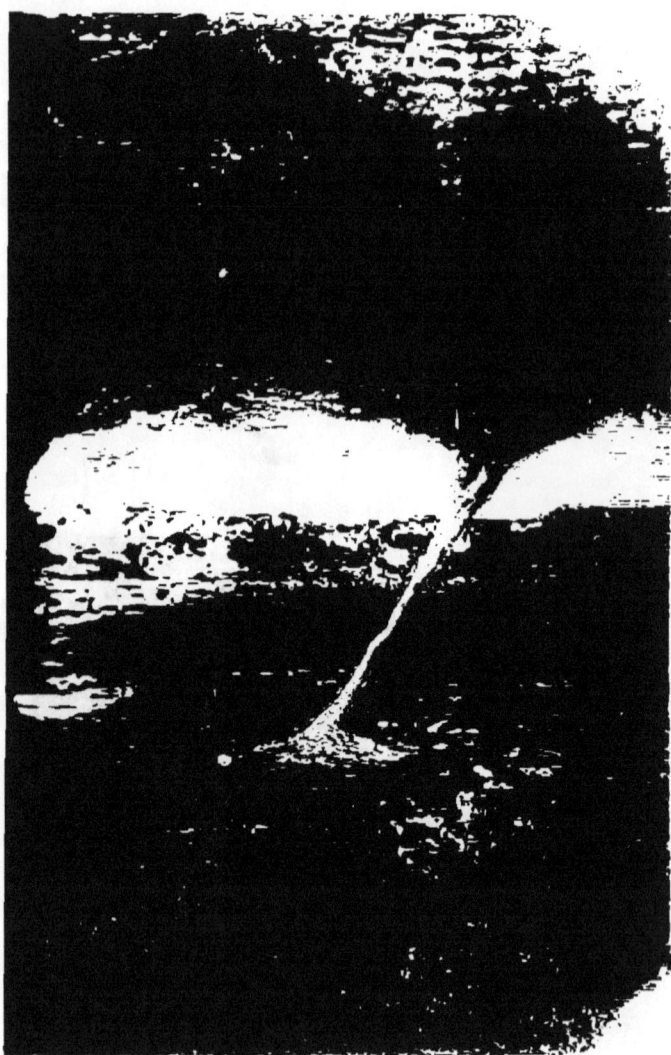

1872, vom Curort Heiden aus gesehen.

bläst, so ist die Richtung, in welcher dieses Zentrum liegt, leicht aufzufinden. Man hat nur nötig, dem Winde den Rücken zu drehen, so wird der Mittelpunkt auf unserer Hemisphäre genau links vom Beobachter liegen. Anders ist die Sache, wenn der Wind in Spiralen um das Zentrum läuft, alsdann weicht die Lage des Zentrums mehr oder weniger von der auf obige Weise ermittelten ab. So wichtig es nun auch für den Seefahrer ist, die Größe dieser Abweichung in jedem gegebenen Falle zu kennen, so schwierig bleibt es, dieser Forderung gegenwärtig wissenschaftlicherseits zu genügen, und selbst eine Autorität wie Meldrum äußert sich in dieser Hinsicht mit größter Reserve.

Tornados. Wirbelstürme von kleinem Durchmesser sind die sogenannten Tornados, bei denen die Drehbewegung nur gering ist. Die Breite dieser Phänomene beträgt bisweilen nur 1 englische Meile, oft bewegen sie sich nur wenige, bisweilen aber auch einige hundert englische Meilen weit. Die Luftbewegung ist bei Tornados überwiegend gegen das Zentrum hin gerichtet. Daß die Drehbewegung gering ist, rührt daher, weil der Einfluß der Erdumdrehung auf die Bewegung der zuströmenden Luftmassen um so geringer wird, je kleiner das ganze Phänomen ist. Vielleicht entstehen hier die Drehbewegungen auch nur durch lokale Strömungen; wie Ferrel glaubt, verhält es sich dabei vielleicht ebenso wie bei einem Wasserbehälter mit einem Loche in der Mitte des Bodens. Bei völliger Ruhe strömt das Wasser von allen Seiten radienförmig demselben zu und fließt ruhig aus, aber eine kaum merkliche Drehbewegung zu Anfang genügt, das Wasser schließlich in heftige Wirbelbewegung zu versetzen.

Tromben. Von den Tornados zu den Tromben, Sand- und Wasserhosen, ist kein großer Schritt. Die Landtromben erscheinen meist trichterartig, die Wasserhosen schlauchförmig und am Fuße von aufwirbelnden Wasserdünsten und schäumendem Wasser umgeben. Die mechanische Gewalt dieser Meteore ist häufig eine ungeheure. Lampadius hat eine Schilderung der Trombe gegeben, welche im vorigen Jahrhundert den Ort Hainichen im sächsischen Erzgebirge verheerte. An jenem Tage wehten veränderliche Winde, und mehrere Gewitterwolken waren aufgestiegen und vorüberge= zogen; da, gegen 4 Uhr nachmittags, ließ sich etwa eine Stunde von Hainichen entfernt, ein langer, nebelig aussehender Schlauch aus den Wolken zur Erde herab. Mehrmals wurde er wieder emporgezogen, aber er kam neuerdings auf den Boden nieder, und begann nun mit rasender Schnelligkeit, in weniger als 8 Minuten eine Strecke von einer deutschen Meile zu durchlaufen und zu verwüsten.

Alles, was dieses furchtbare Phänomen auf seinem Wege antraf, wurde verwüstet. In Arensdorf, wo es seinen Anfang nahm, riß es Dächer und selbst Häuser weg; in Dittersdorf zerstörte es ein ganzes, vor kurzem neuerbautes Gut. Das massive Wohnhaus wurde mit Ausnahme des linken Flügels ganz zerstört, und dieser letztere mit ungeheurer Gewalt 3 Ellen weit von seinem ursprünglichen Standorte verschoben. Das Dach und die mit Getreide beladenen Kornböden fand man in einem benachbarten Teiche. Darauf, nachdem sie noch eine andere Be= sitzung und mehrere Häuser in Trümmer gelegt, brach die Wetter= säule in den nahe liegenden Wald ein. In einigen Sekunden war eine 100 Fuß breite Allee durch den Forst hergestellt; kein Baum, kein Strauch blieb auf diesem Wege verschont. Eichen und Linden fand man ausgerissen und zerbrochen. Zum Schlusse hob die Säule noch einen Knecht mit zwei Pferden in die Lüfte empor, warf erstern in einen Hohlweg und die letzteren in ein nahes Gesträuch. Darauf zerteilte sie sich und verschwand spur= los, wie sie gekommen war.

Als Schilderung einer Wasserhose möge die Beschreibung, welche Napier von einem solchen Phänomen gegeben, angeführt werden. Am 6. September 1844 wurde in 30° 47' n. Br. und 62° 40' ö. L. v. Gr., gegen 2 Uhr nachmittags, etwa 360 Faden rechts vom Schiffe, die Bildung des Meteors beobachtet. Die Luft war dunstig und schwül, südwärts schwebten düstere, schwere Wolken niedrig am Himmel, der Wind ging veränderlich, und dann und wann fielen einige Regentropfen. Das Wasser erhob sich plötzlich in zylinderförmiger Gestalt und dunstartig in die Höhe. Der Fuß der Trombe zog südwärts, an Höhe und Umfang zunehmend, dem herabhängenden Gewölke entgegen, mit schraubenförmiger schneller Bewegung, bis er mit dem Ende einer Wolke in Berührung kam, welche auch ihrerseits herabsank, um mit ihm zusammenzutreffen. Die Wasserhose blieb einige Minuten lang, etwa eine Seemeile vom Schiffe entfernt, unverrückbar stehen. An ihrem Fuße kochte und dampfte das Wasser und entlud sich rauschend und zischend in die überhängende Wolke. Bald darauf drehte sich, dem gerade herrschenden Winde entgegen, die Trombe dem Schiffe zu und kam auf den Steuerbordbaum desselben zu. Trotz veränderter Richtung des Schiffes kam das Phänomen demselben ungemein nahe. Es wurden nun mehrere Schüsse auf die Trombe abgefeuert, und eine Kugel schnitt sie in etwa einem Drittel ihrer Höhe über der Basis mitten durch. Beide Stücke schwankten, wie vom Winde bewegt, einige Augenblicke hin und her, vereinigten sich indeß wieder zu einem Ganzen. Erst später zerstreute sich dies in eine ungeheure schwarze Wolke, die in großen schweren Tropfen ihre Wassermasse ausregnete. Die größte Höhe der Trombe betrug etwa 1700 Fuß.

Rücksichtlich ihrer Entstehung sind Cyklone, Tornados und Tromben enge verwandt, nur haben, wie bereits hervorgehoben wurde, bloß die ersteren hinreichend große Ausdehnung, um durch den Einfluß der Erdrotation je nach der Erdhemisphäre stets in die gleiche Wirbelbewegung versetzt zu werden.

Ferrel kommt auf Grund seiner Untersuchungen zu dem Ergebnisse, daß wenn ein nahe kreisförmiges Gebiet mit höherer Temperatur im Innern vorkommt und mit Temperaturgradienten, die ziemlich regelmäßig vom Zentrum nach allen Seiten auswärts hin wachsen, alsdann näherungsweise die Bedingungen zur Entstehung einer Cyklone vorhanden sind. Von allen Seiten wird nämlich dann die Luft sich von außen gegen den zentralen Teil hinbewegen, hier langsam emporsteigen und oben nach außen abfließen. Als Wirkung der Erdrotation muß nun die Tendenz zu einer Kreisbewegung entstehen, die auf der nördlichen Hemisphäre von Süden durch Osten nach Norden und Westen gerichtet ist. Durch die angegebenen Momente allein könnte indeß keine Cyklone auch nur einige Dauer erlangen, denn die im Innern emporsteigende trockene Luft kühlt sich bei Erhebung auf je 100 Meter um 1° C. ab, und die anfängliche Störung würde bald in ganz geringer Höhe ausgeglichen sein. Ist aber die Luft mit Wasserdampf gesättigt, so wird dieser beim Emporsteigen kondensiert, die frei werdende Wärme verhindert die rasche Abkühlung der Luft und unterhält deren Auftrieb, und dies dauert so lange als der aufsteigende Strom mit nahezu gesättigter Luft gespeist wird. Je vollständiger die Luft mit Wasserdampf gesättigt ist und je größer ihre Temperaturabnahme nach oben hin, um so größer wird im allgemeinen die Kraft des Wirbelsturmes sein. Wo die ursprünglichen Temperaturstörungen stets stattfinden, daselbst findet man auch feststehende Cyklonen, und Ferrel macht in dieser Beziehung auf die Umgebung von Island aufmerksam, in dessen Nähe der Golfstrom größere Erwärmung verursacht, als die weitere Umgebung besitzt. Die größern Cyklonen können aber, wenn sie einmal gebildet sind, nicht an einem Punkte verharren, vielmehr werden sie von der allgemeinen Bewegung der Atmosphäre fortgetrieben. Sie wandern deshalb in der Nähe des Äquators nach West, in mittleren Breiten dagegen nach Ost. Daneben ist aber die Richtung des Fortschreitens auch von der Richtung bedingt, in welcher die größte Feuchtigkeit liegt. Die fortschreitende Bewegung der Cyklonen, sagt Ferrel, ist gewöhnlich größer als die der Luft, auch in den obern Regionen, und besteht eigentlich in der fortwährenden Bildung neuer Cyklonen etwas vor der ältern, und diese Neubildung tritt leichter ein in der Richtung der größeren Feuchtigkeit. Die Tornados bilden sich, wenn die Luft sich in dem oben erwähnten Zustande befindet, der den Auftrieb begünstigt und unterhält. Man nennt diesen Zustand den labilen, d. h. unbeständigen Gleichgewichts=

zustand. Dieser kann in der Nähe der Erde eintreten, aber eben
so gut, oder wie Ferrel glaubt, noch häufiger in der Wolken=
region. Ähnlich wie in dem bereits früher angeführten Beispiele
des Wassergefäßes, würde aber der Ausgleich bei Abwesenheit
jeder sonstigen Störung langsam und ruhig erfolgen, daher ge=
hört zur Bildung eines Tornado noch die Bedingung, welche
die Kreisbewegung erzeugt. Beginnt nun die Wirbelbewegung
in der Höhe, so pflanzt sie sich rasch zur Erde hinab fort, die
Zentrifugalkraft aber wirkt nach Ferrel wie eine Barrière gegen
das Einströmen der äußern Luft, so daß im Innern ein starker
Zug der aufsteigenden Luft erzeugt wird. Die in die Höhe ge=
wirbelte feuchte Luft kondensiert sich bald, und indem sie oben durch
die Zentrifugalkraft fortgeschleudert wird, bildet sich ein größeres
Gebiet mit schwerem Gewölk. Der nach oben gerichtete Zug ist
im Innern eines Tornado bisweilen so bedeutend, daß schwere
Gegenstände in der Luft schwebend erhalten und mit fortgeführt
werden. Wie die Tornados besondere Fälle der Cyklonen sind,
so betrachtet Ferrel die Wasserhosen als besondern Fall von
Tornados. Wo die Luft an der Erdoberfläche in einem
Tornado nicht nahezu mit Feuchtigkeit gesättigt ist, muß sie am
äußern Rande eines Tornado höher steigen, bevor die Wolken=
bildung eintritt, und auch das nahezu horizontale Einfließen
und die Wirbelbewegungen unten müssen sich dem Zentrum stark
nähern, bevor die Wolke entsteht, und je näher zur Erdober=
fläche, desto mehr muß die Luft sich dem Zentrum nähern. Da=
her nimmt die Wolkenbasis oben eine Trichter=Gestalt an mit
einem langen spitz zulaufenden Stamm, der bis zur Erde oder
zum Meere herabreicht. Eine Wasserhose ist somit einfach die
Wolke, welche zur Erde herniedergebracht wird durch die schnellen
Kreisbewegungen in der Nähe eines Tornado=Zentrums.

Wie ein Tornado schwere Gegenstände in der Luft längere
Zeit schwebend erhalten kann, so wird auch Regenwasser in dem
Zentrum des Tornado in großen Massen angehäuft, das sich
dann *mit großer Gewalt in Wolkenbrüchen* zur Erde entladet.

Am leichtesten treten dieselben in Gebirgen auf, weil ein Tornado, der ein Gebirge trifft, meist in seiner Macht gebrochen wird und das bis dahin schwebend gehaltene Wasser nieder stürzen läßt.

Durch die Zentrifugalkraft des Tornado werden kondensierte Wolkenmassen zur Erde gebracht und erzeugen die Wasserhosen; aus noch höheren Schichten wird so verdünnte und kalte Luft herniedergeführt, daß die Dämpfe zu Schnee und die Wassertropfen zu Eis gefrieren, selbst mitten im Sommer. An den Stellen, wo der Zug nach oben schwächer ist, fallen diese zu Boden, sich auf ihrem Wege durch die kondensierten Wolken immer mehr vergrößernd, und bilden Hagelstürme. Unter Umständen können die Hagelkörner von dem im Innern stattfindenden Zuge wieder in die Höhe gerissen, oben lange schwebend erhalten werden, so daß sie Gelegenheit haben, sehr ungewöhnliche Dimensionen anzunehmen, bis sie auf die Erde fallen.

Die Sandhosen entstehen in derselben Weise wie die Tornados, in trocknen, sandigen Wüsten.

Die Stürme der gemäßigten und kalten Zonen sind niemals so heftig wie die Cyklonen der Tropen, auch erscheinen sie meist, wie schon bemerkt wurde, nur als Teil von Wirbeln. Dafür sind sie indeß viel häufiger als die tropischen Orkane, und man kann behaupten, daß in dem nördlichen Teile unserer Erdhälfte, in Nordamerika sowohl als auf dem atlantischen Ozean und in Europa kein Tag ohne starke, stellenweise stürmische Winde vorübergeht. Am wichtigsten sind für uns die Stürme des atlantischen Ozeans, denn sie sind es, die über unsern Erdteil hinwegziehen, indem in Europa selbst nur in seltenen Fällen ein wirklicher Sturm sich spontan bildet. Nach den Untersuchungen von Hoffmeyer, der 285 cyklonale Wirbelzentra des atlantischen Ozeans zwischen 30° und 70° n. Br. und 10° bis 60° w. L. untersucht hat, scheint nur ein geringer Teil derselben auf offenem Meere entstanden zu sein, beinahe die Hälfte kam von den Vereinigten Staaten oder von *Kanada* her; nahezu 2/5 bildeten sich auf dem Atlantik, durch Ab

sonderung aus einer schon bestehenden Cyklone. Man nennt sie
Teil=Minima. Etwas weniger als ¹/₁₀ zeigte sich zuerst zwischen
den Azoren und Neufundland und stammte wahrscheinlich aus
dem tropischen Teile des Ozeans, ¹/₁₃ endlich erschien in der
Baffins=Bai oder der Davis=Straße und kam wahrscheinlich aus
dem arktischen Amerika. Die Ausdehnung dieser Depressionsge=
biete war sehr verschieden, indem einige fast die ganze Breite des
atlantischen Ozeans einnahmen und gleichzeitig die amerikanische
und europäische Küste berührten, bei allen aber handelte es sich um
größere Stürme. Der Zahl nach verteilen sie sich ziemlich gleich
förmig auf alle Jahreszeiten, im Winter aber haben sie einen
stürmischeren Charakter und größern Umfang. Von besonderer
Wichtigkeit sind, wie wir später noch finden werden, die Teil=
Minima. Man kann sie mit Hoffmeyer in drei Haupttypen
zerlegen: Ausbildungen auf der Rückseite und seitliche (laterale)
Ausbildungen. Wenn, bemerkt derselbe, ein stark entwickeltes
Minimum von Kanada oder Labrador dem atlantischen Ozean
sich nähert und eine nördliche Route nach Europa einzuschlagen
scheint, so sehen wir sehr häufig, daß sich vor demselben ein
Teil=Minimum bildet, sei es auf der Davis=Straße oder auf dem
Meere, welches Süd=Grönland von Island trennt, zuweilen so=
gar gleichzeitig in beiden Gegenden. Wenn nun das Haupt=
minimum sich rasch vorwärts bewegt, so erreicht es gewöhnlich
am folgenden Tage den Ort, wo das Teil=Minimum entstanden
war, und vereinigt sich mit diesem; während, wenn durch eine
Ursache das Hauptminimum einen Aufenthalt in seinem Fort=
schreiten erfährt, unter günstigen Umständen die als Vorläufer
auftretenden Teil=Minima sich zu selbständigen Minimis entwickeln,
die sich ostwärts nach Europa hin bewegen. Dieselben Verhält=
nisse wiederholen sich, wenn das Hauptminimum die Davis=
Straße oder Baffins=Bai erreicht hat, da sich dann ein Teil=
Minimum als Vorläufer im Westen und Süd=Westen von Island
bilden kann; sie wiederholen sich nochmals, wenn dieser Punkt
erreicht ist, durch Bildungen auf der Vorderseite zwischen Island,

Norwegen und Schottland. Auf der großen nördlichen Straße der Depressionen ist die Ausbildung der Teil-Minima auf der Vorderseite so häufig und erreichen die letztern einen solchen Ent= wickelungsgrad, daß es schwierig wird zu sagen, wo das eigent= liche Hauptminimum liegt; und diese Schwierigkeit steigert sich noch, wenn gleichzeitig dieselben Gegenden die größte Neigung zur Bildung der Teil-Minima auf der Rückseite zeigen. So zeigt sich häufig, wenn ein starkes Depressionszentrum die Davis= Straße erreicht hat, ein Teil-Minimum über Labrador oder dem St. Lorenz=Golf, ferner wenn das Hauptminimum an der West= küste Islands liegt, ein Teil-Minimum auf der Davis=Straße, und endlich, wenn das Hauptminimum sich jenseits Islands Europa nähert, ein sekundäres Minimum im Süd=Westen oder Süden von Island, welches jenem folgt. Erlangen diese Teil= Minima Selbständigkeit, so geben sie ihrerseits neuen sekundären Bildungen Ursprung, und dieses ist die Ursache dafür, daß ge= wisse von Amerika nach Grönland und Island gehende Depressio= nen eine ganze Reihe von Minimis veranlassen, die Nordeuropa heimsuchen.

Was die seitlichen (lateralen) Ausbildungen betrifft, so sind sie zwar so ziemlich die häufigste Form der Teil-Minima, sie er= langen jedoch seltner einen solchen Grad der Selbständigkeit, wie jene der Vorder= und Rückseite. Die Mehrzahl der seitlichen Bildungen entsteht auf der Südseite der großen Depressionen, weshalb wir ihnen vorzugsweise im westlichen Teile des Ozeans zwischen 35° und 40° Breite begegnen, von wo sie nach Europa, und zwar am häufigsten nach den britischen Inseln, sich fort= pflanzen. Dieser Art sind die häufigen atmosphärischen Störungen, denen die Schiffe auf der Reise von Europa begegnen, und die ihnen die häufigen raschen Ausschießer des Windes von Süd= West nach Nord=West mit nachfolgendem Zurückdrehen gegen Süd=West bringen. Vielfach sind auch diese Teil-Minima mit Unrecht für die Fortsetzung nordamerikanischer Minima genom= *men worden.*

Laterale Bildungen kommen auch auf der Nordseite der großen Minima vor und entstehen in der Davis-Straße wie im Süd-Westen und Süden von Island; sie erreichen indeß selten irgend welche Selbständigkeit und zeigen meistens eine Tendenz, stationär zu verbleiben, wovon die Ursache vielleicht darin zu suchen ist, daß, um ostwärts zu wandern, sie sich der Luftbewegung um das Hauptminimum entgegen bewegen müßten.

Endlich hebt Hoffmeyer noch eine besondere Art von Randbildungen hervor, die auf der Westseite solcher barometrischen Depressionen sich ausbilden, die nicht das regelmäßige Fortschreiten von West nach Ost in gewohnter Weise zeigen; diese Teil-Minima können darum nicht zu den Bildungen auf der Rückseite — mit denen sie im übrigen die größte Ähnlichkeit haben — gerechnet werden. Diese Teil-Minima sind oft von großer Bedeutung für die Witterung Europas, und die Bedingungen für ihre Ausbildung sind nach Hoffmeyer die folgenden. Nachdem eine oder mehrere starke Depressionen Westeuropa erreicht haben, bildet sich zuweilen über dem nordatlantischen Ozean ein Gebiet hohen Druckes, das sich von Island und Grönland bis zu den Azoren erstrecken kann und sich ziemlich unverändert einige Zeit lang erhält, ohne sich ostwärts nach Europa fortzubewegen. Der Einfluß dieser Maximums äußert sich darin, daß die über Europa befindlichen Minima in ihrer ostwärts gerichteten Bewegung zurückgehalten werden und nicht selten sogar sich entweder selbst gegen Nord-Westen oder Süd-Westen bewegen oder doch nach diesen Richtungen hin Teil-Minima entwickeln.

Auf dem europäischen Festlande setzen die vom atlantischen Ozean herübergekommenen Cyklonen ihren Weg in den bei weitem meisten Fällen gegen Osten hin fort, aber im einzelnen sind ihre Bahnen sehr verschieden. Manche laufen über Skandinavien in der Richtung gegen das weiße Meer hin, andere schreiten rein östlich fort und verschwinden im Innern Rußlands, wieder andere wenden sich gegen Süd-Ost, auch hakenförmig gekrümmte Bahnen kommen vor. In einzelnen Fällen durchlaufen Teil

Minima Mitteleuropa mit rascher Bewegung von Süden nach
Norden, ja nach Nord-Westen, in anderen Fällen kommen solche
von Norden rasch gegen Süden herab. Rechnet man dazu, daß
sich die Geschwindigkeit der Fortbewegung ungemein ändert und
ebenso die Tiefe der Minima, so erkennt man, daß es sich bei
diesen Phänomenen um eine so große Verschiedenheit und so reiche
Mannigfaltigkeit handelt, daß das Aufsuchen von Mittelwerten
für Richtung und Geschwindigkeit dieser Minima praktisch gar
keinen Wert hat. Wie wir bereits wissen, unterscheiden sich
die Stürme der höhern Breiten dadurch von den tropischen
Orkanen, daß bei jenen nicht rings um das Minimum stürmische
Winde wehen, sondern nur an einer oder einigen Seiten. Bei
den Cyklonen, welche über Europa hinwegziehen, herrscht meist
bloß an der Südwest- und Nordwest-Seite Sturm, auch erscheinen
die heftigsten Winde nicht in der Nähe des Zentrums, sondern
in einer gewissen Entfernung von demselben. Hierfür läßt
sich keine Durchschnittsregel finden, vielmehr zeigt jedes einzelne
Minimum seinen besonderen Charakter.

Die elektrischen Erscheinungen der Atmosphäre.

Zu den elektrischen Erscheinungen, welche die Lufthülle darbietet, rechnen wir hier nicht die schwachen Spuren von Elektrizität, die man mittels besonderer Instrumente zu beobachten pflegt
und aus denen man auf eine positive Elektrizität der Luft oder
eine negative des Erdbodens schließt. Vielmehr sollen hier nur
die gewaltigen Erscheinungen des Gewitters und einige damit
in engerem Zusammenhange stehende Phänomene zur Sprache
kommen.

Das Gewitter ist eine der großartigsten Naturerscheinungen,
deren Ausgangspunkt oder Herd sich uns innerhalb gewisser
Wolken darstellt, welche sich an der untern Seite durch bleigraue

Schieferfarbe auffallend charakterisieren. Allerdings sind alle Wolken elektrisch, und zwar in verschiedenen Teilen entgegengesetzt, allein nur diejenigen Wolken werden als Gewitterwolken betrachtet, bei denen die elektrischen Entladungen von beträchtlichen Licht= und Schallerscheinungen begleitet sind. Diese Wolken bilden gewisser= maßen mächtige Magazine von freier Elektrizität und entladen dieselbe in den gewaltigen Strahlen der Blitze. Es ist aus der Physik bekannt, daß es zwei verschiedene Elektrizitäten giebt, die man nach dem Vorgange Franklins als positive und negative unterscheidet. Dieselben treten immer gleichzeitig räumlich ge= trennt auf und besitzen das Bestreben, sich zu vereinigen; erfolgt diese Vereinigung, so verschwindet jede wahrnehmbare elektrische Wirkung, es ist nun anscheinend keine Elektrizität mehr vorhanden. Dagegen genügt es, einen Körper, welcher elektrisch, ist in die Nähe eines nichtelektrischen zu bringen, um diesen durch die verteilende Wirkung (Influenz) der in ersterem vorhandenen Elektrizität ebenfalls elektrisch zu machen. Diese letztere Elektri= zität ist dann natürlich die entgegengesetzte der ersteren. Beide streben sich nun zu vereinigen, es entsteht zwischen ihnen eine gewisse Spannung, bis unter Umständen ein elektrischer Funke überspringt und die Vereinigung bewirkt. Denken wir uns eine mit freier Elektrizität angefüllte Wolke über der Erde schwebend, so wird ihre influierende Wirkung folgende sein. Sie stößt die gleichnamige Elektrizität ab, und diese begiebt sich in die Tiefe der Erde, die ungleichnamige dagegen wird angezogen, und be= sonders die Wassermassen, oberflächliche sowohl wie unterirdische, werden mit dieser entgegengesetzten Elektrizität geladen. Gegen= stände an der Erdoberfläche, Berge, Türme, Häuser, Bäume, bilden nur die Zwischenleiter. Die elektrische Spannung zwischen der Wolke und der Erde ist keineswegs überall gleich, sondern an einzelnen Stellen stärker, an anderen schwächer. Ist sie zu einer gewissen Intensität gelangt, so erfolgt die Vereinigung der Elektrizitäten durch den Blitz, der seinen Weg über diejenigen Zwischenleiter nimmt, welche ihm den geringsten elektrischen Widerstand entgegensetzen. In vielen Fällen gleichen sich entgegenge setzte Spannungen in der Atmosphäre aus, und die Blitze erfolgen dann in der Höhe.

Blitzableiter. Die Thatsache, daß der Blitz, wenn er zur Erde niederfährt, denjenigen Weg in den Boden nimmt, auf welchem die Summe der elektrischen Widerstände am kleinsten ist, führte Franklin auf die Konstruktion des Blitzableiters. Dieser ist nichts anderes als ein künstlich dem Blitze bereiteter bequem= ster Weg zu dem unterirdischen Wasser des Erdbodens. Indem der elektrische Strahl diesen Weg benutzt, verschont er die Nach- barschaft oder mit andern Worten, er fährt ohne Beschädigung des Gebäudes an dem Blitzableiter in die Erde. Der Blitzab- leiter spielt also nur eine passive Rolle, er wirkt nicht agressiv, er zieht den Blitz nicht an, auch vermindert er nicht die Zahl der Blitzschläge. Soll aber ein solcher Ableiter gut funktionieren, so muß er dem Blitze einen ununterbrochenen Weg in den Erd- boden darbieten, oben in eine Spitze endigen und unten im Boden direkt zu möglichst ausgedehnten Wassermassen führen und in diesen endigen. Eine Endigung im feuchten Erdboden ist immer ungenügend, und wo man unterirdische Wasser nicht erreichen kann, soll man besser die Anlage eines Blitzableiters unterlassen.

Häufigkeit der Gewitter. Die häufigsten Gewitter weist die heiße Zone auf; in der Kalmenzone kommen fast ohne Ausnahme täglich die gewaltigsten elektrischen Entladungen vor. Gegen die gemäßigte und kalte Zone hin nimmt die Gewitterhäufigkeit ab, doch fehlen diese Erscheinungen selbst in den arktischen Regionen keineswegs vollständig. In Europa nimmt die Zahl der Herbst= und Wintergewitter vom Innern gegen die atlantische Küste hin zu; dagegen fehlen Wintergewitter beinahe vollständig östlich von einer Linie über Drontheim, Königsberg, Pest nach dem Balkan.

Nach den Untersuchungen von Hellmann nimmt die durch= schnittliche jährliche Anzahl der Gewitter in Deutschland im allgemeinen von Nord=Ost nach Süd=West zu; an der Ostsee ist sie *am geringsten*, in der oberrheinischen Ebene am größten. Im

Binnenlande erleidet die Häufigkeit der Gewitter durch lokale Verhältnisse vielfach Modifikationen. Was die Seehöhe betrifft, so wächst die Anzahl der Gewitter bis zu Höhen von 1300 oder 1400 Meter, aber nach den Beobachtungen in den österreichischen und schweizer Stationen nimmt sie darüber hinaus wieder ab. In Deutschland und Österreich-Ungarn kommen die zahlreichsten Gewitter in den Monaten Juni, Juli und August vor.

Was die tägliche Verteilung der Gewitter anbelangt, so sind dieselben in den Nachmittagsstunden häufiger als vormittags oder nachts, überhaupt ist ihre Häufigkeit parallel der Veränderung der Tagestemperatur, das Maximum fällt auf die heißesten, das Minimum auf die kühlsten Stunden.

Zwei Klassen von Gewittern. Die meisten Gewitter erscheinen bei uns mit den atlantischen Depressionen und zwar meist an der Südseite, und man kann sie als Wirbelgewitter bezeichnen, im Gegensatze zu den mehr lokalen Gewittern, die sich im Sommer zur Zeit sehr großer Hitze zu bilden pflegen und die man als Wärmegewitter bezeichnet. Nach Hildebrandsson treten beide Klassen von Gewittern, wenigstens in Schweden, häufig zusammen auf in nahe liegenden Gegenden des Landes. Bei großen Wirbeln bringt der stark aufsteigende Luftstrom auch starke elektrische Entladungen hervor, die, dem Wirbel folgend, über dem Lande als gut ausgeprägte Wirbelgewitter fortschreiten. Schwächere Wirbel dagegen wirken besonders bei verhältnismäßig klarem Himmel nur als das Auftreten lokaler Gewitter erleichternd. Sie folgen im großen und ganzen dem Gange der Wirbel, treten aber nicht überall auf und oft zu sehr verschiedenen Zeiten an benachbarten Stationen, so daß es ebenso unmöglich ist, diese Gewitter auf der Karte darzustellen als die eigentlichen ganz sporadischen Wärmegewitter an heißen Sommertagen. Warum verschiedene Wirbel sich in dieser Hinsicht ungleich verhalten, indem sie bisweilen von sehr heftigen und zu andern Zeiten von gar keinen elektrischen Entladungen begleitet sind, ist freilich noch eine offene Frage.

Man darf sich ein Gewitter übrigens niemals als ein fertiges

Etwas vorstellen, als eine elektrische Wolkenansammlung, die Blitze spendend so lange weiter zieht, bis ihre Elektrizität erschöpft ist, sondern das Gewitter ist ein Prozeß, der sich eine gewisse Zeit hindurch stets erneuert in dem Maße, als er die dazu geeigneten Zustände der Atmosphäre antrifft. Daher auch die ungleiche Heftigkeit der Gewitter an verschiedenen Orten, ebenso das Fehlen an Zwischenorten, oder das sprungweise Fortschreiten derselben.

Die Höhe der Gewitterwolken über dem Erdboden ist sehr ungleich, bei uns kann man sie im Flachlande zu 1600 bis 2000 Meter annehmen, doch kommen auch bedeutend größere Höhen vor, obgleich den Gebrüdern Schlagintweit zufolge die Gewitter in den Alpen nur selten Höhen gleich dem Monte Rosa oder Mont Blanc erreichen. Humboldt hat auf dem Gipfel des Tolucca in 4800 Meter Höhe Spuren der schmelzenden und verglasenden Wirkung des Blitzes gefunden; es ist jedoch nicht ausgeschlossen, daß diese Spuren von Blitzen herrühren, die aus einer tiefer schwebenden Wolke nach aufwärts fuhren. Bei einem von mir gemessenen Blitze, am 16. Mai 1863, lag der Ausgangspunkt in 4000 Meter Höhe. Die geringste Höhe, in der eine Gewitterwolke schwebte, ist diejenige, welche am 26. August 1827 über dem Kloster Admont in Steiermark bei einem Gewitter stattfand, während dessen der Blitz zwei Priester im Chor der Kirche tötete. Dieses Kloster liegt in einem Thale, an dessen Seite sich ein Berg erhebt, auf welchem 373 Fuß über der Thalsohle ein Schloß steht. Von hier aus erblickte man während des Gewitters das Kreuz des Klosterturmes aus der Gewitterwolke hervorragen und unter dieser letztern ein Turmfenster, das sich 89 Fuß über dem Boden befindet. Der Turm selbst ist 114 Fuß hoch. Aus diesen Daten ergiebt sich, daß die Gewitterwolke nur 89 Fuß über dem Boden schwebte und dabei noch keine 25 Fuß dick war. Über dieser Wolke befand sich indes noch eine zweite, deren Höhe der Berechnung nach 2335 Fuß betrug. Zwischen diesen Wolken sprangen Blitze über und zwar *meist von der untern zur obern.*

Drei Klassen von Blitzen. Dem Aussehen nach giebt es drei verschiedene Klassen von Blitzen: zickzackförmige, solche, bei denen sich die Wolken zu öffnen scheinen, und kugelförmige (globuläre) Blitze. Arago hat dieselben in folgender Weise charakterisiert: „Die erste Klasse enthält gewisse von Jedem genugsam wahrgenommene Blitze, die aus einem gedrängten, schmalen und an seinen Rändern scharfbegrenzten Lichtstrahle oder Lichtstreifen zu bestehen scheinen. Diese Blitze sind weder immer weiß, noch überhaupt immer von derselben Farbe. Die Meteorologen haben ihrer Aussage nach purpurrote, violette und bläuliche beobachtet. Ungeachtet ihrer unglaublich großen Geschwindigkeit bewegen sich diese Blitze doch nicht in gerader Linie; im Gegenteil schlängeln sie sich gewöhnlich und beschreiben im Raume vollkommen deutliche Zickzacke.

Das Licht der Blitze zweiter Klasse ist nicht mehr in geschlängelten Linien von sehr geringer Breite konzentriert, sondern gerade im Gegenteil über sehr große Flächen ausgebreitet; auch hat es weder die Weiße, noch die Lebhaftigkeit des Lichtes der zuvor beschriebenen Blitze. Oft hat es eine sehr intensiv rote Färbung; von Zeit zu Zeit herrscht darin auch Blau oder Violett 'vor. Trifft es sich, daß ein Blitz der zweiten Klasse von einem zickzackförmigen der ersten Klasse gekreuzt wird, so bemerkt auch das ungeübteste Auge den Unterschied ihrer Farben. Die Blitze der zweiten Klasse scheinen bisweilen nur die Umrisse der Wolken, von denen sie ausgehen, zu erleuchten. Bisweilen verbreitet sich ihr lebhaftes Licht aber auch über die ganze Oberfläche dieser Wolken und scheint sogar aus ihrem Innern zu kommen. Man könnte dann in Wahrheit sagen, daß die Wolken sich öffnen. Im Verlaufe eines gewöhnlichen Gewitters kommen Tausende der Blitze zweiter Klasse auf einen schmalen geschlängelten Blitz der ersten Klasse.

Die Blitze der dritten Klasse unterscheiden sich von den vorhergehenden durch ihre Dauer, durch ihre Geschwindigkeit und ihre Form. Während der schmale, zickzackförmige, scharfgezeichnete Blitz nur höchst unbedeutende Bruchteile einer Sekunde dauert, sind die Blitze dritter Klasse während einer, zwei, zehn ꝛc. Zeitsekunden sichtbar. Ziemlich langsam bewegen sie sich von den Wolken zur Erde, so daß das Auge deutlich ihren Lauf verfolgen und ihre Geschwindigkeit zu schätzen vermag. Die Räume, die sie erfüllen, sind deutlich und bestimmt begrenzt und können ihrer Gestalt nach nur sehr wenig von einer Kugel verschieden sein, weil ihre Projektion aus der Ferne stets als leuchtender Kreis erscheint."

Die globulären Blitze sind gegenwärtig noch sehr geheimnisvolle Erscheinungen, ja zuweilen wird sogar ihre Existenz bezweifelt. Einige gut verbürgte Beispiele mögen daher hier mitgeteilt werden.

Im Jahre 1826 sah van der Smissen nach einem Donnerschlage auf dem Fußboden seines Zimmers plötzlich einen Feuerball von der Größe eines Hühnereies, der über die gefirnißte Diele mit der Schnelligkeit einer Maus gegen die offene Thüre lief, auf das Geländer der ins Erdgeschoß führenden Treppe sprang und, ohne Spuren von Zerstörung zu hinterlassen, verschwand.

Am 8. Februar 1860 nachmittags 1½ Uhr schlug der Blitz in das Schulhaus zu Bouin im Departement Loire, als die Schüler eben das Nachmittagsgebet hersagten. Der Blitzschlag machte sich zuerst dadurch bemerklich, daß Kalk, Holz und Steine unter die Kinder fielen, wodurch ein lautes Geschrei entstand. Darauf rollte ein kleiner Feuerball unter die Bänke, an dem Lehrer vorüber, der nur an den Kleidern beschädigt wurde. Sein Sohn dagegen, welcher unter einer Lampe saß, und drei oder vier andere Schüler wurden getötet. Der Feuerball nahm seinen Weg ins Freie durch eine Fensterscheibe, in welche er ein rundes Loch bohrte, ohne sie sonst zu beschädigen, während alle übrigen Scheiben zertrümmert wurden.

Am 21. März 1877 gegen Mitternacht bemerkte Ed. Plane zu Vence im südlichen Frankreich zerstreute Blitze am Osthimmel.

Er begab sich nach einem für die Beobachtung günstigen Orte und sah den ganzen Osten bedeckt von einer Schicht schwarzer Wolken, über denen nach verschiedenen Richtungen eine Anzahl kleiner flockiger Wolken hin und her lief, wie auf einer dichten, siedenden Masse leichte Schlacken hin und her geschlendert werden. Nordöstlich von Vence in etwa 18 Kilometer Entfernung schien eine dicke, schwarze Wolke ungemein bewegt; sie hob und senkte sich unaufhörlich; über dieser schienen Feuerkugeln aus einem unsichtbaren Zentrum hervorzukommen, alle möglichen Richtungen anzunehmen, und nachdem sie 6 bis 10 Grad durchlaufen, zerstoben sie geräuschlos und entwickelten einen blendenden Glanz. Der scheinbare Durchmesser dieser Kugeln war 1 Grad, ihre Farbe rötlich, zuweilen gelb, aber stets beim Zerspringen weiß. Ihr horizontaler Lauf war parallel der Ebene der Wolken; sie hatten das Aussehen ungeheurer Seifenblasen, deren Leichtigkeit sie auch zu besitzen schienen. Die Erscheinung wiederholte sich drei- bis viermal in zwei Minuten. Der Gang der Kugeln schien verhältnismäßig langsam, sie durchliefen nicht mehr als 2 Grad in der Sekunde. Von Zeit zu Zeit durchfurchte ein Blitz die Wolke von oben nach unten, und einige Sekunden später hörte man ein dumpfes Rollen. Das Unwetter rückte näher, und bald verdeckten leichte Wolken das Phänomen, das eine westöstliche Richtung einhielt und etwa 1 Meile nördlich von Vence vorüber zog. Länger als eine Stunde war das Licht der geräuschlosen Blitze wahrnehmbar. Dann folgte ein mit Hagel gemischter Regen, der Himmel verdunkelte sich immer mehr, und von Donner begleitete Blitze durchzuckten ihn nach allen Richtungen.

Über einen merkwürdigen globulären Blitz, der am 24. Juli 1877 auf dem Hofe Österdammen nahe bei Hjörring in Jütland anstrat, hat Tromhold folgende direkte Mitteilungen des Besitzers jenes Gutes erhalten: „Schon am Morgen des genannten Tages hörten wir in der Ferne ein heftiges Gewitter, das sich im Laufe des Vormittags näherte, aber doch nicht so nahe kam, daß wir etwas befürchteten. Am Mittag um 12 Uhr setzten

13*

wir uns zu Tische, ohne etwas zu ahnen; als wir plötzlich alle
von Schrecken beinahe gelähmt wurden, indem wir eine Feuerkugel gewahrten, von der Größe und Gestalt eines Menschen-
kopfes und von rötlich-gelber Farbe, wie der Mond an einem
dunklen Oktober-Abend, doch ein wenig heller. Die Kugel, die
einen starken Schein über ihre Umgebung verbreitete, kam heraus-
gefahren aus einer geöffneten Thüre, 15 Ellen entfernt von den
Fenstern des Zimmers, in welchem wir uns aufhielten; sie schlug
gegen das Pflaster, zerstreute sich nach allen Seiten, als ob sie
explodiere, und war in demselben Augenblicke verschwunden. Sie
wurde von einem entsetzlichen Geprassel begleitet, das alles in
und um uns erschütterte, das aber eben so plötzlich verschwand,
als die Erscheinung. Zugleich entstand ein dichter, bläulicher
Rauch aus der Thür und dem innerhalb dieser befindlichen
Feuerherd, durch den die Kugel wahrscheinlich gegangen ist:
denn am Boden des Schornsteins, welcher unten offen ist, sowie
längs dem steinernen Fußboden lag eine Menge Asche und Ruß,
die der Luftstrom mit sich geführt hat. Diesen Weg hat die
Kugel passieren können, ohne auf Hindernisse zu stoßen. Die
angrenzenden Zimmer standen ebenfalls voll von Rauch, der wie
Pulverdampf roch, und so stark war, daß er das Athmen be-
schwerte. Sonst habe ich keine Wirkung des Blitzes entdecken
können, weder von einer Explosion, noch Spuren von Feuer, mit
Ausnahme eines einzigen Steines im Schornstein, der sich ein
wenig gelöst hatte. Über die ursprüngliche Richtung und
Schnelligkeit der Feuerkugel weiß ich nichts, und obgleich ich
mehrere danach gefragt habe, hat Niemand etwas besonderes
gesehen, wohl aber haben mehrere das dumpfe und schmetternde
Geräusch gehört, das so urplötzlich nachließ. Während des
Schlages war kein Gewitterschauer über uns: es regnete
ein wenig, aber einige Minuten später hatten wir wieder Sonnenschein. Nach dem Erscheinen der Kugel wurden auch weder
Blitze gesehen noch Donner gehört, bis 5 Uhr nachmittags, als
ein starkes Gewitter über unsere Gegend zog."

Der Donner. Der dem Blitze folgende Donner entsteht durch eine Bewegung der Luft, doch ist man noch weit davon entfernt, alle Phänomene des Donners genügend erklären zu können. Wahrscheinlich ist das bald stärkere bald schwächere Rollen des Donners eine Wirkung des Echos. Wenn der Blitz unmittelbar in der Nähe des Beobachters einschlägt, so vernimmt man meist nur einen kurzen scharfen Knall, bisweilen auch ein kurzes, scharf abgebrochenes Trommeln. Aus der Zeitdauer, die verfließt zwischen dem Aufleuchten eines Blitzes und dem nachfolgenden Donner, findet man näherungsweise die kürzeste Entfernung dieses Blitzes vom Beobachter in Metern, wenn man die Zahl der Sekunden zwischen Blitz und Donner mit 340 multipliziert.

Eigentümlichkeiten beim Blitzschlage. Der Blitz als elektrischer Funken zeigt alle Eigentümlichkeiten des letzteren; vor allem nimmt er seinen Weg gern gegen hervorragende, besonders spitz zulaufende Gegenstände. Kirchtürme sind bekanntlich in hohem Grade den Blitzschlägen ausgesetzt, ebenso Schiffe, beide können jedoch durch richtig angelegte Blitzableiter völlig geschützt werden. Daß der Blitz besonders gern in Bäume einschlägt, ist so allgemein bekannt, daß man sich wundern muß, wie noch immer zahlreiche Menschen unvorsichtig genug sind, während eines Gewitters unter Bäumen Schutz zu suchen. Häufig wird bei Blitzschlägen in Bäumen die Rinde in schraubenförmigen Windungen abgeschält, seltener wird der Stamm zersplittert. Metalle üben eine sehr große Anziehung auf den Blitz aus; um metallische Gegenstände zu erreichen, durchbricht derselbe bisweilen sogar dickes Mauerwerk. Dünne Metallmassen, besonders Drähte werden nicht selten durch den Blitz geschmolzen. Der Blitz entzündet bisweilen die Gegenstände auch, welche er in seinem Laufe trifft, bisweilen aber zerschmettert er leicht entzündbare Dinge, ohne Feuer hervorzurufen. Verletzungen organischer Wesen durch den Blitz deuten in den allermeisten Fällen durchaus nicht auf die schrecklichen Wirkungen desselben. Reimarus führt ein Beispiel an, wo zwei Menschen, die, um dem Gewitter zu entgehen, hinter einer Hecke Schutz gesucht hatten, dort vom Blitze erschlagen wurden. Man fand sie in ihrer früheren Lage, mit offenen Augen, der Eine hielt noch ein Stück Brod in der Hand, das er einem Hunde, der auf seinem Schoße saß und mit erschlagen wurde, reichen wollte. In einem andern Falle er= schlug der Blitz einen Menschen, der am hintern Ende eines Bootes saß; sein Aussehen war so wenig verändert, daß man einige Zeit glaubte, er schliefe nur. Wenn bei einem Blitzschlage nicht sofortige Tötung eintritt, so wird der Getroffene in fast allen Fällen mit dem Leben davon kommen, ja meist nicht ein= mal dauernd nachteilige Folgen zu tragen haben.

Anzahl der durch den Blitz herbeigeführten Un= glücksfälle. Diese ist bei weitem größer, als man gewöhnlich denkt. Nach der preußischen Statistik ist folgendes die Zahl der von 1869 bis 1876 in diesem Königreiche durch den Blitz getö= teten Personen.

	Männer	Weiber	Summa
1869	47	32	79
1870	59	43	102
1871	56	47	103
1872	50	35	85
1873	61	50	111
1874	52	41	93
1875	92	48	140
1876	59	57	106
Summa	476	343	819

Dies giebt einen jährlichen Durchschnitt von 102 Personen bei einer Gesamtbevölkerung von 26 Millionen oder je eine Person auf 255 000 Bewohner.

Vorsichtsmaßregeln beim Ausbruche eines Gewit= ters. Als solche sind zu beachten: Entfernung aus Räumen, in welchen viele Menschen oder auch Tiere sich befinden. Vermeidung von Bäumen, Laternenpfählen, Masten u. dergl. Entfernung von

Metallgegenständen, von Gasleitungen, Kronleuchtern, Drahtzügen, Öfen, Kaminen. Vermeidung fließender oder herabfallender Wasser, Entfernung von Dachrinnen und vorspringenden Ecken.

Diese Vorsichtsmaßregeln sind im allgemeinen bekannt genug, dennoch aber wird häufig dagegen gefehlt, und mancher Blitzschlag, dem Menschenleben zum Opfer fielen, würde unschädlich geblieben sein, wenn die Betreffenden sich nicht selbst in Gefahr begeben hätten.

Wetterleuchten. Mit dem Gewitter in enger Beziehung steht das Wetterleuchten, jene geräuschlosen elektrischen Entladungen, die man häufig an schwülen Sommerabenden gegen den Horizont hin beobachtet. In den meisten Fällen ist dieses Wetterleuchten nichts als der Reflex entfernter Blitze eines Gewitters, bisweilen aber auch stellt es sich als besondere Art elektrischer Entladung dar, die sich vielleicht auf der von der Erde abgewandten Seite der Wolken vollzieht.

St.-Elmsfeuer. Eine eigentümliche elektrische Erscheinung ist das St.-Elmsfeuer, welches sich in Gestalt leuchtender Flämmchen bisweilen auf den Masten der Schiffe oder den Zweigen der Bäume zeigt. Es war schon den Alten bekannt, und die italienischen Seefahrer des Mittelalters hielten bei stürmischer See sein Auftreten für glückbedeutend und schrieben es dem heiligen Erasmus zu, woher der Name St.-Ermusfeuer, der nach und nach in den jetzt gebräuchlichen überging. Forbin berichtet, daß er im Jahre 1696 in einer stürmischen, gewitterreichen Nacht auf der Höhe der Balearen plötzlich an verschiedenen Teilen seines Schiffes etwa 30 St.-Elmsfeuer beobachtete, von denen eines sich oben auf dem Windflügel des großen Mastes befand. „Ich schickte," sagt Forbin, „einen Matrosen herauf, um es herunterzuholen. Dieser hörte, oben angekommen, ein Geräusch wie wenn angefeuchtetes Schießpulver brenne. Als er den Flügel abnahm, um ihn herabzubringen, sprang das Feuer davon und setzte sich auf die Spitze des Mastes, von wo es auf keine Weise zu entfernen war. Dort blieb es so lange, bis es nach und nach verging."

In unmittelbarem Zusammenhange mit einem Gewitter ist das St.-Elmsfener am 5. August 1879 von Raoul Pictet beobachtet worden. Derselbe befand sich an jenem Tage Abends 8 Uhr in einer Sennhütte am Fuße der Dole über dem Dorfe Saint-Cergues, während der Himmel, der sich während der zwei letzten Stunden ganz bedeckt hatte, von scheinbar diffusen Blitzen in immer größerer Häufigkeit so erhellt wurde, daß man die Formen der Blitze und die umgebende Landschaft deutlich erkennen konnte. Um die Sennhütte erstreckten sich Buchen- und Tannenwälder. Das Gewitter schien sich nach der Dole hin und über den See in der Richtung von Nyon zusammen zu ziehen. Man hörte nur schwachen Donner, während die Zahl der Blitze so zunahm, daß man leicht 2 bis 3 in der Sekunde zählen konnte. Es war übrigens leicht, mehrere Wolkenschichten zu unterscheiden, zwischen denen die Blitze zuckten. Während dieses stille Gewitter zwischen 9 und 10 Uhr über Morges leuchtete, löste sich eine ungeheure schwarze Wolke vom Gebirge zwischen Dole und Nyon und bewegte sich vorwärts in der Richtung des Gewitters. Sie war so dicht, daß die ganze Gegend schnell in tiefe Finsternis gehüllt war. Als das Nordende dieser Wolke ziemlich nahe dem eben beschriebenen Gewitter war, bemerkten Pictet und fünf andere, in der Sennhütte anwesende Personen ein eigentümliches Leuchten auf dem ganzen umgebenden Walde, das an das Meerleuchten erinnerte, wenn man es von einer gewissen Höhe betrachtet; anfangs bleich, nahm es allmählich bis zu einem Maximum zu, dann verschwand es plötzlich bei einem Donnerschlage, der von einem sehr nahen Blitze erzeugt war. Etwa zwei Minuten nach dem Blitzschlage erschien dasselbe Leuchten wieder, erst leicht, dann lebhafter und dann so lebhaft, daß man die Umrisse der kleinsten Lichtungen des Waldes verfolgen konnte; man sah die Wiesenflächen sich schwarz abzeichnen auf dem leuchtenden Walde; ein zweiter, näherer und intensiverer Blitzstrahl machte die Sennhütte erzittern, und das Leuchten verlosch. Es verflossen etwa zehn Minuten zwischen dem ersten und dem zweiten Blitzschlage, während

welcher diese Lichterscheinung merkwürdig deutlich war. Nach dem
letzten Donnerschlage zeigte sich die Helligkeit momentweise, aber
nicht mehr so auffallend, übrigens wurden die Blitze häufiger
und zahlreiche Platzregen folgten sich fast unaufhörlich. Vor
dem Erscheinen dieses St.-Elmsfeuers auf dem ganzen Walde
hatte es einige Minuten während des Vorüberganges des ersten
Gewitters geregnet. Dieser Regen hatte alle Bäume zu Elektri-
zitätsleitern gemacht, es waren daher, als die starke, dick gela-
dene Wolke in geringer Entfernung über dieses System von
Spitzen fortzog, die leuchtenden Büschel lebhaft genug, um dieses
charakteristische Leuchten des Waldes zu erzeugen.

Optische Erscheinungen der Atmosphäre.

Zu den optischen Erscheinungen, welche sich uns in der Lufthülle darbieten, gehören: die Farbe des Himmels, die Dämmerung,
das Morgen- und Abendrot, der Regenbogen, die leuchtenden Höfe
und Ringe um Sonne und Mond, das Flimmern der Sterne,
die Luftspiegelung und das Nordlicht.

Farbe des Himmels. Wenn keine Wolken den Himmel
bedecken, so erscheint dieser in schöner, blauer Farbe, deren Sättigung jedoch zeitlich und örtlich verschieden ist. Um den Scheitelpunkt herum ist die blaue Farbe gewöhnlich am tiefsten und
nimmt gegen den Horizont bis zu einem bläulichen Weiß ab.
Um die verschiedenen Abstufungen der blauen Himmelsfarbe zu bestimmen, hat Saussure eine Vorrichtung erdacht, die er Cyano-
meter nannte. Dieselbe besteht aus Papierstreifen, die vom reinsten Weiß durch alle Abstufungen des Blau bis zu Schwarz
übergehen und im ganzen 51 verschiedene blaue Töne darstellen.
Um die Farbe des Himmels zu messen, hält man diese blauen
Streifen, deren man mehrere auf eine Karte kleben kann, zwischen
das Auge und den betreffenden Teil des Himmels und sucht die-

jenige Farbe aus die mit der des Himmels übereinstimmt. Man bemerkt leicht, daß dieses Verfahren nur ein sehr rohes ist, doch genügt es, um wenigstens gewisse Anhaltspunkte zu gewähren. Im Jahre 1788 fand Saussure auf dem Col du Geant die Farbe des Himmels im Scheitelpunkte 31° seines Cyanometers, gleichzeitig beobachtete man in Chamounix 19°, in Genf 22½°; zu einer andern Zeit im Juli stieg die Farbe im Scheitelpunkte auf 37°, ja auf der Spitze des Montblanc sogar auf 39°. Diese zunehmende Dunkelheit des Himmelsblau auf hohen Bergen wird überall gefunden, ja in bedeutenden Höhen soll der Himmel fast ein schwarzes Aussehen besitzen. Auch in wärmeren Gegenden ist die blaue Farbe des Himmels dunkler und intensiver. Bruce vermochte in Senaar infolge der tiefen Bläue (und großen Durchsichtigkeit) des Himmels oft am hellen Tage den Planeten Venus zu erkennen.

Die Entstehung der blauen Farbe des Himmels ist bis jetzt noch keineswegs völlig einwurfsfrei erklärt. Ohne mich hier auf mehrere ziemlich verwickelte Hypothesen, die aufgestellt worden sind, einzulassen, sollen nur, nach Sorby, einige Momente hervorgehoben werden, welche bei Entstehung der blauen Farbe des Himmels von Wichtigkeit sind. Zunächst ist der Wasserdampf zu erwähnen, der im Zustande seiner vollkommenen Durchsichtigkeit mehr rote Strahlen absorbiert, als Strahlen der übrigen Farben, während die unteren Schichten der Atmosphäre dem Durchgange der blauen Strahlen einen größeren Widerstand entgegensetzen, was wahrscheinlich seinen Grund in den Unreinigkeiten der irdischen Ausdünstungen hat. Die Wirkungen dieser Einflüsse sind besonders bemerklich beim Auf- und Untergang der Sonne, sie zeigen sich ferner in den dichten Nebeln, die uns rot erscheinen, weil die roten Strahlen allein das Vermögen besitzen, sie zu durchdringen. Diese Nebel haben oft nur eine Dicke von einigen hundert Metern, allein nach der Ansicht Sorbys ist der Effekt der nämliche, wenn der Lichtstrahl einen Raum von 100 Kilometern durchläuft, in welchem dieselbe absolute Nebel menge, natürlich in entsprechendem Verhältnisse verdünnt, sich vorfindet. Wenn man diese Voraussetzung zuläßt, so erklären sich die beobachteten Phänomene leicht in folgender Weise.

Die blaue Farbe des Himmels entsteht durch Absorption einer beträchtlichen Menge roten Lichtes von Seiten des in den höchsten Luftregionen im Zustande eines transparenten Gases befindlichen Wasserdampfes. Wenn indes kleine Teilchen flüssigen Wassers in Gestalt eines leichten Nebels vorhanden sind, so findet sich die Intensität der blauen Farbe vermindert. Deshalb erblickt man auch im Winter oder in den kälteren Gegenden niemals jenes prachtvolle Blau, das wir nur an schönen Sommertagen wahrnehmen, das aber in den Tropen fast das ganze Jahr hindurch zu sehen ist. Die bläuliche Farbe, welche die Gebirge, aus der Ferne gesehen, annehmen, erklärt sich in derselben Weise durch den Einfluß des Wasserdampfes, der in demjenigen Teile der Luft enthalten ist, der den Beobachter von jenen Bodenerhebungen trennt; übrigens rührt sie auch bis zu einem gewissen Grade daher, daß diejenigen Oberflächenteile der Erde, welche nicht von dem direkten Sonnenlichte getroffen werden, hauptsächlich durch die blauen Strahlen des Himmels erleuchtet werden. Wenn die Luft sehr mit durchsichtigem Wasserdampfe beladen ist, so wird die blaue Farbe intensiver und tiefer; sie erbleicht hingegen, wenn tropfbarflüssiges Wasser mit Nebel entsteht.

Dämmerung. Ehe die Sonne aufgeht und noch eine Zeit lang, nachdem sie untergegangen ist, macht sich eine allgemeine Helligkeit geltend, die in angenehmer Weise den Übergang von Nacht zu Tag und vom Tag zur Nacht vermittelt. Ohne die Atmosphäre gäbe es keine solche Dämmerung, es würden beim Auf- und Untergange der Sonne die grellsten Kontraste von größter Helligkeit und absoluter Dunkelheit regelmäßig täglich eintreten. Obgleich jeder aus eigner Erfahrung die Dämmerung kennt, so zeigt dieselbe doch Eigentümlichkeiten, welche von den wenigsten beachtet werden. Hierher gehört z. B. das bald nach Sonnenuntergang am Osthimmel heraufkommende dunkle, anfangs bläuliche, dann bleigraue Segment, welches nichts anderes als der Schatten der Erde ist, und das von Mairan den Namen Gegendämmerung erhalten hat. Diese Gegendämmerung gewinnt mit dem zunehmenden Sinken der Sonne unter den Horizont rasch an Ausdehnung. Eine mustergiltige Beschreibung der Dämmerungserscheinungen wie sich diese in unseren Klimaten bei wolkenlosem Himmel darstellen, hat M. v. Bezold gegeben. Sogleich nach Sonnenuntergang steigt am Osthimmel der Erdschatten als aschfarbenes dunkles Segment herauf und zieht sich allmählich über den schon eine Zeit lang vorher bis zu 6° bis 12° Höhe in trüb purpurner Färbung erscheinenden Osthorizont hin, der zuweilen noch durch eine schmale weißliche Schicht von dem tiefern Blau des Himmels getrennt ist. Den durch das Herausdringen des Segments immer schmaler werdenden hellern Gürtel nennt er den ersten östlichen Dämmerungsbogen oder die erste Gegendämmerung. Anderseits ist der westliche Horizont und zwar auch schon einige Zeit vor Sonnenuntergang bis zu einer Höhe, die zwischen 8° und 12° schwankt, gelb, nach unten zu ins Rote oder Braunrote übergehend; darüber, nämlich in dem Teile zunächst über der Sonne und bis zu dem ausgesprochenen Blau hinaufreichend, ist eine weiße, sehr durchsichtige Schicht, die sich nach dem Untergange zu einer in horizontaler Richtung sich ausdehnenden Zone entwickelt, dem Dämmerungsschein von Brandes, unter welchem sich der gelbe Horizont zu einem Segment gestaltet — dem ersten westlichen Dämmerungsbogen. Gleichzeitig bildet sich über dem Scheitel des letztern in einer Höhe von etwa 25° eine purpurne Stelle, die rasch an Ausdehnung zunehmend, gegen die Zeit ihres Helligkeitsmaximums, welches bei einem Sonnenstande von 3,5 bis 4,5° unter dem Horizont eintritt, die Form eines Kreises annimmt, dessen unterer Teil vom gelben Segment verdeckt wird und dessen Zentrum unter Vergrößerung des Radius allmählich unter letztern sich herabzieht, bis von der Kreisfläche nur eine schmale Zone übrig bleibt und auch diese zuletzt mit rasch abnehmender Tageshelle beim Eintritt des Endes der bür gerlichen Dämmerung (bei einer nahe 6° betragenden Sonnentiefe) gänzlich verschwindet. - Dies erste Purpurlicht erklärt Bezold für die Ursache des Nachglühens der Alpen, welches auf das durch die letzten direkten Sonnenstrahlen erzeugte eigentliche Alpenglühen nach einer Pause von wenigen Minuten, in denen die Berge düster und farblos grau erscheinen, zu folgen pflegt, so oft jenes Purpurlicht zur Entwickelung kommt und von welchem man ein Analogon in der Ebene um diese Zeit und unter denselben Umständen in der roten Beleuchtung von Mauern erblickt, die gegen Westen gekehrt sind. — Nach dem Verschwinden des Purpurlichts wiederholt sich der ganze Vorgang noch einmal, aber in viel schwächerer Weise. Am Osthorizont nämlich wird wieder eine, wenn auch sehr schwache Beleuchtung, respektive Färbung bemerkbar, zuweilen mit Spuren eines zweiten dunklen Segments; gleichzeitig erscheint im Westen ein zweites (gelbes oder genauer grünlichgelbes) Segment, das über dem ersten gelben sich entwickelt und in einen hellen Bogen (dem zweiten Dämmerungsbogen) ausläuft und darüber endlich zuweilen ein zweites (ins Gelblichrote spielendes) Purpurlicht. Beide hellen Segmente sinken gleichmäßig mit der Sonne, so daß der Abstand von der letztern konstant bleibt. Für den ersten Bogen schwankt dieser Abstand je nach dem Tage zwischen 8° und 12°, für den zweiten beträgt er ungefähr das doppelte des ersten. Ist die Sonne etwa 7° unter den Horizont gesunken, so wird die Grenze zwischen dem noch hellen Himmelsteile und dem übrigen Himmel in einem Bogen, der in etwa 30° Zenitabstand kulminiert, ziemlich deutlich bemerkbar. Diesen Bogen hält v. Bezold für die Grenze des nach seinem Unmerklichwerden wieder zur Wahrnehmung kommenden, über das Zenit vorgedrungenen ersten dunklen Segments, das nunmehr rasch wie ein dunkler Schleier herabsinkt, bis es sich mit dem zweiten westlichen Dämmerungsbogen vermischt.

Die zweite Dämmerung scheint dem ganzen Verlauf nach in derselben Weise erzeugt zu werden, wie die erste Dämmerung durch das *direkte* Sonnenlicht sich erzeugt.

Am schönsten und vollkommensten fand v. Bezold die Erscheinung in den Monaten Oktober und November, am unschein-
barsten im April und den folgenden Monaten.

Morgen= und Abendröte. Diese gehören zu den präch-
tigsten Erscheinungen der Lufthülle und zeigen sich nicht selten
mit einer Lebhaftigkeit der Färbung, welche kein Pinsel wieder-
zugeben vermag. Wenn der Himmel den Tag hindurch wolken-
los war, so hat das Abendrot meist eine vorwiegend gelbliche
Farbe; erscheint der Himmel dagegen bei Tage überzogen, so ist
das Rot matt und mehr grau. Am schönsten zeigt sich die rote
Farbe, wenn einzelne Cumuluswolken zerstreut am westlichen
Himmel stehen. Man bemerkt dann bisweilen den Himmel mehr
oder weniger grasgrün gefärbt, was jedoch nur eine scheinbare
Kontrastfarbe ist. Das Auftreten der Morgen= und Abendröte
steht mit dem Feuchtigkeitsgehalte der Luft in engster Beziehung,
und man kann aus jener auf diesen, also auch auf die kommende
Witterung mit einiger Wahrscheinlichkeit schließen. Nach Brandes kann man ziemlich sicher auf andauernd gutes Wetter rechnen, wenn bei schönem blauem Himmel die Abendröte den Westen
mit leichtem Purpur sanft zu überziehen scheint. Auch nach
Regenwetter deuten einzelne gerötete, hell erleuchtete Wolken auf
bessere Witterung. Erscheint das Abendrot weißlichgelb und
breitet es sich weit über den Himmel aus, so ist ungünstiges Wetter
wahrscheinlich. Besonders deutet dieses Aussehen nach einer
Regel der Landleute, die Brandes oft bestätigt fand, auf stür-
misches Wetter, wenn die Sonne in einem so weißen Lichtglanze
untergeht, daß man sie selbst in dem hellen Scheine, der den
ganzen westlichen Himmel überzieht, nur wenig vorglänzend und
dabei mehr weiß als gelb sieht. Noch schlimmer ist die Vorbe-
deutung dann, wenn feine Cirri, die dem Himmel ein sehr mattes
Ansehen geben, am Horizonte dunkler erscheinen und eine rötlich-
graue Abendröte bilden, in der abwechselnd glänzend dunkelrote
Stellen in graue übergehen und durch welche man die Sonne
kaum bemerken kann.

Wenn das Morgenrot sehr schön ist, so hat man vorwiegend Regen zu erwarten, während graues Morgenrot auf heitere Witterung schließen läßt. Es besteht also in dieser Beziehung zwischen Abend- und Morgenrot ein völliger Gegensatz: Abendrot und Morgengrau sind Anzeichen schönen Wetters, Abendgrau und Morgenrot bedeuten dagegen Regen.

Regenbogen. Dieser ist jedem aus der Erfahrung bekannt, und selbst der unaufmerksamste Mensch wird bemerkt haben, daß der Regenbogen niemals auf der Seite der Sonne erscheint, sondern stets an der gerade gegenüber liegenden, wenn sich dort eine Wolke befindet, aus der Regentropfen fallen. Der Regenbogen erscheint als Teil eines farbigen Kreises, und zwar überblickt man einen um so größeren Teil dieses Kreises, je niedriger die Sonne steht. Bisweilen sieht man konzentrisch mit dem eigentlichen Regenbogen noch einen zweiten, der diesen außen umgiebt aber weit matter ist. Dabei ist es merkwürdig, daß seine Farben in umgekehrter Reihenfolge liegen wie diejenigen des Hauptbogens. Bei letzterem liegt nämlich der violette Saum innen, der rote außen, beim Nebenregenbogen aber liegt rot innen und violett außen. Die ringförmige Fläche, die beide Regenbogen zwischen sich lassen, ist gewöhnlich dunkler, als der Himmelsgrund unter demselben. In seltenen Fällen bemerkt man, daß sich an das Violett des Hauptregenbogens nach innen zu noch ein grüner und diesem folgend ein zweiter violetter Bogen anschließen. Langwith sah einen Regenbogen, bei dem das Violett stark gerötet war, darunter erschien ein grüner Bogen, dessen oberer Teil sich in helles Gelb zog, während der untere dunkler grün war. Hierunter war ein purpurroter Bogen sichtbar, der aber wiederholt sehr rasch verschwand. Etwas Ähnliches hat Bouguer während seiner Reisen in Südamerika häufig gesehen. Die Farben des zweiten Bogens unter dem ersten sah er in derselben Ordnung als an diesem ersten, auch war das Rot in jenem von dem Violett in diesem wohl abgesondert, so daß also die beiden Bogen deutlicher von einander getrennt waren, als in dem oben erzählten Falle. Zuweilen glaubte Bouguer noch einen dritten Bogen unter dem ersten zu bemerken. Le Gentil und Fouchy sahen unter dem Violett des gewöhnlichen Bogens einen Raum ohne Farbe, so breit als das Grüne und Blaue dieses Bogens zusammengenommen, und darauf ein lebhaftes Grün, so lebhaft als das Grün des gewöhnliches Bogens. Zu einer andern Zeit sah le Gentil einen Nebenbogen, der von ebenso lebhaft blauer Farbe war, als das Blau des gewöhnlichen Bogens. Muncke sah einen Regenbogen, in welchem sich da, wo das Violett des Hauptbogens matter ward, ein neuer hellerer Bogen anschloß; alle übrigen Farben bis zum Rot hin lagen innerhalb, so daß der Regenbogen genau doppelt erschien, nur mit dem Unterschiede, daß dieser untere Bogen nur zwei Drittel von der Breite des Hauptregenbogens und etwas mattere Farben hatte. Am 29. Juli 1813 sah Brewster vier Wiederholungen von Grün und Rot, und ebenso sah man in Leith am 5. Oktober 1824 drei Wiederholungen, bei denen sämtlich die rote Farbe nach außen lag; rot, gelb, grün und blau ließen sich darin sehr deutlich unterscheiden.

Der Regenbogen entsteht, wie wir heute wissen, durch Brechung und Reflexion des Sonnenlichtes in den einzelnen Regentropfen. Das Altertum hatte von der Art und Weise dieser Entstehung keine Ahnung. Der Erste, welcher eine richtige Vorstellung besaß, scheint der Mönch Theodorich aus Freiburg gewesen zu sein. In seinem zwischen 1304 und 1311 geschriebenen Buche „De radialibus impressionibus et de iride" spricht er deutlich von der Brechung, welche der Lichtstrahl beim Einfall in den Tropfen erleidet, von der Reflexion am hinteren Teile des Tropfens unter gleichem Reflexions= wie Einfallswinkel, sowie von einer abermaligen Brechung beim Austritte der Strahlen. Die Frage indes, weshalb an gewissen Stellen des Tropfens die Sonnenstrahlen dichter und zahlreicher austreten, kann er nur als eine Willkür der Natur deuten. De Dominis, nachmals Bischof von Spalatro, hatte ähnliche Vorstellungen und hat vielleicht Theodorichs Werk gelaunt. Einen großen Schritt auf diesem Gebiete bezeichnen die Arbeiten von Descartes, der als echter Naturforscher Experiment und Spekulation in richtiger Weise mit einander verband. „Da ich," sagt er, „den Regenbogen nicht nur am Himmel gesehen hatte, sondern auch in meiner Nähe, wenn ich mit dem Rücken gegen die Sonne gekehrt, den Blick auf eine Fontaine richtete, so schloß ich hieraus, daß seine Entstehung nur davon, wie die Sonnenstrahlen auf die Wassertropfen und von diesen ins Auge gelangen, abhängig sein müsse. Da ich nun wußte, daß die Regentropfen kugelförmig sind und daß ihre Größe auf die Entstehung eines Regenbogens keinen Einfluß hat, so ließ ich eine gläserne, mit Wasser gefüllte Kugel die Stelle eines Regentropfens vertreten. Ich nahm dieselbe ziemlich groß, um bei einem Versuche desto sicherer zu gehen. So fand ich, daß wenn die Sonnenstrahlen aus der Gegend AF (Fig. 24.) auf die Kugel BCD fielen und mein Auge in E war, der Teil D mir rot erschien und ohne Vergleich heller, als der übrige Teil der Kugel und daß, ich mochte sie nähern oder entfernen, sie mehr zur Linken oder Rechten stellen, oder mochte sie selbst um meinen Kopf herum bewegen, dieser Teil D mir immer auf gleiche Weise rot erschien, sobald nur die Linie DE einen Winkel von ungefähr 42° mit der Linie EM machte, die man sich vom Mittelpunkte des Auges gegen den der Sonne gezogen denken muß. Vergrößerte ich aber diesen Winkel DEM und war es auch noch so wenig, so verschwand die rote Farbe sogleich, machte ich ihn aber ein wenig kleiner, so verschwand sie nicht sogleich, sondern teilte sich vorher gleichsam in zwei weniger glänzende Teile, in denen man gelb, blau und andere Farben unterschied. Sah ich hierauf gegen die Stelle K der Kugel, so sah ich auch diese Stelle rot, wenngleich nicht glänzend wie D; der Winkel KEM war dabei ungefähr 52°; vergrößerte ich diesen Winkel nur wenig, so bemerkte ich ebenda andere matte Farben; verkleinerte ich ihn ein wenig oder vergrößerte ihn ziemlich bedeutend, so bemerkte ich keine Farbe. Hieraus erkannte ich deutlich: Wenn die Luft in der Gegend von M mit solchen Kugeln oder an deren Stelle mit Regentropfen angefüllt ist, so muß ein gewisser Punkt an einzelnen unter ihnen in intensiv roter Farbe leuchten: nämlich an denen, deren zum Auge E gezogenen Verbindungslinien mit der Linie EM einen Winkel von ungefähr 42° bilden. Betrachtet man nun diese roten Punkte gleichzeitig, indem man ihren Ort nur nach dem Winkel, unter dem sie gesehen werden, fixiert, so müssen sie den Anblick eines zusammen-

Fig. 24.

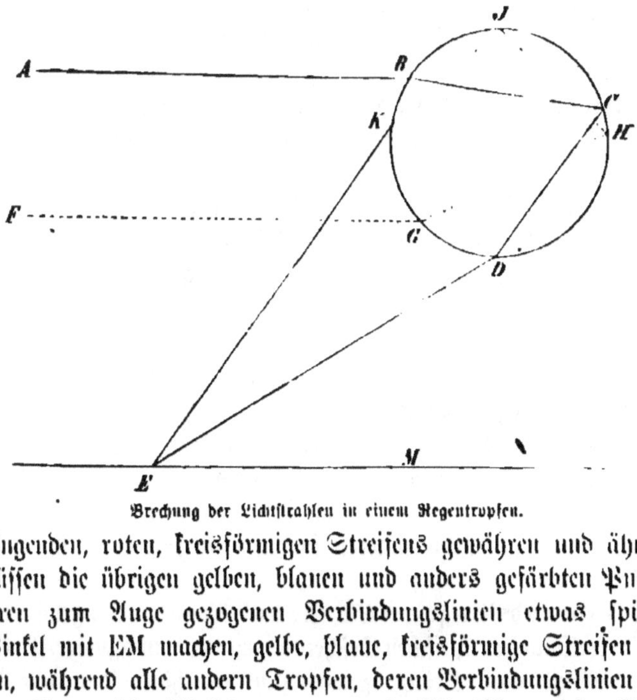

Brechung der Lichtstrahlen in einem Regentropfen.

hängenden, roten, kreisförmigen Streifens gewähren und ähnlich müssen die übrigen gelben, blauen und anders gefärbten Punkte, deren zum Auge gezogenen Verbindungslinien etwas spitzere Winkel mit EM machen, gelbe, blaue, kreisförmige Streifen bilden, während alle andern Tropfen, deren Verbindungslinien mit dem Auge nicht Winkel von 42° mit EM bilden, keine Farbe zeigen können.

Als ich später genauer an der Glaskugel untersuchte, was die Kugel an der Stelle D rot erscheinen ließe, fand ich, daß es

die Sonnenstrahlen waren, die von A nach B kamen, beim
Eintritt in das Wasser in B gebrochen wurden, hierauf
nach C gingen und von dort reflektiert und beim Austritt aus der Kugel in D zum zweiten male gebrochen
in das Auge E kommen. Denn sobald ich einen undurchsichtigen Körper in irgend eine der Linien AB, BC, CD oder DE
hineinbrachte, verschwand die rote Farbe, bedeckte ich aber die
ganze Kugel mit Ausnahme der Punkte B und D, so zeigte sich
die rote Farbe sogleich wieder. Indem ich auf dieselbe Weise
untersuchte, was die Ursache der Röte in der Gegend von K sei,
fand ich, daß es die Sonnenstrahlen waren, die von F nach G
kommend, in G nach H hin gebrochen, in H nach I hin
reflektiert, hier abermals nach K zurückgeworfen worden und in K gebrochen in das Auge E gelangten. So
zweifelte ich nicht mehr, daß der Hauptregenbogen durch zwei
Brechungen und eine Reflexion, der äußere Regenbogen aber
durch zwei Brechungen und zwei Reflexionen des Sonnenlichtes
entsteht und daß eben hierin der Grund liege, weshalb der letztere nicht so deutlich erscheint, als der erste."

Mit Ausnahme der Farbe hat Descartes die Entstehung
des Regenbogens schon richtig dargestellt, aber da er die Zer-
legung des weißen Lichts in zahlreiche Farbenstrahlen nicht
kannte, so blieb es Newton, dem Entdecker derselben, vorbehalten,
die Theorie des Regenbogens vollständig zu entwickeln. Den
letzten Schlußstein fügte Airy ein, indem er auf mehrere Beson-
derheiten, darunter die inneren farbigen Regenbogen, theoretisch
erklärte.

Höfe und Ringe um Sonne und Mond. Sie gehören zu
den interessantesten optischen Erscheinungen der Atmosphäre. Leuchtende Ringe oder Kränze zeigen sich am häufigsten um den
Mond, aber sie sind auch bei der Sonne nicht selten. Man kann
sich hiervon überzeugen, wenn man sich eines auf der Rückseite
geschwärzten Glasspiegels bedient, der das helle Licht in der
Nähe der Sonne genügend dämpft. Die kleinen Ringe, in denen

meist das Rot vorherrscht, die man um Sonne oder Mond erblickt, werden Kränze genannt; die größeren, deren Halbmesser
meist 22° beträgt, heißen Höfe (Halo). In seltenen Fällen sind
zwei Kreise um die Sonne oder den Mond sichtbar, dann erscheint auch meist ein horizontaler weißlicher Streifen, der da,
wo er die erwähnten Kreise schneidet, helle Flecken zeigt, die man
Nebensonnen oder Nebenmonde nennt. Bisweilen sind die
Kreise selbst kaum angedeutet und erscheinen dann nur die Nebensonnen oder Nebenmonde als' helle Flächen.

Fig. 25.

Mondhof, beobachtet zu Paris am 27. November 1876.

Mit Ausnahme der Cirruswolken erblickt man bei fast allen
Wolken, die überhaupt noch die Strahlen der Sonne hindurchlassen,
Spuren von Lichtkränzen. Kämtz bemerkt, daß er niemals schönere
gesehen habe als in den Nebeln, die sich während der Nacht in
den Thälern bilden und sich gegen Mittag allmählich gegen die
Spitzen der Berge erheben. Wenn einzelne solcher Nebelflecken
neben dem Beobachter an der Sonne vorbeiziehen, so erscheinen

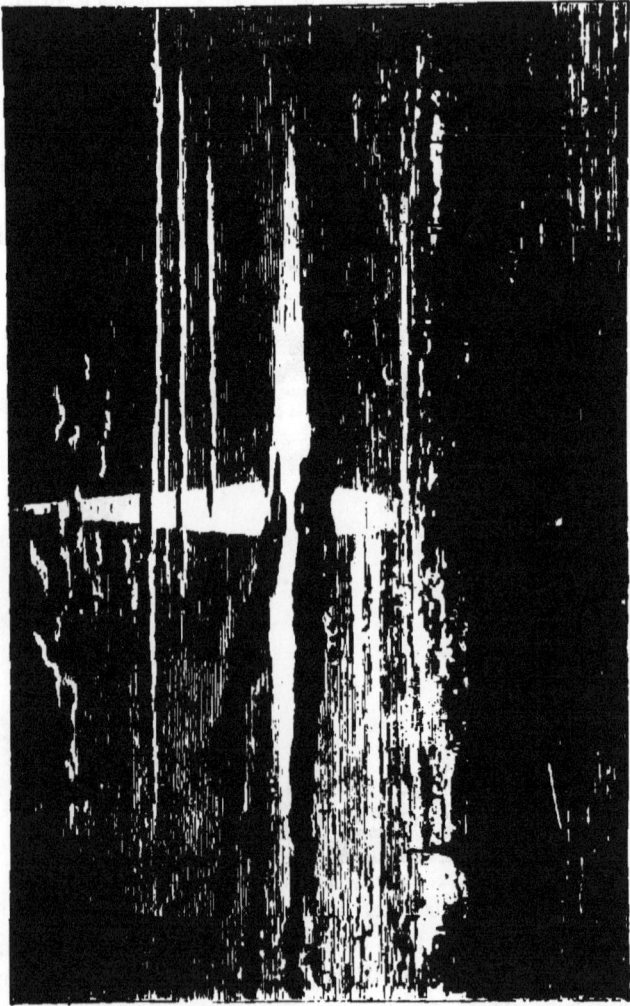

Fig. 26.

Lichtsäule über und unter der Sonne.

die Farben mit großer Pracht. Eine der schönsten dieser Art beobachtete der berühmte Newton im Juni 1692. Er sah drei Reihen von Ringen; zunächst bei der Sonne erschien ein mattes Blau, darauf Weiß, späterhin Rot, in der zweiten Reihe folgten Purpur, Blau, Grün und blasses Gelb und Rot, in der dritten blasses Rot und mattes Blau. Die Erscheinung entsteht durch Dunstbläschen in der Atmosphäre, und man kann etwas ihr Ähnliches durch Anhauchen einer Glasplatte hervorrufen, oder wenn man durch ein mit Lykopodium bestreutes Glas nach einer Lichtflamme hinsieht. Hierher gehört auch der helle Schein, den man bei niedrigem Stande der Sonne bisweilen um den Schatten des eigenen Kopfes bemerkt, wenn dieser Schatten auf eine betaute Fläche fällt. Es ist eigentümlich, daß in solchen Fällen jeder den Schein nur um seinen eigenen Kopf sieht, nicht aber denjenigen des Nebenmannes. Die Ursache ist die, daß dieser Schein von der Stellung des Auges, der Sonne und der reflektierenden Flächen abhängt. Bouguer sah das Phänomen häufig auf den Kordilleren. Als er diese Erscheinung zum ersten Male beobachtete, befand er sich mit seinen Reisegefährten vor Sonnenaufgang auf einem Berge. Eine Wolke, von der sie umgeben waren, zog fort und blieb wenige Schritte vor ihnen stehen, so daß sie die Sonne glänzend aufgehen sahen. Auf der Wolke sah jeder seinen eigenen Schatten, ohne aber den der übrigen Reisegefährten wahrzunehmen. Außerdem sah jeder um seinen Schatten eine Art Glorie, die aus mehreren farbigen Ringen bestand. Scoresby hat ähnliche Erscheinungen häufig im nördlichen Eismeer gesehen, sobald die Nebel eine dünne Schicht bilden, auf der Meeresoberfläche ruhen und sich etwa 100 bis 150 Fuß über diese erheben. Dann sieht ein Beobachter im Mastkorbe des Schiffes auf der der Sonne entgegengesetzten Seite mehrere farbige, leuchtende Kreise, die alle den Schatten des Beschauers umgeben. Ähnliches zeigt sich nicht selten auf gewissen hohen Bergen, und hierher gehört auch das Brockengespenst und die Phänomene, die Gersdorf im Riesengebirge gesehen hat.

Die Höfe um Sonne und Mond, die bisweilen irriger
weise mit der Erscheinung des Regenbogens zusammengeworfen
werden, sind mitunter sehr komplizierte Phänomene, besonders
wenn sie mit Nebensonnen verbunden auftreten. Man kann,
nach Brandes, drei verschiedene Arten von Kreisen hierbei unter=
scheiden, nämlich 1) Kreise, welche die Sonne zu ihrem Mittel=
punkt haben, 2) Kreise, die durch die Sonne gehen, 3) unvoll=
ständige Kreise, welche jene unter Nr. 1 von außen herrühren.

Höfe um Sonne und Mond erscheinen viel häufiger als
man gewöhnlich glaubt, aber nur bei je zehn Erscheinungen kommt
es im Durchschnitt einmal zur Bildung von Nebensonnen und
-monden. Noch ungleich seltener sind die komplizierten Erschei=
nungen. Zu den merkwürdigsten gehört das seltsame Phänomen,
das am Abend des 14. Februar 1881 zu Denver in Nord=Amerika
beobachtet wurde. Man bemerkte um den Mond zunächst zwei
Kränze, dann einen vertikalen und einen horizontalen Lichtstreif,
letzterer eine geschlossene Ellipse bildend, außerdem noch einen
Teil eines Vertikalkreises, sowie zwei Nebenmonde in dem äußern
konzentrischen Kreise und zwei andere auf dem Umfange der
großen Ellipse. Erscheinungen wie diese sind ungemein selten
und kommen nur unter, im einzelnen sehr zufälligen Verhält
nissen zu Stande, dagegen sind in nördlichen Gegenden Höfe mit
hellen Nebensonnen oder Nebenmonden häufiger. Zu Petersburg
sah Lowitz am 29. Juni 1790 einen Sonnenhof mit einem durch
die Sonne gehenden hellen weißen Kreise, der den ganzen Him=
mel umgab und fünf Nebensonnen trug. In einzelnen Fällen
erblickt man bei sehr niedrigem Stand der Sonne nur einen
Teil eines hellen Kreises und zwar in Gestalt einer hellen Säule.
Ein solches Phänomen wurde am 8. Juni 1824 in verschiedenen
Teilen Deutschlands gesehen. In Dohna bei Dresden erschien,
als eben die Sonne hinter den Bergen verschwunden war, ein
heller, kometenartiger Streifen, der wenigstens 30 Grad hoch
und 1 Grad breit war. Als es dunkel wurde, nahm sein Glanz
immer mehr zu, und der Streifen verkürzte sich allmählich, vor

ihm schwebten bis zu seinem Verschwinden leichte Nebelwölkchen,
am folgenden Morgen bei Aufgang der Sonne wiederholte sich
die Erscheinung. Am 11. Mai 1702 sah de la Hire eine ganz
ähnliche Erscheinung und vergleicht sie mit den Lichtschweifen, die man
an Kerzenflammen bemerkt, wenn man dieselben durch ein etwas
fettiges Glas betrachtet, das mit der Hand nach einer gewissen
Richtung gerieben worden ist. Eine sehr seltene Erscheinung ist
die, bei der mehrere Kreise sich schneiden, daß die Sonne oder
der Mond in der Mitte eines regelrechten Kreuzes zu stehen
scheinen.

Man erklärt die Entstehung der Höfe durch die Brechung
des Lichtes in kleinen Eiskrystallen, die in den hohen Regionen
der Luft schweben und dort selbst im Sommer vorhanden sind.
Für diese Erklärung, der mathematisch=physikalische Gründe zur
Stütze dienen, spricht u. a. auch eine Beobachtung von Skoresby.
Am 9. Mai 1822, dem kältesten Tage, den er im Norden ver=
lebte, sah er zwei Nebensonnen. Bisweilen geschah es nun, daß
kleine Wolken, aus denen ein Staubregen mit kleinen Eisnadeln
vermischt herabfiel, vor der Sonne vorübergingen; fiel dann der
Bogen auf die Oberfläche der Wolken oder in den Schneeschauer,
so war er hell und sogar glänzend, aber gegen den Himmel
war er kaum zu erkennen. Einen Beweis für die obige wissen=
schaftliche Erklärung der Erscheinung hat auch Brewster geliefert,
als er die Sonne durch eine Glasplatte betrachtete, auf der er
eine dünne Schicht Alaunlösung hatte krystallisieren lassen. Er
sah durch diese Tafel farbige Kreise, welche große Ähnlichkeit
mit den Höfen hatten.

Das Flimmern der Sterne ist eine Erscheinung, die in
allen Klimaten beobachtet werden kann und wodurch die näct=
liche Himmelsdecke anmutig belebt erscheint. Übrigens funkeln
nur die Fixsterne, während die Planeten stets in ruhigem Licht
glänzen, höchstens mit gelegentlicher Ausnahme des Merkur, der
jedoch wegen seiner Sonnennähe nur selten für das unbewaffnete
Auge sichtbar ist. Schon längst hat man bemerkt, daß das Fun

teln der Sterne keineswegs stets in gleichem Maße stattfindet,
sondern bezüglich seiner Stärke von gewissen atmosphärischen Zu=
ständen abhängt, und daher unter Umständen ein Kriterium für
die bevorstehende Witterung abgeben kann. Aber welches sind
die atmosphärischen Zustände? Darüber gingen die Ansichten
von jeher weit auseinander. Nach Musschenbroeck soll in
Holland das Flimmern der Sterne sehr lebhaft sein bei starkem
Frost und großer Trockenheit. Condamine behauptete dagegen,
daß in den regenlosen Gegenden Perus die Sterne keineswegs
so oft funkelten wie in unseren Klimaten. Ähnlich äußert sich
auch Garcin, indem er hervorhebt, daß im persischen Meer=
busen während der trocknen Jahreszeit fast gar kein Flimmern
der Sterne stattfinde, dagegen im feuchten Bengalen ein lebhaftes
Funkeln wahrzunehmen sei. Biot sagt, daß das Flimmern der
Sterne schon mehrere Tage vorher Regen andeute und daß es
von vielen Matrosen als Wetterzeichen angesehen werde. Damit
stimmt auch A. v. Humboldt überein, der berichtet, daß in Süd=
amerika ein lebhaftes Funkeln der Sterne der Regenzeit vorauf
gehe, doch fügt er auch hinzu, daß an den Ufern des Orinoko
bei feuchtem Wetter im April selbst an sehr nahe dem Horizonte
stehenden Sternen kein Funkeln wahrnehmbar gewesen sei. Nach
Kämtz sollen die Sterne stark funkeln, wenn heftige Winde
die Lüfte durcheilen und der Himmel sich bald bedeckt, bald
aufklärt.

Was die Ursache des Sternfunkelns anbelangt, so hat man
sich schon im Altertume bemüht, dieselbe aufzufinden, doch können
wir die Ergebnisse, zu welchen man damals sowohl als im Mittel=
alter gelangte, füglich übergehen. Unter den neuern Erklärern
verdienen auch wenige genannt zu werden. Nach Saussure
soll das Flimmern der Sterne durch abwechselnde Verdünnungen
und Verdichtungen der einzelnen Stellen unserer Atmosphäre ent=
stehen. Biot erklärt die Erscheinung durch eine wahre Ortsver=
änderung der betreffenden Bilder der Sterne, entstehend infolge
der vielen Ungleichheiten der Brechung der Lichtstrahlen bei ihrem

Durchgange durch die Atmosphäre. Arago verknüpft das Phä nomen mit der Theorie der Interferenz der Lichtstrahlen.

Diese Theorie Aragos hat lange Zeit allein Geltung gehabt, man hielt sie für unbedingt richtig und damit die Erscheinung des Funkelns der Sterne für erklärt. Dennoch steht ihr eine große innere Schwierigkeit entgegen, auf die erst Respighi im Jahre 1869 aufmerksam machte. Wenn nämlich der Gangunterschied zwischen zwei gleichfarbigen Strahlen, deren Wege durch die Atmosphäre einen meßbaren Abstand von einander besitzen, im Auge des Beobachters zu Flimmererscheinungen Anlaß geben soll, so müssen beide Strahlen einander schneiden und zwar auf der Netz haut des Beobachters. Wenn man nun einen flimmernden Stern mittels eines Fernrohrs beobachtet und das Okular des letztern aus der Stellung des deutlichsten Sehens herausschiebt, so er weitert sich das Bild des Sternes zu einer Lichtscheibe, die einen lebhaften Helligkeits und Farbenwechsel darbietet, der sich in den verschiedensten Richtungen über diese Scheibe ausbreitet. Bei den Zerstreuungskreisen, welche durch Verschieben des Okulars entstehen, findet nun ein Schneiden der Strahlen auf der Netzhaut gar nicht statt; verschiedenen Punkten des Objektives ent sprechen verschiedene Punkte des Zerstreuungskreises und dennoch funkelt letzterer. Diese Thatsache ist nur in äußerst gezwungener und innerlich wenig wahrscheinlicher Weise mit der Theorie Aragos zu vereinigen. Um die Mitte der fünfziger Jahre hat sich Montigny mit Untersuchungen über das Flimmern der Sterne lebhaft beschäftigt. Um die Erscheinung genauer zu be obachten, brachte er zwischen das Okular des Fernrohrs, dessen er sich bediente, und das Auge eine schwache Hohllinse an, die mittels eines Räderwerks in rasche Drehung in ihrer Ebene um eine etwas exzentrisch stehende Achse versetzt werden konnte. Das Bild des Sternes wurde auf diese Weise in einen leuchtenden Kreis verwandelt, und aus der Schätzung der Zahl der farbigen Stücke des Kreisbogens unter Zuziehung der bekannten Rotations geschwindigkeit der Linse ergab sich, daß ein funkelnder Stern ungefähr 60 bis 70 mal in der Sekunde Helligkeit und Farbe ändert. Um die einzelnen Farben gesondert zu beobachten, brachte Montigny ein Prisma vor dem Objektiv an und fand, daß das Spektrum sich verlängere oder verkürze, daß die einzelnen Farben scheinbar übereinander greifen, auch helle Lichtstrahlen bisweilen auftreten und sich über die ganze Länge des Spektrums erstrecken. Zur Erklärung dieser Wahrnehmungen griff Montigny ganz richtig auf die atmosphärische Zerstreuung zurück und nahm an, daß das zeitweise Fehlen einzelner Farben durch totale Zurückwerfung der Lichtstrahlen an gewissen Luftschichten entstehe. Endlich begann sich Respighi mit dem Gegenstande zu beschäftigen, indem er zwischen Objektiv und Okular eines großen Fernrohres ein Prisma und eine Zylinderlinse anbrachte und mittels dieser Vorrichtung die Spektra der funkelnden Sterne aufmerksam und anhaltend untersuchte.

Zur Erklärung der wahrgenommenen Erscheinungen weist Respighi auf drei Ursachen hin, nämlich einerseits die Dispersion oder Zerstreuung des Lichtes in der Atmosphäre, andererseits auf die verschieden große Dichtigkeit, Feuchtigkeit und Temperatur der einzelnen Luftschichten gegen die ins Fernrohr gelangenden Lichtstrahlen.

Was den Einfluß der Witterung auf das Flimmern der Sterne anbelangt, so ist leicht zu begreifen, daß eine ausgedehnte und regelmäßige Schichtenbildung in der Atmosphäre wesentlich durch die Ruhe der Luft bedingt ist. Montigny hat das Funkeln der Sterne mit Bezug auf die Witterungsveränderung geraume Zeit hindurch geprüft. Er fand, daß das Funkeln stets wächst mit dem Eintritt oder Herannahen von Regenwetter. Es ist nicht stärker im Winter als im Sommer, nimmt aber zu allen Jahreszeiten mit dem Eintritte feuchter Witterung zu, oft schon einige Tage, ehe Regen eintritt. Unmittelbar nach dem Aufhören des Regens nimmt auch das Flimmern der Sterne wieder ab. Diese Ergebnisse sind ebenso interessant als wichtig, und Montigny kann mit Recht behaupten, daß ein fortgesetztes

Studium des Junkelns der Sterne für die Vorausbestimmung des Wetters von großer Wichtigkeit ist.

Luftspiegelung. Sie ist eine bei uns im allgemeinen sehr

Fig. 27.

Fig. 28.

Luftspiegelungen beobachtet von Storrsby.

seltene Erscheinung, deren auch die Alten nicht gedenken. In gewissen Gegenden kommt sie jedoch häufig vor, besonders in Egypten und Arabien, auch den Seefahrern ist sie wohl bekannt.

In den afrikanischen und arabischen Wüsten stellt sich die Erscheinung meist in Gestalt eines entfernten blauen Sees vor, in dessen Wasser sich benachbarte Bäume spiegeln. Dieses Phänomen nennen die Araber Sehrab, d. h. geheimnisvolles Wasser; der bei uns populäre Name ist Fata morgana. In den Gewässern Grönlands hat Scoresby häufig Luftspiegelungen der verschiedensten Art gesehen: aber eine der merkwürdigsten berichtet er in folgender Weise: „Eines Tages im Jahre 1822 sah ich am klaren Himmel das deutliche verkehrte Bild eines Schiffes, während von dem Schiffe selbst nichts zu sehen war und dies noch jenseits unseres Horizonts sich befand. Solche Erscheinungen waren mir auch sonst schon vorgekommen, aber das Eigentümliche bei der jetzigen war die Klarheit des Bildes, ungeachtet der großen Entfernung des Schiffes, zu welchem es gehörte. Es war so ausnehmend scharf begrenzt, daß, als ich es mit einem Dollond'schen Fernrohr betrachtete, ich jedes Segel, die ganze Gestalt des Schiffes und seine eigentümliche Bauart unterscheiden konnte, so daß ich es gleich als das Schiff meines Vaters erkannte. Es fand sich hinterher durch Vergleichungen unserer Schiffsrechnung, daß wir damals nahe 30 Seemeilen von einander entfernt waren, wobei jenes etwa 17 Meilen jenseits unseres eigentlichen Horizontes und noch mehrere Meilen jenseits der Grenze des unmittelbaren Sehens war." Am 24 Mai 1868 zeigte sich bei Dover eine ähnliche Erscheinung. Es war nachmittags, als man plötzlich die Kuppel der Kathedrale und die Napoleons-Säule zu Boulogne mit bloßem Auge erkannte. Mit einem gewöhnlichen Fernglase unterschied man deutlich den Hafeneingang, den Leuchtturm, die Schiffe und die umliegenden Häuser, ferner den Leuchtturm bei Kap Grisnez, eine große Anzahl von Höfen und Dörfern, deren Fenster von dem Glanze der sinkenden Sonne beleuchtet wurden. Den von Boulogne in der Richtung nach Calais abgehenden Eisenbahnzug konnte man mehrere Meilen weit verfolgen und klar die weißen Rauchwölkchen der Lokomotive sehen. Kurze Zeit nach dem Untergange der Sonne verschwand diese seltene Erscheinung. Sehr merkwürdige Luftspiegelungen hat Heis auf der Insel Borkum beobachtet, an einem heitern und sehr warmen Septembertage. „Wir hatten," erzählt er, „ein bei der gerade eingetretenen Ebbe auf dem Sande liegendes Wrack eines gestrandeten Schiffes, das etwa 50 Schritt vom Meeresufer entfernt war, auf etwa 1200 Schritt verlassen, als wir, uns umwendend, dieses Wrack nicht mehr von Sand, sondern von einem ruhigen Spiegel umgeben sahen, in welchem sich wie in dem klarsten Wasser alle Teile desselben vollkommen abspiegelten. Die Täuschung war der Art, daß man nicht umhin konnte, die Anwesenheit von Wasser anzuerkennen: das Spiegelbild und die Spiegelfläche verschwanden aber wieder bei der Annäherung zum Wrack. Die nur auf den Höhen mit Dünenhafer bewachsenen, gegen Norden gelegenen Sandhügel erschienen infolge der Luftspiegelung bis zur Basis grün. Brachte ich das Auge näher zum Boden, so wurde die Erscheinung undeutlich. Nach Süd-Westen hin bot sich mir bei einer am meisten vorgeschobenen etwa 40 Fuß hohen Düne, welche etwa 400 Schritt vom Ufer des Meeres entfernt war, die Erscheinung dar, daß dieselbe sich gleichsam im klaren Wasserspiegel abspiegelte. Es hatte das Ansehen, als wenn der ruhige Meeresspiegel bis an die Düne herangetreten sei. Nun näherten sich uns die Spaziergänger von Süden her, welche zu verschiedenen Erscheinungen Veranlassung gaben. Je nach der Entfernung, in welcher sie sich von uns befanden, sahen wir entweder die ganzen Figuren im Spiegelbilde oder nur einen Teil derselben. Alle schienen durch mehr oder minder tiefes ruhiges Wasser einherzuschreiten. Ich legte mich flach auf die Erde in den Dünensand, die Erscheinungen verloren sich mehr oder weniger. Einer meiner jüngern Mitbeobachter grub sich in den Sand hinein, so daß die Augen denselben nahe berührten, es bot sich demselben hierbei eine andere Erscheinung dar. Ein Spaziergänger in einer Entfernung von etwa 500 Schritten, der einzeln nahe am Ufer des Meeres wandelte, verdoppelte sich: sein Doppelgänger befand sich seitlich und um ein weniges voraus."

Nach den Mitteilungen von Prestel kommen in Ostfriesland alle Erscheinungen der Luftspiegelung ziemlich häufig vor. Bei Edam am Zuidersee soll bisweilen die ganze Küstenstrecke von Horn bis Enkhuizen andererseits die von Harderwyk bis Mienden sichtbar sein; auch erblickt man zu Zeiten über dem entfernter gelegenen Küstenstriche ein umgekehrtes Bild desselben. Auf dem Strande der Nordseeinseln sieht man an gewissen Sommertagen eine entfernte Person in gewöhnlicher Weise. Indem diese Person aber weiter geht, bemerkt man plötzlich, daß ihre Füße undeutlich werden, später sieht man zuerst an Stelle der Füße den Kopf in umgekehrter Lage, darauf nur den Kopf mit einem Spiegelbilde darunter als wenn die Person tief im Wasser stände, endlich wird das Bild kleiner und verschwindet schließlich, aber in geringerer Entfernung als gewöhnlich eine Person nicht mehr wahrzunehmen ist.

Die Ursache aller dieser Erscheinungen ist, wie zuerst die Untersuchungen von Monge klar gemacht haben, in ungewöhnlicher Brechung des Lichtes zu suchen, die durch anomale Dichtigkeitsverhältnisse der untersten Luftschichten hervorgerufen wird. Diese hängen ihrerseits mit ungewöhnlicher Erhitzung oder Erkaltung der unmittelbar über dem Boden ruhenden Luft zusammen. Wo diese Schicht beträchtlich wärmer und minder dicht ist, als die Luft einige Fuß darüber, ist auch der Horizont stets scheinbar niedriger, während er gehoben erscheint, wenn diese Luftschicht kälter und dichter ist. Überall da, wo der wirkliche Gegenstand sein Spiegelbild unter sich hat, wie beim Serab der Sandwüsten, ist die Luft unmittelbar am Boden bedeutend mehr erhitzt und ausgedehnt, als in einiger Höhe darüber. Damit dies eintreten könne, ist aber erforderlich, daß die Luft ruhig bleibt, indem sonst die leichter gewordenen Luftmassen sofort emporsteigen würden. Diese Bedingung findet sich im allgemeinen ziemlich selten, weshalb auch die Luftspiegelung nicht häufig ist. Andererseits befindet sich aber die Luft, wenn die Erscheinung auftritt, in jenem Zustande, den wir bereits früher als denjenigen des labilen Gleichgewichts kennen lernen. Daher zeigen sich, wie Key bemerkt, trügerische Luftspiegelungen in den Sandwüsten nicht selten wenige Minuten, bevor der gefürchtete Wüstensturm sich erhebt.

Das Nordlicht ist trotz zahlreicher Beobachtungen und Untersuchungen noch immer eine völlig räthselhafte Erscheinung. In unseren Gegenden vergeht selten ein Jahr, in welchem nicht mehrere Nordlichter sichtbar wären, und wenn man sich nach Skandinavien oder Nordamerika wendet, so findet man, daß die Zahl der auftretenden Nordlichter rasch zunimmt, jedoch haben die Untersuchungen von Fritz gezeigt, daß in dieser Beziehung sehr complicirte Verhältnisse bestehen. In Sibirien treten die Nordlichter bald in Nordwesten bald in Nordosten auf; an der Hudsonsbai sieht man sie bald im Norden, bald im Osten oder Westen und selbst im Süden. Im nördlichen Skandinavien sieht man das Nordlicht auch nicht selten südlich vom Scheitelpunkte, und das selbe gilt von den Gegenden der Behringsstraße. Dort kann man also nicht eigentlich von Nordlichtern sprechen, und da auch auf der südlichen Hemisphäre in der Richtung gegen den Südpol hin analoge Erscheinungen auftreten, so ist es durchaus richtig, das ganze Phänomen als Polarlicht zu bezeichnen und den Namen Nordlicht nur demjenigen Theile zu ertheilen, den wir in unseren Gegenden fast ausschließlich sehen.

Im einzelnen stellen sich die Nordlichter sehr verschieden dar, bald nur als Röthung des nördlichen Himmels, bald mit einzelnen Strahlen, bald in Form von Strahlengarben, die sich in der höchsten Entwicklung in der Richtung gegen den Scheitelpunkt hin verlängern und die Nordlichtkrone bilden.

Über die Höhe des Nordlichts sind die Ansichten noch durchaus verschieden; während einige Forscher diese Höhe nach vielen Meilen berechnen, behaupten andere und maßgeblich gleich gewichtigen Gründen, daß namentlich in Skandinavien einzelne Nordlichter bis zu den Spitzen der Berge und bis auf die hohen Ebenen herabsteigen. Vielleicht ist die Höhe, in welcher Land ... vom Nordlichte ... Erscheinungen sehr verschieden.

labilen Gleichgewichts kennen lernten. Daher zeigen sich, wie Reye bemerkt, trügerische Luftspiegelungen in den Sandwüsten nicht selten wenige Minuten, bevor der gefürchtete Wüstensturm sich erhebt.

Das Nordlicht ist trotz zahlloser Beobachtungen und Untersuchungen noch immer eine völlig rätselhafte Erscheinung. In unseren Gegenden vergeht selten ein Jahr, in welchem nicht mehrere Nordlichter, sichtbar wären, und wenn man sich nach Skandinavien oder Nordamerika wendet, so findet man, daß die Zahl der auftretenden Nordlichter rasch zunimmt, jedoch haben die Untersuchungen von Fritz gezeigt, daß in dieser Beziehung sehr komplizierte Verhältnisse bestehen. In Sibirien treten die Nordlichter bald in Nordwesten bald in Nordosten auf; an der Hudsonsbai sieht man sie bald im Norden, bald im Osten oder Westen und selbst im Süden. Im nördlichen Skandinavien sieht man das Nordlicht auch nicht selten südlich vom Scheitelpunkte, und dasselbe gilt von den Gegenden der Behringsstraße. Dort kann man also nicht eigentlich von Nordlichtern sprechen, und da auch auf der südlichen Hemisphäre in der Richtung gegen den Südpol hin analoge Erscheinungen auftreten, so ist es durchaus richtig, das ganze Phänomen als Polarlicht zu bezeichnen und den Namen Nordlicht nur demjenigen Teile zu erteilen, den wir in unseren Gegenden fast ausschließlich sehen.

Im einzelnen stellen sich die Nordlichter sehr verschieden dar, bald nur als Rötung des nördlichen Himmels, bald mit einzelnen Strahlen, bald in Form von Strahlengarben, die sich in der höchsten Entwickelung in der Richtung gegen den Scheitelpunkt hin vereinigen und die Nordlichtkrone bilden.

Über die Höhe des Nordlichtes sind die Ansichten noch durchaus verschieden; während einige Forscher diese Höhe nach vielen Meilen bemessen, behaupten andere und mit anscheinend gleich gewichtigen Gründen, daß, wenigstens in Skandinavien, einzelne Nordlichter bis zu den Spitzen der Berge und bis auf die hohen Plateaus hinabsteigen. Vielleicht ist die Höhe, in welcher Nordlichter zum Ausbruche gelangen, überhaupt sehr verschieden.

Wetterkarte
für den Morgen des 22. October 1874
nach Hoffmeyer

Klein, Witterungskunde

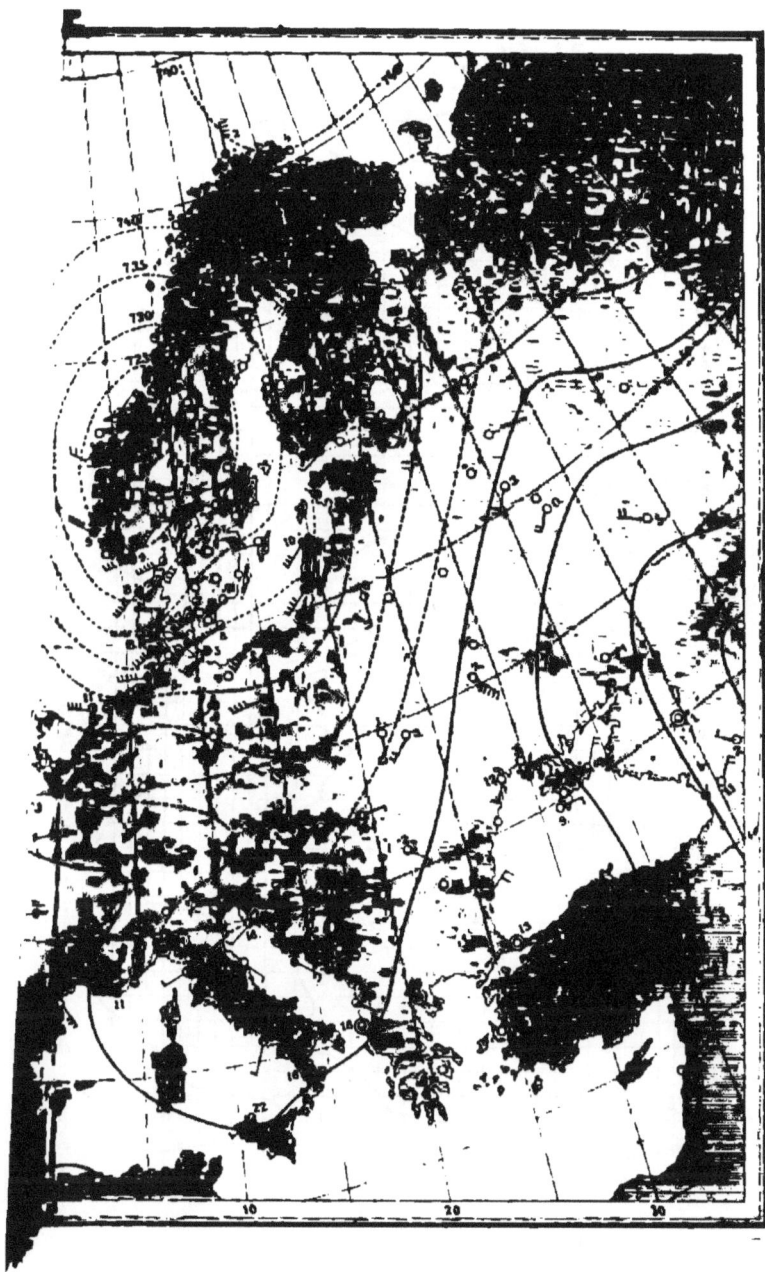

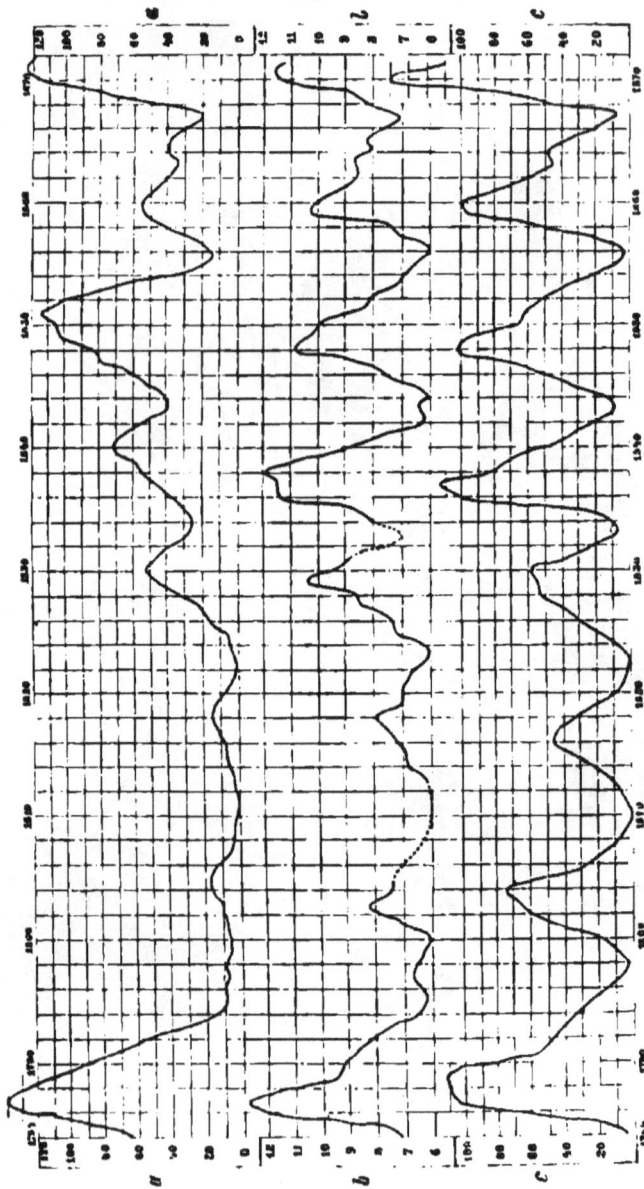

Fig. 29.

a. Periode der Korbtdiere. b. Periode der Größe der täglichen Schwankung der magnetischen Nadel. c. Periode der Sonnenfleckenhäufigkeit.

Nicht in allen Jahren erscheinen Nordlichter gleich häufig. Nach den Untersuchungen von Fritz sind dieselben in den Jahren mit zahlreichen Sonnenflecken am häufigsten, in den Zeiten des

Nordlichterscheinung am Abend des 24. Oktobers 1870 in Dresden.

Fig. 30.

geringsten Fleckenstandes der Sonne kommen auch die wenigsten Nordlichter vor. Die Häufigkeit der Sonnenflecke hat eine Periode von ungefähr 11 Jahren, und diese gleiche Periode kommt auch den Nordlichtern zu. Dieselbe Periodizität zeigen nun auch die durchschnittlichen täglichen Schwankungen der magnetischen Deklinationsnadel. Die umstehende Figur 29 zeigt durch die Anordnung der wellenförmigen Linien die genannte Erscheinung während des Zeitraums von 1784 bis 1870. Das höhere Aufsteigen der betreffenden Kurven entspricht der größern Häufigkeit, das Tiefersinken der Abnahme. Man erkennt unmittelbar, wie Ab- und Zunahme nahe auf dieselben Jahre fallen. Eine ähnliche Periode zeigen auch die Cirruswolken, deren Häufigkeit parallel der Häufigkeit der Sonnenflecke also auch der Nordlichter ist. Überhaupt zeigen letztere eine innige Beziehung zu den Cirruswolken. Sie kündigen sich häufig durch meteorologische Prozesse in den höchsten Luftregionen an, und manche Beobachter sehen in den gratförmigen Cirrusgebilden, die auch den Namen „Polarbanden" führen, eine Art Substrat des Nordlichtes. Merkwürdig ist, daß beim Auftreten von Nordlichtern die magnetischen Apparate in Unruhe geraten, und diese magnetischen Störungen sind schon im Jahre 1740 von Celsius und Hiorter bemerkt worden.

·

Das Wetter.

Die jeweiligen Zustände der Atmosphäre, welche durch das Zusammenwirken der meteorologischen Faktoren, die wir kennen lernten, entstehen, bilden das Wetter, und die Summe der einzelnen Wettererscheinungen eines jeden Ortes bedingt dessen Klima.

Die Gestaltung des Wettercharakters hängt von der Luftdruckverteilung ab. Der Einfluß der letzteren ist aber nur in wenigen Fällen ein direkter, meist erfolgt er durch den Wind, und schon die populäre Anschauung sagt sehr richtig, daß der Wind das Wetter bringt. Den durchschnittlichen Einfluß der verschiedenen Winde auf die einzelnen meteorologischen Faktoren hat man für viele Orte durch Aufstellung sogenannter Windrosen festgestellt. Wenn man beispielsweise lange Zeit hindurch an einem bestimmten Orte Thermometerbeobachtungen angestellt hat und jedesmal gleichzeitig die herrschende Windrichtung notierte, so kann man die jeder Windrichtung entsprechende mittlere Temperatur leicht berechnen und erhält dann die sogenannte thermische Windrose. Dabei hat man jedoch die Jahreszeit zu berücksichtigen, indem der thermische Charakter der Winde im Laufe des Jahres eine gewisse Schwankung erleidet. Im Sommer bringen im mittlern Europa östliche und südöstliche Winde die höchste, westliche die niedrigste Temperatur, im Winter dagegen tritt die größte Wärme mit südwestlichen, die größte Kälte mit nordöstlichen Winden ein.

Verteilt man die beobachteten Barometerstände auf die gleichzeitigen Windrichtungen und nimmt Mittelwerte, so erhält man die sogenannte barische Windrose. Im mittlern Europa fällt hiernach der höchste Luftdruck zusammen, im Winter mit nordöstlichen, im Sommer mit nordnordöstlichen Winden, der tiefste im Winter mit südwestlichen, im Sommer mit südsüdwestlichen Winden. Außer diesen hat man noch Windrosen für den Dunstdruck (atmische), für die Bewölkung (nephische), für die Regenmenge ꝛc. aufgestellt. Im allgemeinen ergiebt sich, daß südliche bis westliche Winde die größte Bewölkung und den meisten Regen bringen und im Winter die Temperatur erhöhen, im Sommer erniedrigen, während nördliche bis östliche Winde die geringste Bewölkung, den geringsten Regen im Gefolge haben. Im Winter tritt bei nordöstlichen Winden die größte Kälte, im Sommer bei östlichen und südöstlichen Winden die größte Wärme ein.

Wetterkarten. Indem die charakteristischen Eigenschaften der Winde mit der Herrschaft der letzteren zur Geltung kommen, diese aber wieder von der Luftdruckverteilung bedingt wird, so ist klar, daß das Studium der Wettererscheinungen eng an die Kenntnis der jedesmaligen Luftdruckverteilungen geknüpft ist. Man hat auf Grund zahlreicher und gleichzeitiger Beobachtungen Karten konstruiert, die von Tag zu Tag die Luftdruckverteilung über Europa und den angrenzenden Meeresteilen darstellen. Diese Karten zeigen, wie ununterbrochen Regionen hohen und niedrigen Luftdrucks, Barometer-Maxima und -Minima über unsern Erdteil hinwegziehen, ohne daß sich bis jetzt bezüglich des Auftretens derselben, ihrer Dauer und Fortbewegung, ein bestimmtes Gesetz ableiten ließe. Die erwähnten Karten enthalten natürlich mehr als die bloßen Angaben des Luftdrucks, und zur Veranschaulichung ist eine solche Karte hier beigegeben. Sie ist von Hoffmeyer entworfen und zeigt die Wetterlage am Morgen des 22. Oktober 1874. Die krummen Linien in derselben sind die Isobaren, und zwar sind dieselben von 760 Millimeter aufwärts schwarz ausgezogen, abwärts aber punktiert dargestellt. Man nimmt gewöhnlich die Isobare von 760 Millimeter als Grenze des Maximums und Minimums an. Der Karte nach befand sich also an jenem Tage Mittel- und Nord-Europa unter der Herrschaft eines barometrischen Minimums, dessen Mittelpunkt im südlichen Norwegen lag. Die Windrichtungen sind durch gefiederte Pfeile bezeichnet und die Windstärke durch die Anzahl der Federn (6 Federn bezeichnen starken Sturm). Die Spitze jedes Pfeiles liegt in dem betreffenden Ort und die Pfeile fliegen mit dem Winde. Außerdem ist die Himmelsbeschaffenheit dargestellt. Jeder Beobachtungsort wird durch einen kleinen Kreis repräsentiert; ist der Kreis unausgefüllt, so bedeutet dieses heitern Himmel, ist ¼ des Kreises ausgefüllt, so ist dort der Himmel ¼ bedeckt, halbe Ausfüllung zeigt halbbedeckten Himmel, und ein schwarzer Kreis repräsentiert völlig bedeckten Himmel. Ein Punkt daneben bedeutet Regen. Ein zweiter Kreis um den Ortskreis zeigt Windstille an, und endlich geben die den Orten beigeschriebenen Ziffern die Temperatur in Celsius-Graden. Um die Karte nicht zu überfüllen, sind die Namen der Beobachtungsorte fortgelassen. Es wird nun hiernach leicht, ein Bild des Wetters über Europa am 22. Oktober 1874 morgens zu erhalten. Zunächst sehen wir, daß um den Ort des Minimums die Winde in der Richtung gegen den Lauf des Uhrzeigers wehen und daß sie da, wo die

Jsobaren am engsten zusammenliegen, also über Dänemark und Südnorwegen, am stärksten, fast stürmisch wehen. Gleichzeitig ist der Himmel dort meistens bedeckt und vielfach fällt Regen. Auch im größten übrigen Teil von Zentraleuropa ist der Himmel bewölkt und das Wetter regnerisch, doch sind die Winde hier schwächer. Im Osten Europas, wo hoher Luftdruck herrscht, sind die Winde schwach und laufen in der Richtung mit der Uhr um das Barometer=Maximum, dessen Zentrum am kaspischen Meere liegt. Der Himmel ist in dieser Gegend meist heiter und die Temperatur niedrig.

Die Depression, welche am 22. Oktober 1874 das Wetter in Europa beherrschte, ist eine atlantische, deren allgemeine Bewegungsrichtung von Westen nach Osten geht. Diese atlantischen Depressionen bedingen überhaupt vorwiegend den Charakter unseres Wetters. An ihrer südlichen Seite sind sie meist von trübem, regnerischem Wetter begleitet, auch wehen dort häufig, je nach der Größe des barometrischen Gradienten heftige Winde. Überhaupt sind bei gleichen Gradienten, den bisherigen Beobachtungen zufolge, die östlichen Winde durchschnittlich schwächer als die westlichen. Clement Ley hat gefunden, daß in den meisten Fällen die steilsten Gradienten sich auf der Südseite der Depressionen befinden. Eine unveränderliche Beziehung zwischen der Lage der steilsten Gradienten und der Richtung, in welcher die Depression fortschreitet, ist nicht zu erkennen; doch ergiebt sich aus den Zusammenstellungen von Ley, daß wenn der stärkste Gradient an der Südostseite der Depression liegt, diese in 55 °/₀ aller Fälle gegen Nordosten wanderte; lag der steilste Gradient im Südwesten, so wanderten 42 % dieser Depressionen ostwärts. Bei größten Gradienten im Norden bleiben die Depressionen gern stationär. „Langes Studium der einzelnen Depressionen," sagt Ley, „hat mich zu der Ansicht geführt, daß der steilste Gradient zum Teil abhängig ist von der Position eines aufsteigenden Luftstromes, der in dem vordern Segment der Depression existiert. Wenn dieser aufsteigende Strom in dem östlichen Segment sich ereignet, so

schneidet er bis zu einem gewissen Grade den Luftzufluß von
dem nördlichen und nordwestlichen Segment ab und infolge da=
von wird die Depression „seichter" auf ihrer nördlichen Seite;
wenn hingegen der aufsteigende Strom im südlichen Segmente
sich befindet, so wird die Depression auf analoge Art seichter
in der östlichen Hälfte, und der Gradient wird relativ steil im
Westen und so in den anderen Fällen. Wenn nun in unseren
Breiten der Druck im allgemeinen im Norden höher ist als im
Süden, als wenn eine lokale Depression existieren würde, unmittel=
bar im Süden einer großen Anticyklone, so scheint es, daß das Ein=
brechen von kalter und trockener Luft von Norden dahin strebt, das
Fortschreiten der Depression zu hemmen, oder die Position des
aufsteigenden Luftstroms zu ändern. Ebenso verursachen die
trocknen Ost=Winde, wenn der steilste Gradient im Norden der
Depression sich befindet, ein Stationärwerden derselben und ihre
Ausfüllung, oder sie lassen den aufsteigenden Luftstrom nur noch
im Südosten vom Zentrum bestehen im Gebiet der Südwest=Winde.
In diesem letztern Falle verliert die allgemeine Regel, daß jede
Depression das Gebiet höchsten Druckes zur rechten ihres Kurses
läßt, ihre Geltung."

Viele atlantische Depressionen nehmen mit der Annäherung
an das Festland in Bezug auf Tiefe ab, aber keineswegs alle.
Es läßt sich zur Zeit auch noch gar keine Regel über die Ab=
oder Zunahme der Tiefe auftretender Depressionen geben, ebenso
wenig über die Geschwindigkeit der Fortbewegung; doch findet
sich, daß tiefe Depressionen häufig rascher fortschreiten als min=
der tiefe. Besonders gilt dies von den Teilminimis, die auch
einen weit augenfälligeren Einfluß auf die Umgestaltung des
Wetters ausüben als die Hauptminima. Diese letzteren kommen
meist über Schottland heran und ziehen längs der skandinavischen
Küste gegen Nordosten, die Teilminima treten dagegen weit süd=
licher auf, teils über Südengland, teils über Frankreich, wohin
sie vom biskayischen Meerbusen zu gelangen scheinen. Auch über
dem westlichen Zentral=Europa bilden sich bisweilen Teilminima,

und diese sind dann häufig von starken Winden und regnerischem
Wetter begleitet. Die vom atlantischen Ozean kommenden Depres=
sionen sind selten tiefer als 720 Millimeter, gewöhnlich erreichen
sie kaum 735 Millimeter. Sie sind für Europa von großer
Wichtigkeit durch die in ihrem Gefolge auftretenden Niederschläge,
aber man würde sehr irren, wenn man letztere ausschließlich an
die bedeutenden barometrischen Minima knüpfen wollte. Im
Gegenteil findet man, daß bisweilen tiefe Depressionen, die mit
starken Stürmen über unser Gebiet hinwegziehen, weit weniger
Niederschlag bringen, als flache auf den Wetterkarten kaum an=
gedeutete Barometersenkungen, innerhalb deren bei andauernd
trübem und regnerischem Wetter nur sehr geringe Luftbewegung
stattfindet. Diese letzteren zeigen sich häufig in zungenförmiger
Gestalt, und man darf darauf rechnen, daß sie viel Regen bringen,
sobald sie sich von Süden nach Norden hinauf ziehen. In diesem
Falle liegt meist die Zone stärksten Regens an der westlichen
und nordwestlichen Seite der Depression. Die Barometerver=
änderung als solche, also die Abnahme des Luftdrucks, wie sie
in den Wetterkarten dargestellt ist, hat zunächst mit dem Regen=
falle nur eine äußerliche Verbindung. Wie Hann nachgewiesen,
fielen die heftigen Regengüssen vom 15. bis 18. August 1874,
welche sich von Wien bis Basel erstreckten und eines der größten
Sommerhochwasser der Donau zur Folge hatten, sogar im Gebiete
eines Barometermaximums und überall bei steigendem Luftdrucke.
„Die Bildung der Niederschläge," bemerkt Hann, „hängt von
der aufsteigenden Bewegung der Luft ab, und diese ist in erster
Linie nicht von Druckdifferenzen in horizontaler Richtung ab=
hängig, sondern von der Verteilung des spezifischen Gewichtes
der Luftmassen in vertikaler Richtung im Verhältnis zur Um=
gebung. Es kann sein, daß eine ziemlich lebhafte und umfang=
reiche, langsam aufsteigende Bewegung der Luft und damit aus
giebige Niederschläge schon eintreten, bevor eine merkliche Depres=
sion an der Erdoberfläche zur Beobachtung kommt, die sich dann
freilich im spätern Verlaufe einstellen wird, aber auch dann zu

weilen von einem so geringen Betrage zu sein scheint, daß sie auf
den jetzigen Isobarenkarten nicht hervortritt. Während ein Sturm
(lokale Gewitterstürme ausgenommen) erst nach Entwickelung
einer größern Depression eintritt, können die heftigsten Nieder=
schläge ohne eine solche eintreten." Diese Behauptungen finden
in dem Studium der täglichen Wetterkarten ihre volle Bestäti=
gung. Besonders dann, wenn bei mittlerem Barometerstande
(von 762 bis 765 Millimeter) die Isobaren weit aus einander
liegen und die Winde schwach sind, findet man, daß häufig Trü=
bung und Regen eintritt.

Wichtigkeit der Cirruswolken. Die Annäherung einer
barometrischen Depression wird nicht nur durch das Barometer,
sondern auch und noch viel früher durch gewisse Vorgänge in den
höchsten Wolkenregionen angekündigt. An dem bis dahin heitern
oder nur von geballten Cumulusmassen bedeckten Himmel zeigen sich
Spuren von Cirruswolken. Anfänglich sehr matt, einem Hauche
vergleichbar, entwickeln sie sich bald zu beträchtlicher Intensität.
Nach Verlauf einiger Zeit, gewöhnlich eines halben Tages, über=
ziehen gratförmige Cirrostraten den Himmel, die bisweilen dessen
Gewölbe wie Meridiane auf einem Globus bedecken. Sie sind gezackt,
ausgekämmt oder gerollt und bieten einen hübschen, dem Wetter=
kundigen freilich nicht sehr erfreulichen Anblick. Nach und nach bleicht
der anfänglich zwischen den einzelnen Cirrostratusstreifen noch sicht=
bare blaue Himmel ab, er überzieht sich mit dunstigem Cirrus
und endlich bedeckt ein Schleier das ganze Firmament. Dieser
Cirrusschleier geht stets der Vorderseite der Depressionen voraus;
mit Annäherung der letzteren verwandelt er sich allmählich in
Nimbus und damit ist der Regen da.

Die Bewegungen der Cirruswolken innerhalb eines barome
trischen Minimums sind von Cl. Ley genauer studiert worden,
und dieser Forscher hat eine schematische Darstellung der obern
und untern Luftbewegungen gegeben, welche in der umstehenden
Figur dargestellt ist. In derselben bezeichnet der große Pfeil die
Richtung, nach welcher die Depression hinzieht. Die ausgezo=

genen Pfeile zeigen die Bewegung der Winde um das Zentrum
des Minimums an der Erdoberfläche an, die gestrichelten Pfeile
dagegen die Richtung der oberen Winde, wie sich diese in der
Bewegung der Cirruswolken zeigt. Man erkennt sofort, daß auf
der Vorderseite der Depression die Luftbewegung oben und unten
fast senkrecht zu einander steht. Kommt der Wind aus Süden,
so ziehen die Cirruswolken aus Westen. Kommt der Wind aus
Osten, so ziehen sie aus Süden. Auf der Rückseite dagegen ist
eine fast völlige Übereinstimmung der Richtung des Windes mit

Fig. 31.

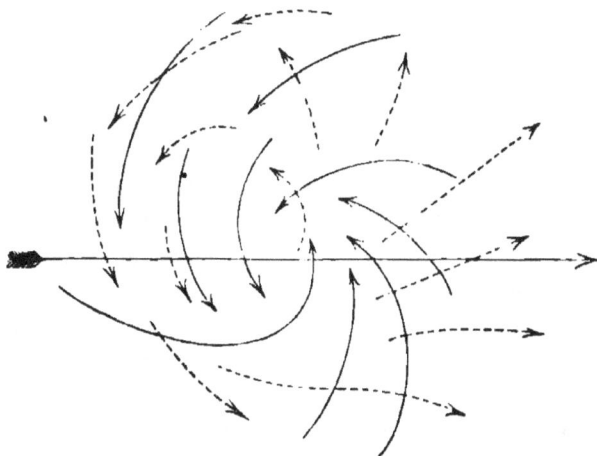

Schematische Darstellung der Luftbewegung im Gebiete eines barometrischen Minimums.

dem Zuge der höchsten Wolken vorhanden. Selbst ohne das
Barometer zu Rate zu ziehen, kann man — und zwar, wie ich aus
Erfahrung weiß, sehr sicher — aus der Bewegung der Cirruswolken und der Richtung des Windes an der Erdoberfläche auf
die Lage und das Herannahen eines barometrischen Minimums
schließen.

Im Sommer erniedrigen die atlantischen Depressionen die
Temperatur, im Winter aber bringen sie vom Ozean her Wärme,
und alle milden Winter unserer Gegenden sind durch Depressio-

nen ausgezeichnet und bedingt. Da nun in Depressionsgebieten die Isobaren sich enger aneinander scharen, die Luftbewegung also beträchtlicher ist als bei normalen Barometerständen, so erklärt sich die Thatsache, daß milde Winter vorzugsweise stürmisch sind.

Umgekehrt ist es mit den Barometer-Maximis. In den Gebieten hohen Luftdrucks findet eine absteigende Luftströmung statt, es herrscht in ihnen meist Trockenheit und Aufheiterung. Wenn daher im Sommer ein barometrisches Maximum sich über Zentral-Europa ausdehnt, so kommt die Sonnenstrahlung zur rechten Geltung und die Temperatur wird hoch sein; umgekehrt muß im Winter bei heiterm Himmel die Ausstrahlung in den langen Nächten überwiegen, und es wird ein Maximum der Kälte eintreten. Im allgemeinen haben barometrische Maxima einen längern Bestand als Minima, sie sind in ihrer Ortsveränderung ziemlich träge, und diesem Umstande verdanken wir hauptsächlich das andauernd heitere Wetter, welches auch für unsere Gegenden bisweilen eintritt. Der Begriff des barometrischen Maximums ist übrigens ein relativer, von 775 Millimeter Druck bis zu 765 Millimeter herab kann eine Maximalregion auftreten; ja, ein Luft-druck von gleicher Höhe kann einmal die Rolle eines Maximums und ein anderes mal diejenige eines Minimums spielen. Dies beweist, daß es nicht sowohl die Höhe des Luftdrucks, als viel-mehr die Art der Bewegung der Luftteilchen ist, welche das Maximum wie das Minimum charakterisiert. Barometrische Maxima bilden sich bisweilen spontan über Zentral-Europa, be-sonders im Winter, und sie haben dann andauernd scharfe Kälte zur Folge. Viele Maxima kommen uns zugewandert vom atlan-tischen Ozean her, häufig auch erscheinen solche über Rußland. Mit den barometrischen Minimis stehen die Maxima in innigem Konnexe, denn die in dem Minimum emporsteigenden Luftmassen senken sich über dem Maximum herab und unterhalten das-selbe, wenigstens ist dies die allgemein angenommene und auch innerlich sehr wahrscheinliche Vorstellung. Wie Teil-Minima am ausgeprägtesten den Charakter der dem Minimum angehörigen

Witterungsverhältnisse zeigen, so auch kleine Maxima die sich bisweilen bilden. Innerhalb ihres Bezirkes herrscht fast immer in ausgeprägter Weise heiteres, trockenes, stilles Wetter. Große Maxima dagegen zeigen in einzelnen Teilen häufig statt des heitern, andauernd trübes Wetter, und ausnahmsweise beobachtet man dabei auch selbst Regen. Die Ursachen dieser Anomalien sind zur Zeit noch nicht genügend erforscht.

Im einzelnen ist das Auftreten barometrischer Minima und Maxima nach unsern gegenwärtigen Kenntnissen ein zufälliges, aber zu gewissen Zeiten sind die Depressionen häufiger als zu andern.

Der Winter ist durch zahlreiche und tiefe barometrische Minima ausgezeichnet, die hauptsächlich vom atlantischen Ozean hereinkommen und in Mitteleuropa vielfach stürmische südwestliche bis nordwestliche Winde verursachen. Wärmezunahme, Tauwetter und Regen begleiten dann diese Depressionen, und erst wenn die Winde der Rückseite auftreten, also zunächst Nordwest, beginnt mit aufklärendem Himmel die Temperatur wieder zu sinken. Bisweilen, wenn ein barometrisches Maximum mit ruhiger, heiterer, kalter Witterung über Zentral-Europa lagert, ziehen die winterlichen Depressionen über das nördliche Skandinavien hinweg und verursachen dann in Lappland eine weit höhere Luftwärme, als gleichzeitig bei uns herrscht.

Maikälte. Im Frühlinge sind die atlantischen Depressionen meist weniger tief und gleichzeitig treten, besonders gegen den Beginn des Sommers hin, im Osten und Nordosten barometrische Minima auf, welche infolge der kalten und trocknen, nördlichen und östlichen Winde in Zentral-Europa Nachtfröste erzeugen, die der jungen Saat und den Blüten der Obstbäume nicht selten verderblich werden. Am gefürchtetsten in dieser Beziehung sind die Kälterückfälle im Mai. Im nördlichen Deutschland pflegen dieselben am 11., 12. und 13. Mai, an den Tagen der Kalenderheiligen Mamertus, Pancratius und Servatius, einzutreten. Im Volksmunde sind daher letztere seit alten Zeiten als „die ge strengen Herren" oder die „Eismänner" bekannt, und selbst in Frankreich, wo die Erscheinung weniger prägnant auftritt, nennt man sie les trois saints de glace.

Forscht man, wie solches von Dove geschehen ist, in den Berichten der Chronisten nach, so erkennt man, daß die Eismänner des Mai schon vor vielen Jahrhunderten ihres Amtes warteten. Aus Frankreich werden verderbliche Maifröste in den Jahren 892 und 1118 erwähnt. Vom Jahre 1419 findet sich in den Jahrbüchern Johannes Lindenblatt, Officials zu Riesenburg, die Angabe: „so war et also kalt nach Ostern ken Pfingsten, das die Blut vorfros off den Baumen, das wenig Früchte worden von Obs." Gronau in seiner Schrift über die Witterung der Mark Brandenburg berichtet: „Am 10. Mai 1439 fiel in Braunschweig ein so hoher Schnee, daß die Äste der Bäume zerbrachen und die Saat ganz niedergeschlagen wurde." Derselbe erwähnt aus dem Jahre 1768 vom 11. bis 15. Mai kühlere Tage mit Nachtfrösten und Schnee. Im Jahre 1353 fiel um die Mitte des Mai in Schlesien und Polen „ein tiefer Schnee", der sechs Tage liegen blieb. Am 24. Mai 1653 fiel im Dessauischen viel Schnee; ebenso 1705 am 25. und 26. Mai in der Mark Brandenburg, so daß die Äste der bereits belaubten Bäume davon zerbrachen. Die schöne Lindenallee auf der Neustadt zu Berlin wurde dadurch dergestalt beschädigt, daß man einige Wagen mit abgebrochenen Ästen beladen konnte. Das in Blüte stehende Korn wurde fast ganz von Schnee bedeckt und niedergebogen. Höslin bemerkt in seinen meteorologischen Beobachtungen in Böringen auf der schwäbischen Alp: „1763 am 12. Mai hatten die Bronnen durchs ganze Land Eiszapfen, da auf den Gebirgen nur ein mäßiger Reif lag."

Faßt man das Allgemeine der Erscheinung zusammen, so ergiebt sich folgendes: Die Kälterückfälle des Mai treten ausschließlich mit nördlichen und östlichen Winden auf. Am frühesten, nämlich durchschnittlich am 11. Mai, dem Mamertustage, zeigen sie sich meist in Schweden, dem Ostseegebiete und Ostdeutschland.

In Pommern und Mecklenburg kann der 12. Mai (Pancratius) als Haupttag der Maikälte gelten. In der Mark, in Sachsen und Schlesien ist der kälteste Tag der 13. Mai (Servatius). In Westfalen und am Rhein ist es der 14. Mai (Bonifacius). In Frankreich, wo die Erscheinung überhaupt nur schwach hervortritt, knüpft sie sich an die Tage des 14. bis 16. Mai. In Rußland tritt sie vom 18. Mai ab auf und gegen Sibirien hin noch später. Spanien und Portugal kennen keine Rückfälle der Kälte im Mai.

Betrachtet man die Wetterkarten der Kältetage des Mai, so findet man, daß alsdann Depressionen im Norden oder Osten von Mitteleuropa vorhanden sind, die eine gegen Südosten gerichtete Bewegung zeigen und uns kalte trockene Luft zuführen. Bewegt sich etwa eine Depression aus Lappland über die Ostsee nach dem zentralen Rußland hin, so werden die westwärts liegenden Regionen Europas — also Schweden, Norddeutschland, zum Teil auch Südwestdeutschland und die Schweiz — von den kalten polaren Winden getroffen und müssen deshalb beträchtlich erkalten. Es ist natürlich, daß diese Erkaltung zuerst im Norden fühlbar wird und in dem Maße sich gegen Süden ausbreitet, als die Depression selbst sich gegen Südosten hin bewegt. Kommt aber eine solche Depression aus Norwegen herab und schlägt eine rein südliche Richtung ein, so daß also ihr Zentrum nahe über Jütland hinweg auf Mitteldeutschland zuschreitet, so werden dann hauptsächlich die britischen Inseln von der kalten polaren Luft getroffen und in Mitteleuropa westliche und Rußland südliche Winde wehen. In diesem Falle muß daher in England starke Kälte eintreten, während in Deutschland die Temperatur sinkt, in Rußland dagegen unter dem Einflusse der südlichen und südwestlichen Luftströmungen erheblich steigt. —

Im Sommer treten die meisten Minima in Schottland, dem Nordseegebiete und über Südschweden auf, während sie in Zentral-Europa seltener sind. Im Juni verursachen diese Depressionen die sogenannte Sommerregenzeit Deutschlands und sind gleichzeitig Ursache von Kälterückfällen.

Der Herbst zeichnet sich für Mitteleuropa und besonders für
Deutschland durch eine geringere Anzahl von Depressionen aus;
diese letzteren suchen alsdann vorzugsweise den hohen Norden
unseres Erdteils auf. Deshalb ist der Herbst bei uns die be-
ständigste und angenehmste Jahreszeit.

Wie sich aus allem Vorhergehenden ergiebt, bilden die barometrischen Depressionen das störende Element unseres Wetters,
und da sie meist von Westen herkommen, so ist gleichzeitig dieses
die Himmelsgegend, aus der uns das „schlechte Wetter" zugeht.

Die Vorausbestimmung des Wetters.

Die Vorausbestimmung der kommenden Witterung oder die
Aufstellung von Wetterprognosen, die sogenannte praktische
Meteorologie, ist der jüngste Zweig dieser Wissenschaft. Erst die
Entdeckung des allgemeinen Windgesetzes und die Erkenntnis, daß
die Witterungserscheinungen mit der jeweiligen Luftdruckverteilung
in einem bestimmten Zusammenhange stehen, haben es mit Hilfe
des elektrischen Telegraphen möglich gemacht, die wahrscheinlichen
Veränderungen der Wetterlage für den Zeitraum von etwa einem,
in sehr seltenen Fällen von zwei Tagen voraus anzukündigen.
Diese Witterungsaussichten, wie sie gegenwärtig von einer Anzahl
meteorologischer Zentralstellen in Europa und Nordamerika ausgehen, haben der Meteorologie mit einem Schlage das allgemeinste
Interesse des Publikums erworben, und unter den täglichen Neuig-
keiten, welche die Zeitungen bringen, nehmen die Witterungsnach-
richten nicht den letzten Rang ein. Inzwischen darf man sich über die
gegenwärtige Leistungsfähigkeit der praktischen Meteorologie keiner
Täuschung hingeben. Diese Disziplin steht erst am Beginn ihrer
Entwickelung, und es fehlen noch viele Erfahrungen. Wie auf allen
neuen Gebieten, so sind auch hier die Erwartungen des großen
Publikums sehr viel bedeutender als die Leistungen, und vielleicht

tragen einige Meteorologen auch einige Schuld daran, indem sie, begeistert von den jüngsten Erfolgen ihrer Wissenschaft, diese etwas glänzender ausmalten, als sie bei ganz objektiver Betrachtung in Wirklichkeit sind. Sehen wir von Nordamerika ab, so ist zunächst zu gestehen, daß eine Vorausbestimmung des Wetters an der Hand unserer heutigen Kenntnisse nur für einen Teil von Europa und zwar für Mittel- und Nordwest-Europa möglich ist. Ich bin überzeugt, daß schwerlich ein Meteorologe wagen würde, selbst auf Grund genauester Kenntnis der Luftdruckverteilung, ein Urteil über das Wetter abzugeben, welches 24 Stunden später in Italien herrschen wird. Unsere meteorologischen Regeln, soweit sie die Wetterprognose betreffen, sind den oben bezeichneten Teilen Europas auf den Leib geschnitten. Dazu kommt noch, daß diese Regeln, wie sie die Bücher — und auch das vorliegende — mitteilen, durchaus allein nicht befähigen, ein Urteil über die kommende Witterung abzugeben, sondern sie sind nur praktisch zu verwerten an der Hand der Erfahrung. An sie hat man sich in erster Linie zu wenden, wenn man wetterkundig werden will, und diese Erfahrungen sind so wichtig, daß z. B. ein Meteorologe, der wichtige Arbeiten über Luftdruckverteilung, wichtige Rechnungen über klimatische Konstanten ꝛc. geliefert hat, darum noch lange kein Wetterkundiger im bezeichneten Sinne ist, sondern hier das Wort des Dichters zur Anwendung kommt: „Sein Schäfer ist klüger als er." Der Verfasser dieser Schrift hatte ein paar Jahre lang Gelegenheit, die praktische Erfahrung schätzen zu lernen bei einem Manne, der nach beiläufiger Kenntnis der allgemeinen Luftdruckverteilung und der Veränderungen im Stande seines eigenen Barometers, die Witterung des kommenden Tages mit einer Sicherheit vorauszubestimmen vermochte, welche derjenigen der besteingerichteten meteorologischen Zentralstellen völlig gleich kam. Es schien mir notwendig, diese Bemerkungen vorauszuschicken, weil man nachgerade im Publikum beginnt, von der praktischen Meteorologie ganz Unerfüllbares zu verlangen. Einige Schriftsteller, die unstreitig durch die Fortschritte der Witterungskunde mehr erwärmt als erleuchtet worden sind, haben sogar schon die Forderung erhoben, es soll von Seiten des Staates ein System täglicher Witterungsprognosen für alle einzelnen Landesteile organisiert werden; sie denken sich dabei wahrscheinlich ein Zentralinstitut mit untergebenen Stationen, denen vom erstern täglich telegraphisch Wind, Regen und Sonnenschein zugemessen werden. So weit ist aber die Wissenschaft noch lange nicht! Im allgemeinen ist es erforderlich, daß die speziellen Witterungsprognosen von einem Ort inmitten des Bezirkes, für den sie gelten, ausgehen, und dann kommen noch häufig genug Mißerfolge vor! Ein Teil dieser Mißerfolge ist nicht vorherzusehenden Änderungen der Luftdruckverteilung zuzuschreiben, ein anderer dem Umstande, daß die Witterung, welche die Maxima und Minima je nach ihrer Lage charakterisiert, eben nur nach ihrem durchschnittlichen Zustande beurteilt wird, während doch von diesem mittleren Zustande stets Abweichungen vorhanden sind.

Wetterkarten. Die Verteilung des Luftdrucks wird täglich durch die Zeitungen mitgeteilt, und die betreffenden telegraphischen Depeschen gehen von den meteorologischen Zentralstellen in Wien, Hamburg, Paris, London ꝛc. aus. Die aus den Zeitungen zu entnehmenden Angaben beziehen sich meist auf die Luftdruckverteilung von 8 Uhr morgens und genügen in den bei weiten meisten Fällen vollkommen, um den Lauf der Isobaren einzuzeichnen. Wer sich mit dem Studium der praktischen Meteorologie befassen will, muß tagtäglich die Isobaren darstellen. Am besten bedient man sich dazu einer möglichst großen Schiefertafel, auf welcher die Karte von Mitteleuropa mittels Ölfarbe in Umrissen dargestellt ist und in der gleichzeitig die Beobachtungsstationen, welche die telegraphischen Mitteilungen berücksichtigen, eingetragen sind. Man schreibt diesen Stationen den betreffenden Barometerstand bei, zieht dann die Isobaren von 770, 765, 760, 755 u. s. w. Höhe. Eine ganz genaue Zeichnung dieser Isobaren ist praktisch nicht erforderlich, denn das Wetter kehrt sich nur im allgemeinen, keineswegs aber ganz genau an den Verlauf dieser Linien. Hat man

die Isobaren entworfen, so geht man dazu über, auch den übrigen
Teil der Witterungsdepeschen einzutragen. Dieser bezieht sich auf
Temperatur, Windrichtung und Windstärke, Bewölkung und Nieder
schlag. Die Temperaturangabe schreibe man mit etwas kleinern
Ziffern bei den einzelnen Stationen unter die Barometerangabe.
Die Windrichtung kann man durch eingezeichnete Pfeile darstellen,
wie in der diesem Buche beigegebenen Wetterkarte, und auch die
Bewölkung kann man ähnlich wie dort bezeichnen. Wenn man
jedoch über eine etwas große Tafel verfügt, so ist das folgende
Verfahren, welches ich seit längerem anwende, vorzuziehen. Man
lasse sich aus Blei runde Scheiben von etwa zwei Centimeter Durchmesser anfertigen. Jede dieser Scheiben wird mit Ölfarbe be
strichen, ein Teil blau, der andere rot, ein dritter weiß. Diese
Farben stellen den Zustand des Himmels dar: blau bezeichnet
heitern Himmel mit fehlender oder geringer Bewölkung, rot be=
zeichnet halbbedeckten Himmel, weiß endlich ganz bedeckten oder
trüben Himmel. Auf jede Scheibe wird ferner mit Ölfarbe ein
schwarzer Pfeil gezeichnet, der die Windrichtung angeben soll
und dabei mit dem Winde fliegt. Die so vorgerichteten Bleischeiben
benutzt man nun, um die Richtung des Windes und den Himmels-
zustand anzuzeigen, indem man sie auf die betreffenden Stationen
legt und so dreht, daß die Pfeile die Richtung, aus welcher der
Wind kommt, anzeigen. Die Stärke des Windes bezeichnet man
durch eine entsprechende Zahl Striche auf der Tafel neben
dem betreffenden Orte. Schwache Winde (1 und 2 der Skala)
erhalten keine Striche. Regen wird durch einen Kreis um den
betreffenden Ort auf der Tafel angezeigt, Schnee durch ein Stern-
chen, Nebel durch den Buchstaben N. u. s. w. Durch Entfernen
der Bleiplättchen und Abwischen der Tafel ist diese am näch)
sten Tage zum Einzeichnen einer neuen Wetterkarte fertig. Wer
es ermöglichen kann, soll sich zwei Tafel anschaffen, damit er die
neueste Wetterlage mit derjenigen vom vorhergehenden Morgen
vergleichen kann. Geschieht dies, so wird der aufmerksame Beobachter bald bemerken, daß die Luftdruckverteilung von Tag zu

Tag in größerem Maße wechselt und meist nach 24 Stunden ganz anders ist, als man Tags zuvor vermutete. Daraus folgt, daß Witterungsprognosen im allgemeinen sich höchstens auf die nächsten 24 Stunden erstrecken dürfen.

Irrthum des Anfängers. Der Anfänger wird allerdings manchmal glauben, weiter gehen zu können. Er sieht beispielsweise ein Minimum über den britischen Inseln angedeutet, bei mäßig hohem Luftdrucke in Mitteldeutschland. Sofort wird er sich sagen, daß nach den Gesetzen über die Luftbewegung um Minima herum, der Wind zunächst durch Süden gegen Südwesten drehen und die Bewölkung zunehmen wird. Ja noch mehr. Da die Minima von Westen gegen Osten ziehen, so wird der Anfänger in der Praxis sich sagen, daß vielleicht am zweiten Tage, wenn das Minimum näher gekommen ist, der Wind westlich werden und bis dahin auch Regen gefallen sein wird. Diese Schlüsse sind theoretisch nicht unrichtig, und man kann die Erfahrung machen, daß sie selbst von tüchtigen Meteorologen, die aber nur theoretisch gearbeitet haben, gezogen werden. Was sagt aber die Wirklichkeit dazu? Sie desavouiert die Prognose in vielen Fällen vollständig! Der Anfänger ist darüber bestürzt, er verzweifelt fast an der Richtigkeit der gelernten Regeln und giebt in vielen Fällen alle weiteren Bemühungen auf. Der Grund des Mißerfolges liegt aber darin, daß das Wetter niemals in der Form der typischen Beispiele der Lehrbücher, daß es niemals programmmäßig verläuft, daß oft nur ein Teil der Erscheinungen, welche die Depressionen oder Maxima charakterisieren, eintritt, und endlich auch darin, daß unsere ganze Theorie noch weit davon entfernt ist, vollendet zu sein, und die Cyklonen und Anticyklonen wahrscheinlich durchaus nicht allein das Wetter regieren.

Regen. Die von Westen heranrückenden Depressionen bringen uns gewöhnlich schlechtes Wetter, es ist aber ein großer Unterschied, ob die Minima hoch im Norden etwa bei Schottland, oder ob sie am Kanal, oder endlich im Busen von Biskaya auftreten. Hier kann aber allein nur die Erfahrung Winke erteilen

16*

und diese zeigt, daß eine über Schottland auftauchende Depression, die dort Regen und starke Winde im Gefolge hat, Zentral-Europa noch wenig beeinflußt, ja meist kann man hier noch einen Tag auf heiteres trockenes Wetter mit südöstlichen Winden rechnen. Dieses tritt selbst dann ein, wenn in England und am Kanal der Wind schon südlich und selbst südwestlich ist. Ist beim Auftreten einer solchen Depression im nördlichen Deutschland der Wind nördlich und selbst nordwestlich, so geht er nicht, wie Viele glauben, stets durch Westen gegen Südwesten zurück, sondern dreht meist rasch durch Osten gegen Südosten und Süden. Man muß bei der praktischen Wetterprognose diese Thatsache sehr beachten, denn sie schützt vor vielen groben Irrtümern. Auf Grund meiner Erfahrungen glaube ich sogar, daß eine über Schottland hinwegziehende Depression, mag sie auch noch so tief sein, die Witterung in Deutschland und dem nördlichen Österreich überhaupt gar nicht beeinflußt: ein solcher Einfluß tritt erst ein durch die Bildung eines Teil-Minimums südlich von der Hauptdepression. Solche Teil-Minima oder auch selbständig nachfolgende Depressionen erscheinen sehr häufig südwestlich von dem vorausgehenden bedeutenden Minimum.

Die täglichen Wetterberichte und Wetterkarten zeigen manche regenbringende, flache Depressionen leider gewöhnlich erst dann, wenn sie schon da sind und ihren Einfluß ausüben. Das Auftreten solcher Depressionen läßt sich indes mit großer Sicherheit vermuten, wenn bei einer Lage des Hauptminimums über der Nordsee die Isobaren über England und Nordfrankreich weit auseinander liegen, ohne jedoch einem barometrischen Maximum anzugehören.

Unvollkommenheit der täglichen Wetterberichte. Ueberhaupt sind die täglichen Wetterberichte notwendig ziemlich unvollkommen. Der Umstand, daß sie noch an demselben Tage wenigstens dem Publikum zur Kenntnis gebracht werden sollen, macht es erforderlich, die Beobachtungen um 8 Uhr morgens ausschließlich zu benutzen. Nun ist aber gerade in den Morgen innden der Wetterzustand häufig ein ziemlich anormaler. Häufig ist der Himmel dann bedeckt, während er sich bald darauf auf heitert, auch die Temperaturen sind vielfach abnorm, und die Schlüsse, die man über die eben stattfindende Wärme ziehen würde oder wirklich zieht, erscheinen nicht selten schon der Gestaltung des Wetters um Mittag zufolge grundfalsch. Sehr richtig sagt Hann: „Die frühen Morgenstunden haben zumeist, wenn nicht stärkere Winde wehen, eine abnorme Temperatur, welche weder über die Wärmeverhältnisse des vorausgegangenen noch die des be treffenden Tages selbst einen befriedigenden Aufschluß giebt. Sollen die Wetterberichte für die Landwirtschaft ein größeres Interesse erlangen, so müssen die Temperaturangaben vervollständigt werden, und hierzu halte ich die Angabe des Temperaturmaximums des Vortages für das wertvollste Element. Ob die Witterung dem Reifen der Feld- und Gartenfrüchte, der Heuernte ꝛc. günstig sei, darüber giebt der um 7 (8) Uhr morgens abgelesene, gerade an heitern und windstillen Tagen, die sehr heiß werden, durch nächt liche Wärmestrahlung erniedrigte Thermometerstand keine oder eine falsche Auskunft.“

Cirrusstreifen und Regen. In den meisten Fällen wird das Eingreifen der Depression durch Auftauchen von Cirrusstreifen am heitern Himmel angezeigt, und dieses An zeichen darf man niemals außer Acht lassen. Besonders dann, wenn die Cirrusstreifen stark gerollte Fasern und Zacken zeigen und der Himmelsgrund zwischen ihnen anfängt zu erblei chen, steht Trübung und Regen vor der Thür. In dieser Hinsicht sind Nachrichten aus dem südlichen England und Nordfrankreich von großer Wichtigkeit. Regnet es dort bereits, so kann man auf Zuwanderung des Regens rechnen, besonders wenn das Baro meter andauernd fällt. Fällt es dagegen langsam und ohne daß Regen eintritt, so wird dieser erfolgen, wenn der Luftdruck wieder steigt. Überhaupt fällt — und das muß man wohl festhalten — bei uns der meiste Regen mit steigendem Barometer. Sehr viel Regen für West und Mitteldeutschland bringen meist die Depres sionen, die von Frankreich in nordöstlicher Richtung heraufziehen, ebenso für Österreich, Ungarn und Schlesien die aus dem Süden kommenden Minima. Für das Binnenland, für den Städter sowohl wie für den Landmann, ist die Prognose auf Regen oder Trockenheit die wichtigste, neben der die anderen Elemente des Wetters zurücktreten. Gleichzeitig ist sie aber auch die schwierigere, da besonders die mehr lokalen Regenfälle — die deshalb durchaus nicht unbedeutend zu sein brauchen — sich in keinen unmittelbar aus den Isobaren hervortretenden Zusammenhang mit den Depressionen bringen lassen. Man muß sich deshalb hier auf lokale Anzeichen verlassen, sobald die allgemeine Wetterlage überhaupt Regen wahrscheinlich macht. Zunächst pflegen viele dabei nach dem Psychrometer oder Hygrometer zu sehen, allein dieses ist in der hier besprochenen Sache ein so völlig unbrauchbares Instrument, daß ihm jede Bedeutung für die Ermittelung später eintretender Niederschläge abgesprochen werden muß. Die Feuchtigkeit in der Umgebung des Hygrometers hat mit dem Zustande oben in der Atmosphäre, von wo der Regen kommt, kaum etwas zu schaffen; wenn das Hygrometer Regen anzeigt, ist er meist schon da, nicht selten bleibt er auch aus, oder es regnet, während das Psychrometer noch ansehnlich vom Sättigungspunkte entfernt ist. Der Praktiker in der Wetterprognose soll sich deshalb um die relative Feuchtigkeit der Luft gar nicht kümmern, und es ist überhaupt zu bedauern, daß sie in den Wetterberichten noch mitgeschleppt wird.

Anwendung des Spektroskop. Statt ihrer sollte man das Spektroskop zu Rate ziehen, denn dieses vermag über die Feuchtigkeitsverhältnisse der ganzen Luftsäule vom Beobachter bis zu den Grenzen der Atmosphäre Aufschluß zu geben. Bekanntlich wird das Spektrum der Sonne von einer Anzahl dunkler Linien durchzogen, deren hervorragendste mit den Buchstaben A, B, C, D, E u. s. w. bezeichnet worden sind. Einige dieser Linien verdanken ihr Hervortreten dem Wasserdampfe unserer Atmosphäre und werden stärker, wenn dessen Menge zunimmt, nehmen aber ab mit wach-

nehmender Trockenheit der Luft. Die für die Praxis wichtigsten dieser „Regenbänder" liegen zwischen den Linien C und D. Wenn man die Erscheinung studieren will, muß man sich zuerst mit den hervorragenden Linien des Sonnenspektrums vertraut machen und besonders das rote Ende des Spektrums bis zum Beginn des Grün kennen lernen. Am besten benutzt man dazu ein geradsichtiges Spektroskop mit regulierbarem Spalte. Die optische Anstalt von Reinfelder & Hertel in München verfertigt solche, bei welchen nach meiner Angabe die roten Strahlen mehr gegen die Mitte des Gesichtsfeldes zu liegen kommen als dies bei gewöhnlichen Spektroskopen der Fall ist.*) Besitzt man ein solches Spektroskop, so ist die Auffindung der Regenbänder oder Wasserdampflinien nicht schwer. Hält man das Spektroskop so, daß das rote Ende des Spektrums links liegt und richtet es auf den hellen Himmel, so erblickt man im äußersten Rot zunächst eine sehr schwarze dicke Linie, es ist B, auf sie folgt eine andere C, dann mit Übergehung mehrerer schwachen Linien a und endlich die Linie D an der Grenze des Gelb. (Fig. 32.) Bei scharfer Einstellung erkennt man mit dem obigen Spektroskope, daß D doppelt ist und aus zwei sehr nahe beieinander stehenden Linien besteht. Jenseits D tritt an der Grenze des Grün ein etwas dunkler Schatten, aus zahlreichen feinen Linien bestehend, auf. Bis hierher ist das Aussehen des Spektrums für meteorologische Zwecke wichtig, den grünen und blauen Teil braucht man nicht zu beachten. Bei feuchtem Wetter zeigt sich nun jenseits C gegen a hin eine starke dunkle Linie s und ebenso eine Doppellinie r r' diesseits D, die bei sehr feuchter Luft ungemein deutlich und breit wird. Endlich tritt dann auch das Band d sehr stark hervor. Das sind die Linien, welche für die Regenprognose von Wichtigkeit erscheinen. Für den Ungeübten hat es anfangs einige Schwierigkeit, sich mit diesen Linien vertraut zu machen. Es giebt jedoch ein einfaches Mittel, sie sofort

---

*) Diese Spektroskope kann ich aus eigner Erfahrung als die besten und geeignetsten zur Regenprognose Jedem empfehlen.

aufzufinden und von den anderen Linien des Sonnenspektrums zu unterscheiden. Zu diesem Zwecke muß man einen Tag wählen, an dem das Wetter feucht und regnerisch ist, wobei jedoch die Sonne durch Wolkenlücken zeitweise sichtbar wird. Man richtet das Spektroskop dann gegen den Himmel und stellt die Linien möglichst scharf ein. Darauf richtet man es gegen ein weißes, von der Sonne beschienenes Blatt Papier, das der Beobachter in einiger Entfer

Fig. 32.

Das rote Ende des Sonnenspektrums mit den sog. Regenbändern.

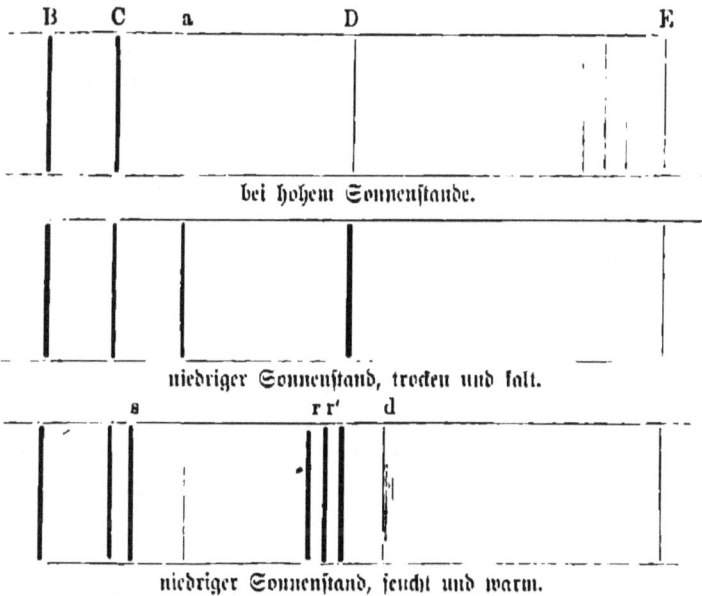

bei hohem Sonnenstande.

niedriger Sonnenstand, trocken und kalt.

niedriger Sonnenstand, feucht und warm.

nung anbringt. Man sieht dann das Sonnenspektrum mit seinen Linien, aber die Regenbänder sind äußerst schwach, und bei wiederholtem Sehen nach dem Papier und dem Himmel erkennt man leicht, welche Linien dort fein sind oder fehlen, hier aber stark hervortreten.

Sind die Regenlinien, besonders r und r' schwach und fein, so ist in den nächsten Stunden kein Regen zu erwarten, sind sie aber sehr dunkel, breit und verwaschen und fast der D-Linie gleich, so kann man mit großer Sicherheit auf Regen schließen, der in spätestens 4 bis 6 Stunden eintreten wird. Nur bisweilen setzt dieser Regen aus, in den bei weitem meisten Fällen bietet das Spektroskop eine große Sicherheit in seinen Regenanzeigen.

Der Erste, der auf diese Anwendung des Spektroskops aufmerksam machte, war Piazzi Smith, und es würde für die Wetterprognose von großem Vorteil sein, wenn in den täglichen Wetterberichten statt der lächerlichen prozentischen Luftfeuchtigkeit die Intensität der Regenbänder angegeben wäre.

Optische Anzeichen des kommenden Regens. Besitzt man kein Spektroskop, so bietet das Aussehen der Luft manchmal Anhaltspunkte zur Beurteilung der Regenwahrscheinlichkeit. Besonders wenn die Luft am Horizont sehr klar ist, so daß ferne Berge ungemein deutlich erscheinen, kann man auf Regen schließen. Wolken, die sich an Bergspitzen bilden und sich langsam ausbreiten, zeigen meist Regen an. Ebenso kann man auf baldigen und anhaltenden Regen rechnen, wenn der Himmel verschleiert erscheint und auf diesem Schleier einzelne rauchige Wölkchen sichtbar sind. Ist bei untergehender Sonne der Himmel fahlgelb, so tritt oft andauernder Regen ein.

Steigt, nachdem eine Depression vorübergezogen, das Barometer an demselben Tage rasch, so klärt sich der Himmel meist am nächsten Tage zeitweise auf, allein es kommt noch Regen. Fällt das Barometer nach mäßig hohem Stande mehrere Tage hindurch langsam aber fortwährend, so kann man auf andauernd ungünstiges Wetter, auf Trübung und Landregen schließen. Beginnt sich der Himmel am Nachmittag grau zu überziehen und fängt es gegen Abend an zu regnen, so dauert dieser Regen häufig einen großen Teil der Nacht hindurch fort. Morgenregen hört dagegen meist vor Mittag auf. Steigender Nebel, solcher, welcher vorzugsweise in der Höhe lagert, Kirchtürme und Bergspitzen verhüllt, deutet auf trübes, unfreundliches Wetter, fallender Nebel auf einen heitern Tag.

Beim Beginne des Winters ist es schwer oder fast unmöglich, den ersten Schnee vorauszusagen, denn es hängt nur von geringen, meist nicht vorauszusehenden Temperaturunterschieden ab, ob der Niederschlag in Gestalt von Regen oder Schnee erfolgen wird. Schneit es jedoch bei fallendem Barometer, so wird der Schnee vielfach in Regen übergehen, der, sobald das Barometer abermals steigt, wiederum dem Schneefalle weicht.

Temperatur. Bezüglich der Temperatur hat man bei der Wetterprognose zu beachten, daß die Depressionen im Winter Wärme bringen, im Sommer dagegen Abkühlung hervorrufen. Wenn eine Cyklone im Winter vom atlantischen Ozean herüberkommt, so beginnt sich der Himmel in den Gegenden, über welche sie hinwegzieht, zu bedecken, die Temperatur steigt, es schneit oder regnet, bis die betreffende Region auf die Rückseite der Depression gekommen ist, dann dreht der Wind gegen Nordwesten, und das Wetter wird wieder rauher. Im Sommer ist das Wetter beim Herannahen einer Depression schwül, und die Abkühlung tritt mit dem Regen und den Gewittern auf, welche sich an der Südseite der Cyklonen zu entladen pflegen. Mit dem Herumgehen des Windes gegen Nordwesten beginnt dann meist sofort Aufklärung des Himmels und Trockenheit. Den Depressionen, welche aus dem Süden heraufkommen, geht im Winter fast immer ein trübes, rauhes Wetter mit Schneegestöber voraus, im Sommer dunstiges, regnerisches Wetter bei östlichen Winden. Man muß jedoch bei Temperaturprognosen in jedem Falle die Wärmeverhältnisse der Gegenden, aus denen der Wind kommt, sorgsam berücksichtigen; besonders gilt dies für die Winterszeit. Nehmen wir an, es herrsche um diese Jahreszeit in Mitteldeutschland ein mäßiges barometrisches Maximum mit stillem Frostwetter und östlichen Winden. Es möge nun von Irland her eine Depression herannahen, die ihren Weg gegen die Ostsee hin nehme, während die Wärme in Irland, Südengland und der Bretagne beträchtlich ist. In diesem Falle wird sich der Einfluß dieses Barometer-Minimums zunächst durch eine langsame Erwärmung ostwärts von ihm verraten, besonders die Nächte werden in den Gegenden, welche an die Maximalregion grenzen und selbst davon überdeckt sind, nicht mehr

so kalt als vorher, der Frost läßt nach), und ein paar Tage spä
ter tritt mit dem Westwinde Tauwetter ein.

Nachtfrost. Von großer Wichtigkeit ist das Vorhererkennen
eines kommenden Nachtfrostes, und in diesem Falle erscheint das Psy
chrometer oder feuchte Thermometer von wesentlichem Nutzen. Man
kann nämlich mit ziemlicher Sicherheit annehmen, daß der kurz nach
Sonnenuntergang an dem Instrumente abgelesene Taupunkt das
Temperatur-Minimum der kommenden Nacht bezeichnet. Liegt nun
bei klarem Himmel dieser Taupunkt unter 0^0, so ist Nachtfrost zu
erwarten.

Gewitter. Die Prognose auf Gewitter ist eine sehr schwie
rige und erfordert lange Erfahrung. Im allgemeinen kann man
annehmen, daß alle von Westen her kommenden Depressionen des
Sommers an ihrer Südseite Gewitter im Gefolge haben. Sehr
tiefe Minima sind selbst im Winter von elektrischen Entladungen
begleitet. Auf den Wetterkarten verrät sich die Gewitterneigung
häufig durch einen schlingenförmigen Verlauf der Isobaren. Ein
sehr sicheres Kriterium giebt folgende von Prestel aufgestellte
Regel: Wenn an einem Orte die Temperatur über die mittlere
hinausgeht, so kommt ein Gewitter allemal dann zum Ausbruche,
wenn der Barometerstand bei seinem Übergange von einem Maxi
mum zu einem Minimum oder umgekehrt dem mittleren Barometerstande des betreffenden Ortes nahezu gleich ist. Diese Regel
habe ich praktisch meist bestätigt gefunden.

Wind. Die Prognose auf Wind nach Richtung und Stärke
ist leichter als diejenige auf Niederschläge, doch darf man auch
hierbei niemals glauben, daß sich die Wirklichkeit genau nach der
Schablone abspielt, welche die Theorie aufstellt. Im allgemeinen
ist der Wind in den Regionen der Cyklonen am stärksten und
zwar dort, wo die Isobaren am engsten aneinander rücken, aber
manchmal finden bedeutende Abweichungen von dieser Durchschnittsregel statt. Wahrscheinlich ist dies lokalen Gradienten zuzuschreiben, die auf der allgemeinen Wetterkarte nicht deutlich hervortreten. Handelt es sich um mäßig tiefe Depressionen, so bleibt

im Binnenlande der Wind meist schwach, so lange das Baro
meter fällt, er tritt aber sofort stark auf, wenn es zu steigen
beginnt. Heftige Winde bei fallendem Barometer deuten dagegen
auf eine herannahende tiefe Depression und starken Sturm. Hoher
Barometerstand bedingt nicht immer schwachen Wind, es kommt
häufig vor, daß innerhalb eines barometrischen Maximums an
einzelnen Orten starke Winde wehen; meist jedoch zeigt die Wetter
karte in den Anticyklonen schwache Luftströmungen an. Die
Stärke der das Gewitter gewöhnlich begleitenden Winde läßt sich
nicht vorher erkennen. Die allgemeine Richtung des Windes er
giebt sich aus dem Verlaufe der Isobaren an der Hand des bari
schen Windgesetzes; will man jedoch ein Urteil über die bevor
stehende Veränderung der Windrichtung gewinnen, so muß man
die bevorstehende Veränderung der Druckverteilung kennen. Hier
über können natürlich nur die Veränderungen des Barometer
standes Aufschluß geben. Hat man die Isobaren für 8 Uhr morgens
entworfen, so ist klar, daß wenn man für dieselben Orte Beobach
tungen, die etwa um 2 Uhr nachmittags angestellt sind, benutzen
kann, hieraus im allgemeinen eine neue Gruppierung der Isobaren
sich ergiebt, die im Vergleich mit der früheren Anhaltspunkte
zur Beurteilung der weiteren Veränderungen der Druckverteilung
gewährt. In Wirklichkeit ist man jedoch bis jetzt nirgendwo in Eu
ropa in der Lage, von allen Morgenstationen auch Mittagsbeobach
tungen zu erhalten, das Urteil über die nächsten Veränderungen
der Luftdruckverteilung bleibt daher stets fragmentarisch. Es ist
deshalb ein Glück, daß diese Veränderungen überhaupt sich lang
sam vollziehen und die Witterung daneben eine gewisse konser
vative Tendenz hat. Nur wenn tiefe Depressionen, besonders
Teilminima heranrücken, vollzieht sich bisweilen ein rascher Wetter
umschwung. In solchen Fällen genügt aber das Barometer am
Beobachtungsorte in Verbindung mit der sorgfältigen Beobach
tung des Windes und Wolkenzugs, um über die Lage des Zen
trums Aufschluß zu erhalten. Stets muß man aber auch hierbei,
sobald es sich um atlantische Depressionen handelt, den Blick nach

Westen richten und die Windrichtung sowohl als die Windstärke über den britischen Inseln wohl berücksichtigen. Nehmen wir an, es liege im Herbste eine Depression mit trübem Wetter und Regen sowie mit mäßigen Südwestwinden über der Nordsee, während in Irland aufklärendes Wetter mit starken nördlichen und nordwestlichen Winden herrsche. In diesem Falle kann man, selbst wenn das Barometer noch etwas sinken sollte, für Westdeutschland annehmen, daß am nächsten Tage Abnahme der Niederschläge und der Bewölkung, Auffrischen und Herumgehen der Winde gegen Nordwesten und Sinken der Temperatur erfolgen wird. Und diese Wetterveränderung wird selbst, wenn auch nur vorübergehend, eintreten für den Fall, daß der Nordsee Depression rasch eine andere vom atlantischen Ozean folgen sollte. Diese letztere läßt sich dann am folgenden Tage meist daran erkennen, daß über Irland neues Sinken des Barometers, Trübung und im Norden südöstlicher bis südlicher, im Süden und auf den Scilly Inseln südlicher bis südwestlicher Wind eintritt. Wird dagegen im Norden von Irland und Schottland der Wind östlich, im Süden und an der Südwestspitze Englands südöstlich und in der Bretagne südlich oder südwestlich, dann wird die neue Depression wahrscheinlich den Kanal erreichen.

Um aus der Wolkenbeschaffenheit über die Stärke des bevorstehenden Windes ein Urteil zu gewinnen, muß man viel Erfahrung besitzen. Im allgemeinen deuten einzelne Wolkenfetzen, die hintereinander am Himmel ziemlich rasch einherziehen, auf stärkern Wind; ziehen die Wolken sehr tief und rasch, so daß man deutlich erkennt, wie sie zwischen der höhern Wolkendecke und dem Erdboden dahintreiben, so wird der Wind stürmisch. Auch wenn der Zug der Wolken sehr entgegengesetzt ist, mehrere Wolken in ihren Bahnen einander kreuzen, steht windiges Wetter in Aussicht.

Doppelte Wolkenlagen, die von verschiedenen Winden getrieben werden, hält der Seeman für ein untrügliches Zeichen von schlimmem Wetter. Solche Ansichten erfahrener Seeleute sind der größten Beachtung wert und für die praktische Witte

rungskunde häufig von der allergrößten Wichtigkeit. In der „Hansa"
wird bezüglich der Wichtigkeit des Wolkenstudiums für das Vorherer
kennen von Wind und Wetter folgendes Beispiel erzählt: „Wir
beobachteten eines Vormittags mit einer Anzahl Navigationsschüler
Sonnenhöhen. Meine Aufmerksamkeit lenkte sich vorübergehend auf
ein kleines Wölkchen im Nordosten von uns. Auch einer der Schüler,
ein erfahrener Amrumer Steuermann, besah sich aufmerksam längere
Zeit das Wölkchen, welches scheinbar unbeweglich in etwa 25 Grad
Höhe am Himmel stand, aber kometenartig zerzaust aussah und
nach einiger Zeit sich ausbreitete. Endlich trat er an mich heran
und meinte: da säße wohl Wind drin, was ich bestätigte, mit dem
Hinzufügen, wie lange es wohl dauern würde, bis wir die Böe hier
fühlen würden? Da meinte er denn, daß er auf See heute
Abend kleine Segel machen würde, bis dahin hätte es nichts zu
sagen, aber es werde mehr als eine Böe werden. Am andern
Morgen hatten wir vollen Nordost-Sturm, während das Baro
meter bei bis dahin nordwestlichem Winde ziemlich hoch gestanden
hatte." Solche Kenntnisse finden sich nicht vereinzelt unter den
Seeleuten, und wer sie nicht hat, würde nicht tauglich zur Führung
eines Schiffes sein. Aus diesem Grunde und stolz auf die eige
nen Wetterkenntnisse blieben die Seeleute den telegraphischen
Sturmwarnungen so lange teilnahmlos gegenüber, ja dies ist mei
stens auch heute noch der Fall, trotzdem die Sturmwarnungen
sich bisweilen sehr wertvoll erwiesen haben. Allerdings treffen sie
vielfach an den betreffenden Plätzen dann erst ein, wenn der er
fahrene Schiffer bereits darüber klar ist, daß Wind werden wird!

Im allgemeinen kann nicht genug betont werden, daß die
vorstehenden Ausführungen nur eine Anleitung bieten, die erst
an der Hand der praktischen Erfahrung die Möglichkeit gewährt,
Wetterprognosen selbständig aufzustellen. Wer sich also hiermit
befassen will, muß das Wetter aufmerksam beobachten und seinen
Charakter mit den Angaben der Wetterkarten in Beziehung bringen;
erst durch diese Verbindung von Theorie und Praxis gewinnt
er die Fähigkeit, über die kommende Witterung ein begründetes

Urteil abgeben zu können. Jemand, der viele Beobachtungen be
rechnet und theoretische Untersuchungen, welche der Wissenschaft
von hohem Nutzen sind, anstellt, kann ein Meteorologe sein;
wenn er aber nicht selbst beobachtet, selbst die Veränderungen
der Witterung belauscht und studiert, so ist er weder ein Wetter
kundiger noch wird er es jemals werden.

Angeblicher Einfluß des Mondes auf das Wetter.
Man hat früher geglaubt, aus der Konstellation der Himmels-
körper Schlüsse auf die kommende Witterung ziehen zu können.
Besonders der Mond sollte durch seine verschiedenen Lichtgestalten
die Witterung mächtig beeinflussen, jeder Mondwechsel von einem
Wetterwechsel begleitet sein. Diese Anschauung ist noch heute
im Volke ungemein verbreitet, und besonders glaubt man, der
Vollmond besitze die Kraft, die Wolken zu zerstreuen. Es ist
jedoch nicht schwer, das Irrige dieser Meinung nachzuweisen. Zu
diesem Zwecke habe ich die in den Jahren 1856 bis 1864 von Ellner
zu Bamberg angestellten Wolkenbeobachtungen genauer untersucht.
Bezeichnet man den gänzlich wolkenlosen Himmel mit 0, den ganz
mit Wolken bedeckten durch die Zahl 10, so findet sich zunächst
als durchschnittliche Bewölkung von Bamberg die Zahl 6, d. h.
durchschnittlich sind in Bamberg 0.6 des Himmels mit Wolken
bedeckt. Die Bewölkung zur Zeit der einzelnen Mondphasen er
gab sich im Durchschnitt wie folgt:

beim Neumonde   0.60 des Himmels
„ ersten Viertel 0.55 „   „
„ Vollmonde   0.64 „   „
„ letzten Viertel 0.63 „   „

Hieraus ergiebt sich also, daß entgegen der Volksanschauung,
beim Vollmonde die größte Bewölkung vorherrscht, aber die Unterschiede sind offenbar so geringfügig, daß ein Einfluß des Mondes
auf die Bewölkung überhaupt nicht hervortritt. Dasselbe folgt
auch aus siebenjährigen Beobachtungen zu Köln. Dieselben er
gaben als Bewölkung:

beim Neumonde   0.55 des Himmels

„ erften Viertel 0.52 „   „

„ Vollmonde   0.51 „   „

„ letzten Viertel 0.52 „   „

Auch hier find die Unterfchiede verfchwindend gering, ja das ganze Refultat würde völlig umgeftaltet, wenn man beifpiels weife bloß das Jahr 1861 bei der Berechnung ausfallen ließe. Dies beweift wohl am beften, daß mit Sicherheit kein Einfluß des Mondes auf die Bewölkung erkennbar ift. Unterfuchungen über einen etwaigen Einfluß des Mondes auf die Schwankungen des Barometers, auf Regen und Wind in unferen Breiten hat Streintz angeftellt. Es ergab fich, daß ein folcher Einfluß, der mit unferen Inftrumenten und Beobachtungsmethoden innerhalb eines mäßigen Zeitraumes gefunden werden könnte, nicht exiftiert. Sonach find alle volkstümlichen Anfichten über den Einfluß des Mondes auf das Wetter unbedingt als irrig zu verwerfen.

www.ingramcontent.com/pod-product-compliance
Lightning Source LLC
Chambersburg PA
CBHW030342270326
41926CB00009B/931